영혼의
설계자

EMOTION BY DESIGN

Former CMO of Nike
그레그 호프먼 지음 | 이영래 옮김

영혼의
설계자.

브랜딩을 뛰어넘는 나이키 세계관의 비밀

공격수
처럼
민첩하게,

예술가
처럼
직관적으로,

'혁신'
이란
바로
그런 것

항상 나와 함께 꿈을 꿔주는

고마운 아내와 아이들,

커스틴, 로언, 아일라에게 바칩니다.

'브랜드다움'은 만드는 것이 아니라
'디자인하는 것'이다

— **홍성태**, 한양대학교 경영대학 명예교수, 『브랜드로 남는다는 것』 저자

'브랜드다움'은 궁극적으로 '고객과 어떻게 소통할 것인가'의 문제로, '고객에게 우리 브랜드가 어떻게 인식되고 표현되는가'를 의미한다. 고객이 혼란스러울 것을 알면서도 비즈니스 현장에서 브랜드가 일관성을 갖추기란 쉽지 않은 일이다. 브랜드가 꾸준하게 정체성을 구축하지 못하는 원인에는 여러 가지가 있다. 먼저, '살아남기 위해 트렌드를 좇아다니는 경우'다. 유명 브랜드의 마케팅 성공 사례를 좇아 트렌드에 편승하는 것이 대표적이다. 이 밖에도 '단기적 성과에 대한 욕심으로 정체성을 해치는 아이디어를 버리지 못하는 경우'가 있고, '브랜드의 비전과 철학이 정립되지 않은 채 섣불리 마케팅부터 접근하는 경우' 역시 경계해야 한다. 이런 요소들로 인해 브랜드는 '브랜드다움'을 놓치게 된다. 그레그 호프먼은 이 세 가지 부분과 관련해 마케팅의 정석을 보여준다.

자신이 구상하는 마케팅이 훌륭하다면 영향력이 어떻게 넓게 퍼질 것인가에 대한 구체적인 그림이 있어야 한다. 단지 아이디어 차원에서 그치는 것이 아니라 명확한 근거를 가지고 설명하고 설득해야 한다. 그 근거의 뿌리는 '브랜드다움'이어야 하고, 우리 '브랜드다움'의 철학과 정체성에 맞지 않는 것이라면 만들지도, 하지도 않아야 한다. 혹여 무리하게 밀어붙인다면 소비자와 어떻게 소통해야 하는지도 잘 모를 뿐만 아니라 요령만을 바라게 될 것이다. 먼저 브랜드다움을 쌓아가면 핵심 타깃들이 그것을 스스로 알아본다.

뿌리가 튼튼해지면 기업은 불안하거나 조급해지지 않는다. 그 뿌리는 '고객과 항상 연결되어 있다'는 철학과 정체성이다. 뿌리가 갈수록 강해지면 열매는 더 풍성하게 열리게 마련이다. 그레그가 세상에 던지는 질문은 얼핏 보면 엉뚱한 소리 같다. 전 세계 사람들에게 자신이 운동선수임을 알려주는 것, 이것이 신발을 판매하는 것과 무슨 연관이 있냐고 질문할 수 있다. 그러나 이것은 나이키의 세계관을 구축하기 위해 그레그 호프먼이 뿌리를 다져온 지난한 과정을 알면 이해할 수 있다. 저자는 자신의 시행착오를 한 권으로 압축해 놓았을 뿐 아니라 챕터마다 성공을 위한 브랜딩 원칙들을 친절하게 정리해 나열하였다.

이 책은 나이키가 그 오랜 시간 어떻게 고객의 당연하고도 유일한 선택이 되었는지를 보여줌과 동시에 브랜드가 가야 할 바를 제시한다. 트렌드를 새롭게 이끌어갈 천재 콘셉트, 절로 고개를 끄덕이게 만드는 설득의 한마디가 절실히 필요한 사람들에게 이 책을 추천한다. 좋은 전략은 그냥 나오는 것이 아니다. 그것이 발현되도록 디자인해야 한다는 것이 이 책의 주제다. 그러한 방식을 '디자인이 유발하는 감정(Emotion by design)'이라는 주제로 본인의 경험을 녹여 잘 설명하였다. 책을 다 읽었다면 주저하지 말고 일단 해보기 바란다. Just do it!

본질로 돌아갈 것,
재미있는 일에서 출발할 것

— **김봉진**, 배달의민족 창업자

이 책의 원고를 처음 접했을 때가 생각난다. 비교하긴 어렵지만 저자의 인생과 나의 인생이 참 많이 닮아 있어서 놀랐다. 저자 역시 디자이너로 커리어를 시작해 최고마케팅책임자에 올랐다는 점, 마케터가 되기 전 순수예술을 꿈꿨다는 점이 그랬다. 그런데 그 많은 닮은 점 중에서도 나와 가장 닮아 있다고 느낀 것은 바로 '어떻게 재밌는 일을 꾸밀까?' 하는 고민이었다. 스포츠 팬들과 만나겠다고 회사 주차장에서 놀고 있던 쓰레기차를 끌고 무작정 현장에 뛰어들거나, 펜스를 무너뜨리고 선수에게 돌진하는 팬 무리를 막아섰던 무모함이 스마트폰 시대가 온다기에 골목에 나뒹구는 전단을 주워 모아 무작정 창업을 시작했던 내 모습과 너무나 똑같아 소름이 돋았다.

혁신적인 서비스를 만들겠다고 도전하는 친구들을 보면 가끔 안타까운 마음이 들 때가 있다. 세상에 없는 완전히 새로운 것을 만들겠다는 그 마음이 오히려 독이 될 수 있기 때문이다. 오히려 이미 존재하는 것에 본질적인 질문을 던짐으로써 새로움을 찾을 수 있다. 그레그도 아주 근본적인 물음을 던졌다. '사람들은 왜 운동화를 신는가?' 이 질문에 어떻게 답하느냐에 따라 완전히 다른 운동화를 만들 수 있는 것이다. 그런 부분에서 나이키와 아디다스, 뉴발란스는 같지만 다른 운동화를 만들어낸다.

배달의민족은 경쟁사와의 차이점을 드러내기보다 우리만의 '배민다움'이라는 문화를 만들어 브랜딩했다. 이는 이전에 성공한 위대한 브랜드에서 배운 것이다. 나이키도 벤치마킹 대상 중 하나였다. 사람들은 신발 밑창이 떨어져 운동화를 바꿀 때가 아니라 달리려고 결심할 때 나이키 운동화를 산다. 그레그와 그의 팀은 트렌드를 좇기보다 기본으로 돌아가기를 선택했다. 자사의 에어솔이 리복의 것보다 낫다고 말하기보다 위대한 선수를 향해 경의를 표함으로써 변하지 않는 자신들의 가치를 명확히 드러냈다. 자신의 한계를 뛰어넘는 것, 그것을 돕겠다는 것에 초점을 맞췄다. 그렇게 나이키는 단순히 운동을 위한 신발이 아닌, 나 자신의 한계를 넘기 위한 도전을 할 때 신는 신발을 탄생시켰다.

이 책을 읽고 나니 다시 몸이 근질거린다. 처음 배달의민족을 창업했을 때처럼 무언가 재미있는 일을 벌이고 싶은 마음이 든다. 지금도 마케팅의 최전선에서 소비지의 마음을 사로잡기 위해 전투를 벌이는 이들 역시 나와 같은 마음이 들 것이라 확신한다.

이 책은 브랜드 마케터라면 누구나 좋아할 수 밖에 없는 '나이키' 브랜딩에 관한 책이다. '나이키는 어떻게 저런 광고를 만들지?'를 고민해봤다면 이 책은 당신에게 환상적인 책이 될 것이다. 나이키가 팀을 꾸리는 방식, 협업을 진행하는 방법, 브랜딩 캠페인을 전개하는 과정에 대해 낱낱이 들여다볼 수 있기 때문이다. 나이키는 수많은 사람들이 입는데도 흔해 보이지 않을뿐더러, 압도적인 브랜드 파워를 보유하고 있다. 그 비결이 궁금하지 않은가? 이 책에서 힌트를 찾길 바란다.

감사하게도 27년간 나이키의 이미지와 캠페인을 만들며 '나이키 세계관'을 이끈 실질적 수장, 전 CMO 그레그 호프먼이 나이키가 위대한 브랜드가 될 수밖에 없는 이유를 생생한 현장의 기록으로 남겨두었다. 나이키 광고를 볼 때처럼 이 책을 보면서도 가슴이 뜨거워졌다. 이 책이 내 안의 메말라 있던 도전정신과 영감, 창의성을 한 번 더 일깨웠다.

'나는 어떤 브랜드 마케터가 되어야 할까,

더 나아가 세상에 어떤 위대한 유산을 남길 수 있을까.'

이 책과 동시에 시작된 내 고민을 하나씩 풀어보고 싶다.

— **이승희**, 브랜드 마케터, 『일놀놀일』, 『별게 다 영감』 저자

며칠 전 파리 마레 지구에 위치한 나이키 랩에서 흰색 에어 포스 한 켤레를 구매했다. 학창 시절 신던 신발을 서른 중반이 된 나이에도 신는다. 나를 포함한 많은 사람에게 나이키는 그런 존재다. 클래식함과 트렌디함이 함께 묻어나는 브랜드. 나이키 로고가 커다랗게 박힌 상자를 열 때 느껴지는 설렘도 학창 시절과 동일했다.

나이키의 고객들은 가슴팍에 큰 스우시를 달고 거리를 활보하며 스스로 광고판이 되기를 자처한다. 이런 현상의 배경에는 고객의 마음을 사로잡는 천재적인 마케팅이 있다. 이 책은 나이키를 떠올릴 때 느끼는 여러 가지 감정을 디자인한 나이키만의 방식을 담고 있다. 나이키가 어떻게 고객과 유대를 형성하는 감정적 연결을 만들어왔는지, 세계적인 브랜드는 어떤 방식으로 일하는지를 배울 수 있다. '나이키'라는 브랜드에 대한 그들의 태도와 가치관, 철학이 고스란히 담겨있는 책 『영혼의 설계자』를 읽는 동안 나는 세계적인 브랜드 마케팅 팀의 구성원이 되어 나이키가 구축한 세계관에 흠뻑 빠져드는 체험을 했다.

— **드로우앤드류**, 『럭키드로우』 저자

위대한 브랜드는 매력적인 사람처럼 보인다. 이런 브랜드는 삼류 세일 즈맨처럼 고객에게 제품부터 들이밀지 않는다. 그 대신 우리에게 다르 게 생각하라고 권한다. 기존의 관습을 깨는 도전을 시작하라고 격려한 다. 가슴 뛰는 장면을 보여 주며, 당신도 이런 꿈을 꿔보라고 말한다. 수많은 팬을 모으고는 마침내 새로운 문화를 만들어 낸다.

나이키는 이런 일을 가장 잘하는 브랜드다. 스티브 잡스는 심지어 나이키는 물건을 팔지 않는다고까지 말했다. 나이키는 물건을 파는 대 신 위대한 운동선수와 경기를 추앙하니까. 그렇게 해서 사람들의 감정 을 뒤흔들어 놓으니까.

이 책은 나이키가 실제로 어떻게 사람들의 감정을 움직여 물건 을 판매하는지, 그 핵심 노하우를 담았다. 27년간 '에어 맥스 데이', '#Blacklivesmatter' 등 화려한 캠페인으로 '나이키 신화'를 만든 사람 이 쓴 책이다. 나이키 인턴으로 시작해 임원에 오르기까지 현장에서 온몸으로 터득한 생생한 기록이다.

이 책을 읽고 따라 해보시라! 그럼 당신도 감정을 창조할 수 있다. 그래서 무엇이든 더 잘 팔게 될 것이다. 수많은 팬을 모을 수 있을 것 이다. 매력적인 사람 같은 브랜드를 만들 수 있을 것이다. 멋진 문화를 창조하게 될 것이다. 나이키처럼!

— **안성은**, 브랜드보이 대표, 『믹스』 저자

브랜드는 로고가 아니라 스토리다! 브랜드에 스토리를 입혀라! 창조적 혁신에 대한 도전이 어떻게 성공적인 브랜딩을 이끌어내는지 그 정수만을 담았다.

— 세스 고딘, 『마케팅이다』 저자

『영혼의 설계자』는 그레그 호프먼이 세계에서 가장 중요하고 획기적인 브랜드를 구축해가는 혁신적이고도 내밀한 여정을 다룬다. 창조적 혁신가들과 함께 일하고, 그들의 독자적인 재능을 끌어내어 브랜딩에 성공하고 싶다면 반드시 읽어야 한다.

— 라즐로 복, 前 구글 인사부문 수석부사장, 『구글의 아침은 자유가 시작된다』 저자

누군가 만들어놓은 아이디어를 좇아가려고 노력할 필요가 없었던 한 인간과 그의 비즈니스에 대한 잊을 수 없는 이야기. 그들은 그들 스스로 자신의 일을 정의했다.

— 로리 서덜랜드, 영국 광고 대행사 Ogilvy & Mather 부회장

역사상 가장 상징적인 마케팅을 창조할 수 있었던 매혹적인 통찰력을 제공할 뿐 아니라, 우리가 일을 하는 데 '목적의식'이 얼마나 강력한 힘이 되는지를 보여준다.

— 브루스 데이즐리, 트위터 유럽 지사 부사장, 『조이 오브 워크』 저자

창의성과 커뮤니티, 공감의 힘이 우리 생애 가장 위대한 브랜드를 만들었음을 증명하는 책. 읽는 동안 내 영혼이 반응하는 소리를 들을 수 있었다.

— **메리 포타스**, 유통업 전문가, 포타스 CCO

어떤 팀에서든 창의성을 발휘할 묘책을 제시하는 궁극적인 플레이북이다. 당신의 회사에 혁신적인 변화를 가져올 것이다.

— **제이크 험프리**, BBC 축구 해설가

위대한 이야기와 놀라운 경력, 나에게 영감을 주는 책이다. 읽는 내내 손에서 책을 내려놓을 수 없었다.

— **크리스 에반스**, 배우

경기에 앞서

나는 지금 세계 백여 개의 국기가 양옆으로 길게 늘어선 스크린을 보고 있다. 이곳은 나이키의 서배스천 코 빌딩Sebastian Coe Building이다. 1980년 모스크바올림픽과 1984년 로스앤젤레스올림픽 육상 1500미터 경기에서 금메달을 딴 영국 선수 서배스천 코의 이름을 붙인 건물이라 그런지 이런 국제적인 분위기가 더없이 잘 어울린다. "경쟁은 흥분되는 일이고 승리는 기분 좋은 일이지만, 그 과정에서의 진정한 보상은 나 자신을 알게 되는 것"이라는 코의 명언이 떠오른다. 나이키에서 디자인 인턴으로 시작해 최고마케팅책임자CMO, chief marketing officer에 오르기까지 27년을 보낸 나는 그 말을 실감하고 있다. 2020년 2월, 이곳은 나의 은퇴 기념식이 열리는 자리이기도 하다.

스크린에 내 이니셜 "GH"가 나타났다. 영광스러운 순간이었다. 내 이니셜은 우리가 르브론 제임스Lebron James, 타이거 우즈Tiger Woods, 세리나 윌리엄스Serena Williams를 위해 만들었던 로고처럼 멋스럽게 디자인되어 있었다. 1992년 나이키에 발을 들인 이래 나는 제품부터 운동선수의 콘셉트까지 나이키가 내놓은 온갖 것을 디자인했다. 이 모든 것에 담은 나의 페르소나가 하나의 로고로 탄생하는 순간이었다. 벅찬 감동이 밀려왔다.

그날 저녁은 추억으로 가득했다. 30년 가까이 함께 일하면서 가족처럼 지낸 사람들에게 한두 마디 조언을 전했다. 브랜드 크리에이티브 책임자로 취임한 내 오랜 친구이자 제자인 지노 피사노티Gino Fisanotti가 선물을 건넨 순간에는 특히 가슴이 뭉클했다. 사진작가 플라톤 안토니우Platon Antoniou가 찍은 콜린 캐퍼닉Colin Kaepernick의 초상이 큰 액자에 담겨 있었다.

'플라톤'이라는 이름은 생소할 수 있어도, 그의 작품이라면 누구나 한 번쯤은 접해봤을 것이다. 유명 인사, 세계 각국의 지도자, 운동선수, 예술가를 찍은 그만의 흑백 사진은 피사체의 명성 뒤에 감춰진 한 인간의 정수를 포착한다는 찬사를 받는다. 무하마드 알리Muhammad Ali의 사진 속에서 '복싱의 전설'이라는 이름 뒤에 숨은 그의 인간다움을 엿볼 수 있다. 플라톤의 사진은 보통의 사진작가들이 연출해서 찍은 작품과는 다르다. 플라톤은 대중이 아는 이미지가 사라진 순간, 피사체의 눈에서 진짜 모습이 드러나는 찰나를 포착해 낸다. 흰 배경에서 찍어 명암이 특히 두드러지는 그의 사진은 피사체만의 독특한 분위기를 가장 원초적인 방식으로 보여준다.

이런 창의적인 천재성은 그냥 나오는 것이 아니다. 그것이 발현되도록 '디자인'해야 한다. 모든 위대한 예술 작품이 그렇듯이 플라톤의 사진은 보는 이에게 어떤 진한 감정을 불러일으킨다. 그러나 그 감정은 우연한 것이 아니다. 그 감정의 배경에는 플라톤의 철저한 계산이 담겨 있다. 플라톤이 어떻게 이런 일을 해내는지, 어떻게 사진으로 대중에게 스토리를 전달하고, 어떻게 대중에게서 인간 경험에 대한 반응을 이끌어내는지는 정확히 모른다. 하지만 브랜드 마케터인 우리가 그런 일을 해내기 위해 어떤 노력을 하는지는 이야기할 수 있다.

나는 플라톤이 순수예술에 열정을 갖고 있는 만큼 스포츠에 대한 애정을 갖고 있다. 얼핏 이 둘은 전혀 다른 영역으로 보일지 모른다. 하지만 스포츠의 이면에는 가장 순수하고 본능적인 감정을 깨우는 능력이 있다. 경기장에서 펼쳐지는 고통과 환희는 인간이라면 누구든 느낄 수 있는 것이다. 넬슨 만델라가 말했듯이 "스포츠에는 세상을 바꾸는 힘이 있다. 영감을 불러일으키는 힘이 있다. 다른 것들은 할 수 없는 방식으로 사람들을 단합시키는 힘이 있다".

플라톤이 촬영한 캐퍼닉의 사진을 보면서 나는 순간을 포착했지만 영원히 지속되는 예술의 힘을 다시 한번 느꼈다. 그 사진은 마케팅의 일환으로 촬영되었지만, 그 자체로 하나의 완전한 예술이었다. 단순한 사진, 그 이상이었다. 그 사진에는 '캐퍼닉'이라는 인간과 그의 열정이 스며들어 있다. 동시에 그 사진은 '세상을 바꾸는 스포츠의 힘'이라는 나이키의 목표를 보여준다. 뛰어난 예술 작품일 뿐 아니라 브랜드 마케팅의 성공작인 이 사진은 지금까지도 내 사무실에 자랑스럽게 걸려 있다. 이 작품은 예술과 마케팅이 같은 목적을 달성할 수 있으며 때로 같은 목적을 달성하기 위해 화합해야 한다는 사실을 알려주곤 한다.

이 사진을 볼 때마다 예술과 마케팅의 물아일체를 경험했던 지난 여정이 생각난다. 5개월 전 시작된 여정이었다.

2019년 8월, 나는 플라톤을 만나기 위해 뉴욕에 있는 스튜디오를 찾았다. 우리 둘의 인연은 2013년으로 거슬러 올라간다. 당시 나이키 글로벌 브랜드 크리에이티브 책임자였던 나는 플라톤에게 회사 '브랜드 캠프' 강연을 부탁했었다. 플라톤은 뛰어난 사진작가인 동시에 사진으로 서사를 엮어내는 데 탁월한 스토리텔러였다. 나는 청중에게 플라톤을 소개한 뒤 그의 작업 과정과 작품에 대해 이야기를 주고받는 영광을 누렸다. 그렇게 우리의 우정이 시작됐다.

그와의 다음 작업은 내가 나이키를 대표해 브라질 국가대표 축구팀의 촬영을 요청하면서 이어졌다. 2014년 브라질이 컨페더레이션스 컵Confederations Cup에서 우승한 이후 나이키는 팀의 후원사로서 유니폼을 디자인했다. 플라톤은 그만의 개성이 담긴 흰 바탕의 흑백 사진으로 작품을 완성했는데, 대표팀이 입은 노란색 유니폼의 화사한 색채가 흑백 위로 수놓으며 작품의 완성도를 높였다. 선수 한 사람, 한 사람의 개성이 드러나면서도 노란색 유니폼이 그들을 한 팀으로 묶어주었다. 플라톤의 천재성은 여기서 그치지 않는다. 이 프로젝트에는 브라질의 축구 팬들까지 등장한다. 완성된 사진 속에서 두 그룹은 나란히 배치되어 있었다. 플라톤의 결과물은 스포츠와 문화가 얼마나 밀접한 관계를 맺고 있는지를 극명하게 드러내고 있었다. 스포츠에서 관중을 지워버리면, 우리는 스포츠의 힘이 어디서 나오는지를 제대로 이해하지 못하게 된다.

2019년 8월, 나는 예정에 없이 찾은 플라톤의 스튜디오에서 그와 이런저런 이야기를 나누던 도중 그의 계획 하나를 듣게 되었다. 그가 스미스소니언 흑인역사문화박물관Smithsonian's National Museum of African American History and Culture에 아프리카계 미국인 시민운동가들의 사진을 기증한다는 계획이었다. 목록에는 무하마드 알리부터 해리 벨라폰테Harry Belafonte, 일레인 브라운Elaine Brown까지 인상적인 영웅들이 가득했다. 문득 이런 생각이 떠올랐다.

"빠뜨린 사람이 있어요." 내가 말했다.

"누구요?" 그가 물었다.

"콜린 캐퍼닉이요."

플라톤은 콜린과 아무 인연이 없다고 했지만, 그 부분에서만큼은 내가 도와줄 수 있었다. 플라톤의 스튜디오를 나오자마자 지노에게 전화를 걸었다. 당시 지노는 콜린을 모델로 새로운 한정판 에어포스 1Air Force 1 시리즈의 마케팅을 준비하고 있었다. 지노는 플라톤이 콜린을 찍어준다면 새로 출시하는 운동화에 더 큰 스토리를 입힐 수 있겠다고 말했다. 그렇게 나이키와 콜린의 '트루 투 7True to 7' 캠페인이 시작되었다. 나는 나이키 본사로 가서 지노와 구체적인 이야기를 나눴다. 아이디어는 단순했다. 흑백 초상을 통해 광고 캠페인과 유색 인종의 권리 강화를 위해 노력하는 콜린의 신념 체계, '세븐 밸류스Seven values'를 연결하자는 것이다. 이 캠페인은 2019년 12월 시작됐다. 콜린은 홍보를 돕기 위해 자신의 트위터에 이런 글을 남겼다.

"현장 안팎에서 자신에게 충실한 사람들을 위해.
당당하게, 굽히지 않고, 모든 역경에 맞섭시다.
이것은 시작에 불과합니다."

사실, 플라톤의 스튜디오를 찾았을 때만 해도 우리가 그와 함께 디자인 작업을 하리라고는 생각하지 못했다. 하지만 창작 과정은 늘 정해진 길을 따르지 않고, 영감의 순간도 항상 예상하지 못한

곳에서 우리를 찾아온다. 물론 마음의 문이 열려 있다면 말이다.

콜린 캐퍼닉과 함께한 우리의 작업은 아프리카계 미국인을 향한 인종 차별의 냉혹한 현실이 스포츠에서도 결코 예외가 아님을 보여주는 데서 출발했다. 하지만 콜린의 메시지가 미친 사회적 영향과 별개로 우리가 '트루 투 7' 캠페인을 통해 배운 교훈은 따로 있었다. 콜린은 개인으로서의 '나'와 선수로서의 '나'를 구분하지 않는다. 경기장 안에서나 밖에서나 그는 같은 사람이었고, 그 '사람'과 그의 열정을 세상에 드러내는 일은 나이키의 몫이었다. 오로지 콜린의 목소리에만 집중했다면 우리는 그의 메시지와 스포츠의 연관성을 놓쳤을 것이다. 마찬가지로 스포츠에만 초점을 맞췄다면 콜린의 목소리를 제대로 전달하지 못했을 것이다. '인간 콜린'과 '운동선수 콜린', 이 둘은 하나여야만 했다.

이 책에 기록된 대부분의 영감은 콜린과의 작업을 비롯해 나이키에서 일한 마지막 몇 년 동안의 여정에서 길어올렸다. 물론 25년간의 배움과 통찰도 담겨 있다. 내가 여러 스타트업과 기업에서 브랜드 자문으로 청중에게 들려주는 창조의 철학은 캐퍼닉, 지노, 플라톤, 그리고 재능 넘치는 나이키 브랜드 팀과의 협업에 기초한다.

브랜드는 소비자와 감정적 유대를 공고히 다지면서 경쟁에서 우위를 점하게 된다. 나는 강력한 창조 문화를 육성하여 이런 유대를 꾸준히 달성할 수 있다고 믿는다.

나는 사람들에게 그 어떤 꿈도 달성할 수 있다고 느끼게 하는 스토리, 이미지, 경험을 만드는 능력을 '감정 디자인Emotion by Design' 이라고 부른다. 오랜 세월을 거치며 아이디어 중심의 창조 문화 속에서 나만의 철학을 구축했다. 이제 나는 마케팅과 브랜딩 철학을 전파함으로써 다른 사람들에게 영감을 불어넣는 일에 전념하고 있다. 감정 디자인은 '어떤 유형의 비즈니스에서도 실천하고 적용할 수 있다'. 그리고 이의 성공은 자원의 크기에 달려 있는 것이 아니다. 고객의 감정을 끌어내는 데에는 많은 돈이 필요하지 않다. 브랜드와 고객 사이의 유대를 형성하는 감정적 연결은 브랜드나 브랜드 자원의 크기에 좌우되지 않는다. 직원 다섯 명의 회사도 브랜딩을 통해 수천 명의 직원을 거느린 회사만큼 경이로운 성공을 거둘 수 있다. 감정적 연결을 결정하는 것은 스토리의 힘과 깊이에서 나온다.

창의성은 특별한 소수만이 지닌 능력이 아니냐고 물을 수 있다. 그렇지 않다. 아트 디렉팅, 광고 문안 작성, 앱 디자인, 영화 연출 등 아이디어를 '응용'하는 일은 전문 지식을 가진 사람들이 하지만, 아이디어를 '구상'하는 일은 '창조적인 일을 업으로 하는 사람들Creatives'에게 국한되지 않는다. 그래서도 안 된다. 모두가 상상력을 발휘하고, 모두가 야망과 꿈을 품을 수 있다. 관건은 그런 상상이 현실이 되는 문화와 환경을 만드는 것이다. 너무나도 많은 브랜드와 기업이 그들의 창의적인 에너지를 이미 굳어진 통념과 편견에 낭비하면서 팀의 인재들을 억압하곤 한다. 이런 기업들은 때때로 창의력이 뛰어난 사람들을 틀에 박힌 체계 속으로 몰아넣는다. 결국 고객에게 아무런 영감을 주지 못하고 그들과 연결되지도 못하는 브랜드를 만들고 마는 것이다.

브랜드가 창작 과정에서 바깥의 목소리를 적극 수용해야 하는 이유가 바로 여기에 있다. 다양한 목소리가 독특한 경험을 이끌어 사업에 영향을 주도록 독려해야 한다. 다양성과 포용은 그 자체로 하나의 목표가 되어야 한다. 그러나 오늘날까지도 많은 기업이 다양한 경험과 생각, 배경, 가치가 세상을 바꾸는 창의력의 전제가 된다는 사실을 이해하지 못하고 있다. 다른 이들은 간과했지만 나이키는 주목했던 그 통찰에서 창조가 탄생한다. 우리는 이런 통찰을 지식에 대한 탐구는 물론이고 다양한 경험을 통해서도 발견한다.

이 책의 목적은 창의성의 힘을 널리 알리는 데 있다. 또한 브랜드를 만드는 사람들이 고객과 유대관계를 형성하기 위한 인간적인 요소를 재발견할 수 있도록 촉구하는 데 있다. 독자들은 나이키에서의 경험을 비롯해 다양한 것에서 얻은 영감을 읽어가게 될 것이다. 이 책을 통해 배운 내용은 마케팅 분야 전반에 응용할 수 있다. 르브론을 모델로 탁월함에 대한 스토리를 만든 일부터 한계가 없는 코비 브라이언트Kobe Bryant의 상상력에서 에어 포스 1 콘서트의 영감을 끌어냈던 일, 케빈 하트Kevin Hart와 함께 움직임에 대한 움직임을 만들고 '저스트 두 잇Just Do It'을 통해 새로운 세대의 운동선수들에게 동기를 부여했던 일까지 말이다. 독자들은 나이키가 펼쳐온 마케팅 안의 예술과 그것이 창조하는 감정 디자인을 경험하게 될 것이다.

오늘날 세계적인 브랜드를 만든다는 것은 과학과 예술의 섬세한 균형을 이뤄낸다는 것을 의미한다. 데이터는 이전까지 상상할 수 없었던 고객에 대한 많은 정보를 제공한다. 이제는 보다 효과적이고 시의적절하게, 보다 생산적이면서도 개개인에게 부합하는 콘텐츠를 만들고 스토리텔링할 수 있다. 이렇듯 데이터는 우리에게 많은 것을 주었지만 그 이면에는 부정적인 면 역시 존재한다. 창의성과 혁신성이 떨어지고 위험을 회피하는 경향이 강해진 것이다. 과학과 예술은 우열을 가릴 문제가 아니다. 둘 사이의 균형과 조화를 찾을 때 놀랍도록 효과적인 결과를 달성할 수 있다. 과학이 제시하는 데이터는 대단히 유용하며 소비자들의 불만을 줄인다. 하지만 문제는 저울이 균형을 이루지 못하고 있는 것이다. 많은 브랜드가 소비자들과 인간적으로 관계를 맺기보다는 거래하는 데 머물러 있다.

나는 이 업계에서 30년을 종사하며 얻은 원칙과 통찰을 이 책에 모두 담았다. 얼마나 많은 창조의 과정과 원칙들이 선수와 코치, 팀을 비롯한 스포츠 무대의 뛰어난 협력자들로부터 얻은 영감에서 시작되었는지 살펴볼 것이다. 이런 창작 과정과 원칙이 어떻게 크고 작은 브랜드에 적용될 수 있는지를 이 책을 통해 알게 될 것이다. 한 명뿐인 팀부터 수천 명 규모의 그룹에 이르기까지 비즈니스 리더, 마케터, 창작자에게 유용한 지침이 되도록 많은 노력을 기울였다. 이 책에 소개된 원칙을 당신의 것으로 만들 수만 있다면 당신과 당신의 팀은 고객과 브랜드를 연결하는 창의성의 최고 경지에 도달하게 될 것이다.

이 책의 구성

이야기를 시작하기 전에 이 책이 전하려는 바를 독자들이 쉽게 이해할 수 있도록 이 책의 구성을 설명할까 한다. 이 책은 당신과 당신이 속한 팀의 창의성을 극대화하고자 플레이북의 형식을 택하고 있다. 나는 창의성의 패러다임을 바꾸고자 이 책을 썼다. 내가 말하는 창의성은 감정을 자극하고 사람과 사람을 서로 연결하는 방식을 의미한다. 이에 따라 각 장은 창의성의 기본 요소를 제시한 후 응용법을 보여주는 방식으로 구성되었다.

이 책은 주로 내 커리어에서 진행했던 작업을 토대로 쓰였다. 상징적인 마케팅 캠페인을 만들어낸 팀은 어떤 방식으로 일하는지 자세히 살필 수 있도록 했다. 나는 운이 좋게도 창작에서 협업의 중요성이 점차 강조되던 시기에 나이키에서 커리어를 시작할 수 있었다. 이런 문화는 커리어 내내 지속됐다. 나이키가 놀라운 성장을 기록했던 초반이나 아직 체계가 잡히지 않았던 시기를 지나며 성숙하는 동안에도 말이다. 내가 거쳐온 팀에는 상상력과 관념화를 강조하는 분위기가 강했다. 거기에는 자원 선용Resourcefulness(가지고 있는 자원을 다차원적으로 응용하고 활용하는 것 - 옮긴이)의 문화가 있었다. 모두 우리가 뭔가 특별한 것을 만들고 있음을 짐작하고 있었다. 그것은 회사에서뿐만이 아니라 우리의 일이 '인간적인 순간'의 정수를 포착해 내면서 고객들과 연결되고 있다는 느낌이었다. 우리의 영상과 캠페인, 제품은 사람들에게 '의미있는' 것이었다. 우리가 하고 있는 이 일이 사람들에게 의미 있는 것이기에 해내야 했다.

나이키는 어느덧 스포츠 브랜드로 확고하게 자리를 잡았고 이는 우리에게 더욱 큰 책임감을 느끼게 했다. 브랜드는 성장할수록 물건을 파는 존재에 그치지 않고 문화의 일부가 된다. 이것은 당신이 만든 상품을 지키면서도 고객의 높아진 눈높이를 충족시켜야 한다는 의미이기도 하다. 결코 쉬운 과제는 아니다. 이런 이유로 나는 이 책이 제공하는 도구로 당신이 조직에서 창조적 브랜딩, 스토리텔링, 다양한 경험을 만들어내는 지속가능한 문화를 형성하길 바란다. 또한 고객을 비롯해 당신이 만드는 예술을 접하는 모든 청중과 강력한 정서적 유대를 형성하고 유지할 수 있기를 바란다.

1장은 내가 나이키에 처음 입사했을 때 어떤 사람이었는지를 설명하기 위해 자서전에 가깝게 서술했다. 이후 다른 장들은 주제별로 이어진다. 무엇이 나이키를 세계 최고의 브랜드로 만들었는지 그 원동력을 소개하며, 각 장의 마지막 페이지에서 해당 주제의 핵심 요소를 원칙으로 압축해 제시할 것이다. 아이디어를 보다잘 드러내고자 최고의 사례들을 선별했지만 사실 창작 과정은 절대 그렇게 일사불란하게 이루어지지 않는다. 더불어 각 장에 나오는 사례는 다른 핵심 요소에도 적용할 수 있으며, 독자들은 공감, 통찰, 창조적 협업 등의 핵심 아이디어가 계속 반복해서 여러 스토리에 걸쳐 등장함을 알아차릴 것이다. 이러한 핵심 요소는 모든 창조 작업에 스며들어 있다. 2장에서는 기초적인 주제 몇 가지를 소개하고자 한다. 달리 말해, 이런 요소 없이는 혁신이 불가능하다는얘기다.

본격적으로 시작하기 전에 이 책의 마지막 주제를 강조하고 싶다. 브랜드 마케터는 통찰력과 상상력 등 각종 도구를 활용해 세상에 어떤 '이야기'를 던질 수 있는 기회를 얻은 사람들이다. 브랜드의목표를 달성하는 것도 중요하지만, 세상을 바꾸는 짧은 순간을 만들어낼 기회를 무시해서는 안 된다. 세상에 내놓는 이야기가 모든 사람의 마음속에서 동기가 되는 그 순간에 우리는 고객들과도 강력한유대를 형성할 수 있다. 그런 시야를 갖기 위해 노력하라. 냉소는 우리의 적이다. 우리는 끊임없이 거기에 맞서야 한다. 우리는 더 위대한 것의 일부가 되어야 한다. 더 높은 목표를 달성하기 위해 노력하라. 위대한 유산을 남겨라.

차 례

1장

경기장에
발을
들이기까지.

EMOTION
BY
DESIGN.

내 상태를 본 친구가 물 한 잔을 건넸다. 목이 바짝바짝 타들어갔다. 스포츠와 승부를 사랑하던 평소의 에너지는 온데간데없었다. 그날의 나는 극도로 내향적인 예술가였다. 예술, 그런데 내 작품은 문제가 아니었다. 문제는 앞에 있는 청중에게 내 작품(더 정확히는 내 디자인)에 대해 말해야 하는 상황이었다. 열 명쯤 되는 사람들의 시선이 내게 꽂혀 있었다. 교수님과 동기, 그리고 내 작품은 물론이고 내가 감탄하고 존경하는 작품에 지대한 영향을 미친 디자이너들의 시선이었다. 기대감에 가득 찬 그들은 내가 그들 조직에 맞는 사람인지 판단하기 위해 거기 앉아 있었다. 특히 한 쌍의 눈이 내가 이곳에 들어올 자격이 있는지를 가늠하고 있었다. 4년 전, 대학에 입학할 때 꿈꿨던 일이 현실이 되는 순간이었다.

나는 디자인을 매개로 시각 미술과 인문학에 대해 연구한 졸업논문 발표를 앞두고 있었다. 이 과정에서 가장 중요한 한 사람은 단연 로리 헤이콕 마켈라Laurie Haycock Makela였다. 그는 세계에서 최고로 인정받는 현대 미술관 중 하나인 미니애폴리스 워커 아트 센터Walker Art Center in Minneapolis의 관장이었다.

한 달 전, 나는 많은 사람이 꿈꾸는 워커 인턴십에 지원했었다. 졸업논문 발표 때문에 잔뜩 긴장했지만, 나는 내 재능에 대한 자신감을 잃지 않았다. 동기들 중에서도 엘리트 코스를 밟고 있다고 생각했기에 최종 후보로 선정되었다는 로리의 전화를 받았을 때도 놀라지 않았다. 내 졸업논문은 MCADMinneapolis College of Art and Design(미니애폴리스 예술디자인대학)에서 갈고닦은 나의 재능을 전부 보여주지 못했고, 이제 인터뷰로 그것을 '증명'해 내야 했다.

인턴으로나마 워커에서 근무한다는 것은 어린 시절의 꿈과 노력이 결실을 맺는 일이 될 터였다. 흑인 아버지와 백인 어머니를 둔 나는 백인 부모님께 입양되어 미니애폴리스 외곽에 위치한 미네통카Minnetonka에서 성장했다. 거의 백인들만 사는 곳이었다. 혼혈로 태어난 탓에 외부인이라는 느낌을 받으며 성장한 나는 내향적인 사람으로서 나만의 상상력을 키워나갈 수 있었다. 부모님은 여름 방학이면 드로잉 수업을 듣게 해주셨고(중학교 미술 선생님을 저녁 식사에 초대하셨다), 새로운 제도용 책상을 사주셨고, 두 명의 형제들과 같이 쓰는 작은 침실에 그림을 그릴 수 있는 벽까지 만들어주셨다. 그 벽은 상상을 마음껏 표출하는 캔버스가 되었다.

초등학교에 입학한 뒤로는 직접적으로 인종차별을 겪었다. 나는 그런 상황에서 어떻게 해야 하는지 알지 못했다. 보고 배울 만한, 나와 비슷한 사람이 주위에 없었다. 그래서 예술로 눈을 돌렸다. 내 공상을 종이에 옮기며 현실에서 도피했다. 고등학교에 진학할 때쯤, 나는 회화와 디자인에 푹 빠져 살았다. 1980년대 평범한 흑인 아이가 관심을 보이는 것들과는 거리가 멀었지만 나는 이런 나의 열정에서 위안을 얻었다. 그 안에서 가능한 모든 것을 상상하면서 세상을 이해할 수 있었다. 회화와 디자인, 그 융합에서 내 정체성을 찾았고 그 이상을 갈망하게 되었다.

하지만 그것은 미네소타 출신 흑인 아이에게는 너무도 요원한 꿈이었다. 누구든 최고로 꼽는 미니애폴리스 예술대학에 진학했더라도 말이다. 대학 오리엔테이션에서 지도교수는 이렇게 말했다. "주위를 둘러보세요. 여러분 중 10퍼센트만이 디자인을 직업으로 삼을 수 있습니다." 하지만 그 말은 오히려 나를 자극했다. 일류 디자이너들의 세계는 나의 사명이었다. 그 대열에 들어가지 못한다면 내 인생은 끝난 것이나 다름없었다. 10퍼센트는 너무나도 치열한 경쟁이었다. 나는 내 주위 동기들보다 더 노력하고 그들보다 앞서 나가기로 결심했다. MCAD를 졸업할 즈음에는 이 두 가지를 해냈다고 자부할 수 있었다. 이제 나의 시선은 미래를, 디자이너라면 누구나 꿈꾸는 워커의 인턴십 과정을 향해 있었다. 한계를 무너뜨리고 '가능한 것'의 정의를 새로 쓰는 혁신적인 디자인. 그것을 현실로 구현한 것이 바로 워커 아트 센터였다. 가장 선두에서 시각적인 소통을 해내야 했던 워커의 디자이너에게는 예술가 못지않은 높은 수준의 표현의 자유가 있었다. 당시 워커의 디자이너들은 트렌드를 만드는 사람들이었다. 미술관에 작품을 건 예술가에 견줄 만큼 영향력을 발휘했다. 포스터, 카탈로그, 전시회를 통해 작품을 보여주려면, 혁명적인 수준의 디자인이 필요했기 때문이다. 인턴십은 그들의 경기장에 들어서는 하나의 문턱이었다.

꿈의 실현을 코앞에 두고 내 앞에는 카를 융Carl Jung과 로리 헤이콕 마켈라 같은 심오한 인물들을 끌어들인 졸업논문만이 남아 있었다. 나는 친구가 건네준 물 한 잔을 마시고 앞으로 나갔다.

"이건 네가 꼭 해야 해." 친구가 말했다. MCAD 4학년 봄, 졸업논문 발표가 예정된 때로부터 한 달쯤 전이었다. '이것'이란 나이키의 소수자 인턴십 프로그램을 말했다. "지원해 보려고. 너도 해봐." 그가 말했다.

"아냐, 그건 네가 해야지." 내가 대답했다. 빈말이 아니었다. 내 친구는 요즘으로 치면 '스니커 헤드Sneaker Head(열성적인 운동화 수집가-옮긴이)'로 통하는 녀석이었다. 운동화에 대한 열정으로 가득한 그는 시간이 날 때마다 노트에 운동화를 디자인했다. 내가 디자인과 심리학을 접목하려고 애쓰는 동안, 그는 운동화 디자인을 스케치했다. 우리는 둘 다 MCAD에 다니면서도 전혀 다른 길을 가고 있었다. 나이키라면 분명 그의 몫이었다. 내 몫은 워커였고, 그곳에는 이미 지원한 상태였다.

그렇다고 나이키에 지원해 보라는 그의 제안이 전혀 터무니없는 것은 아니었다. 어린 시절부터 나는 스포츠를, 그 치열한 승부의 세계를 사랑했다. 나는 예술에서만 내 정체성을 찾았던 게 아니다. 1970년대와 1980년대의 흑인 운동선수들은 나의 우상이었다.

매일같이 스포츠에 빠져 있었다. 풋볼과 야구 카드 수집은 강박의 수준을 넘어섰다. 꽤 넓은 구역에서 신문을 배달했는데, 그 덕분에 용돈을 조금 벌 수 있었다. 그뿐만이 아니었다. 더 중요하게는 스포츠면을 빠짐없이 읽고 메이저리그 야구 타자들의 타율과 홈런 기록을 외울 수 있다는 것이 좋았다. 당시 뛰어난 선수들은 대부분 아프리카계 미국인이었다.

이 선수들로 인해 형성된 도시 흑인 문화가 대중에게 스며들기 시작했다. 빌 러셀Bill Russell과 컨버스 올스타즈Converse All-Stars는 서서히, 그러나 확실히 마이클 조던Michael Jordan과 나이키로 대체되기 시작했다. 특히 나이키를 언급하는 것은, 새로운 슈퍼스타들을 소비하는 방식 대부분이 그들의 마케팅을 통해서였기 때문이다. 선수들은 코트나 필드 밖에서 야망의 아이콘이 되었다. 마케팅 이미지와 광고는 선수들이 경기하는 모습을 지켜볼 때와 같은 흥분을 자아냈고, 나는 그런 예술적 표현에 매료되었다. **그런 감정이 의도적으로 디자인되었다는 것은 깨닫지 못한 채 말이다.** 그것은 내가 대학에 들어가서 배운 디자인과는 전혀 다른 차원의 것이었다.

이제 1992년으로 시간을 돌려보자. 시선이 닿는 곳마다 반항적인 분위기의 나이키 광고가 눈에 띈다. TV를 켜면 형광색 운동복 차림의 앤드리 애거시André Agassi가 공을 치는 동안 레드 핫 칠리 페퍼스Red Hot Chili Peppers가 로큰롤을 연주한다. 채널을 돌리면 나이키의 최신 광고 〈저스트 두 잇〉에서 존 레넌John Lennon의 노래 '인스턴트 카르마Instant Karma'가, 그중에서도 '우린 모두 빛나'라는 가사가 흘러나온다.

1992년은 나이키가 창립 20주년을 맞은 해였다. 나이키는 눈부신 성공을 거두고 있었다. 나이키의 상징이 된 로고 스우시Swoosh가 그렇듯이, 나이키는 조던, 찰스 바클리Charles Barkley, 제리 라이스Jerry Rice, 켄 그리피 주니어Ken Griffey Jr.와 함께 어디에나 있었다. 연 30억 달러 이상의 수입을 올리는 나이키는 더 이상 오리건주의 벼락부자가 아니었다. 놀라운 성장을 이어가면서도 나이키의 반항적인 태도와 혁명 정신은 훼손되지 않고 전 세계로 퍼져나갔다.

나이키 운동화를 소유한다는 것은 패션에만 그치지 않는다. 스포츠에 대한 당신의 생각과 인생관까지도 말해준다. 이기고자 뛰어들지만, 그 치열함마저 스타일로 소화하는 것이다.

계속 이야기하지만, 나이키는 스포츠와 문화의 교차점에 있다. 나이키는 단순히 문화의 흐름을 따르는 것이 아니라 선두에서 문화를 만들고 이끌어간다. 조던의 시카고 불스Chicago Bulls가 두 번째로 NBA 챔피언 결정전에 나서게 되자, 나이키는 그 유명한 에어조던 Ⅶ 운동화를 출시하고 슈퍼볼 기간 중에 〈헤어 조던Hare Jordan〉 광고를 선보여 큰 성공을 거두었다(미국에서는 슈퍼볼 기간 중에 특히 TV 시청률이 높기 때문에 유명 브랜드들이 광고 시간을 잡고 뛰어난 광고 영상을 제작해 내보내곤 한다 - 옮긴이). 광고에서 조던은 벅스 버니Bugs Bunny와 팀을 이뤄 농구 코트에서 불량배들을 물리친다. 조던의 근거지 시카고에는 두 번째 나이키타운Niketown이 문을 열었다. 나이키는 운동화에 혁명적 돌풍을 일으켰고, '나이키타운'은 쇼핑 경험의 개념을 새로 쓰고 있었다.

나이키는 이렇게 농구와 육상 외에 테니스, 크로스트레이닝 등에서도 우위를 점하게 되었다. 이 시기에는 에어 워라치Air Huarache 라인의 출시가 한창이었다. 사람들은 언제, 어떤 잡지를 펼치든 크고 굵은 활자로 "오늘 당신의 발을 안아주었나요?"라고 적힌 광고를 마주했다. 우리의 기술로 당신의 발을 편하게 해주겠다는 메시지였다. 몇 페이지를 더 넘기면 "에어쿠션이 에어 컨디셔닝을 만나다"

라는 태그라인이 눈에 띄었다. 스포츠 샌들 에어 데슈츠Air Deschutz로 대표되는 새로운 아웃도어 라인, 올 컨디션즈 기어All Conditions Gear의 광고였다. 나이키의 메시지는 제품만큼이나 혁신적이었다.

 승부의 세계를 사랑했던 그 시대의 다른 모든 아이와 마찬가지로 나는 이유도 모른 채 나이키가 만든 새로운 문화에 흠뻑 빠져들었다. 이상한 건, 나이키가 마케팅의 일환으로 하는 그 일, 이미지로 감정을 장악하는 바로 그 일을 디자인으로 생각하지 못했다는 점이다. 디자인은 내 일이었고, 내가 학교에 있는 이유였으며, 워커에서 하고자 한 것이었다. 즉, 내게 디자인은 상업적으로 판매되는 운동화보다는 더 의미 있는 것이었다. 그러나 그해 봄, 나의 세계는 완전히 뒤집혔다. 《프린트Print》는 1980년대와 1990년대 미국에서 가장 유명한 그래픽 디자인 간행물이었다. 나는 매번 새로운 잡지가 나오기를 기다렸다. 1992년 《프린트》 봄 호에는 나이키 이미지 디자인 팀에 대한 기사가 실렸다. 스무 명의 디자이너들이 오리건주 비버튼에 새로 조성한 나이키 캠퍼스 인공 호수에 허리까지 몸을 담고 있는 사진이 함께 실렸다. 그들 중앙에 있는 사람이 바로 디자인 팀의 책임자이자 조던의 '윙스Wings' 포스터 제작자인 론 뒤마Ron Dumas였다. 불스 유니폼을 입은 실물 크기의 조던이 양팔을 뻗고 한 손으로 농구공을 쥔 사진 밑에 '스스로 날갯짓하지 않는다면 어떤 새도 높이 날 수 없다No bird soars too high if he soars with his own wings'는 윌리엄 블레이크William Blake의 명언을 적은 바로 그 포스터 말이다.

나는 그 포스터를 잘 알고 있었다. 내가 살고 있는 대학 기숙사에 붙여 놓았기 때문이다. 기사를 읽는 순간, 갑자기 무언가를 깨달았다. 나에게 그토록 큰 영향을 주었던, 그리고 계속해서 영향을 주고 있던 이미지와 광고 뒤에는 디자이너가 있었다. 나 자신이 디자이너임에도 나이키 마케팅의 배후에 있는 사람들에 대해서는 미처 생각하지 못했던 것이다. 그런데 여기 그들이 호수에 몸을 담근 채 나를 바라보고 있었다. 그 순간 내가 느낀 감정은 아마도 우주인이 새로운 행성을 발견했을 때의 감정과 비슷할 것이다. 행성은 거기 계속 있었지만 그때야 비로소 당신은 그것을 보게 된 것이다.

친구는 이 신비한 세계, 이제 막 존재를 인식한 그 세계에서 일할 기회가 있다고 말한 것이다. 집에 가서 벽에 있는 조던의 '윙스' 포스터를 가만히 응시했다. 조던이 나를 바라보는 가운데 블레이크의 말이 의미심장하게 다가왔다. 조던의 강렬한 눈빛이 블레이크의 글귀와 함께 나를 강하게 밀어붙였다. 나이키 인턴십에 지원해야 한다고.

4월 초, 나는 내 졸업논문 발표가 주요 인물들, 특히 로리에게 좋은 반응을 얻었다는 사실을 알게 되었다. 곧바로 워커 아트 센터

인턴십에 합격했다는 소식을 접했다.

　나이키에서도 합격 전화를 받았다. 공교롭게도 전화가 왔을 때 인턴십에 함께 지원한 그 친구와 같이 있었다. 축하한다고는 했지만 그가 느낀 실망감이 고스란히 전해졌다. 전화를 한 사람은 나이키 이미지 디자인 팀의 책임자 중 한 명인 크리스 아베니Chris Aveni였다. 아주 짧고 퉁명스러운 통화였다. 그는 인턴십이 6월 첫째 주에 시작하며 1박 2일 동안의 오리엔테이션이 있을 예정이라고 했다. 첫날(졸업식 일주일 후) 참석하지 못하면 인턴십은 다른 사람에게 돌아간다고 덧붙였다. 제안을 받아들이지 않을 이유가 없었다.

　친구에 대한 죄책감을 애써 외면하며 가능하다고 말했다. 워커 인턴십은 9월 1일에 시작될 예정이었고 나이키 인턴십은 여름이면 끝날 터였다. 나는 두 제안을 모두 받아들였다. 나이키에서 얻은 기회에 들뜬 것은 사실이지만 내 미래와 꿈은 여전히 워커에 있었다. 워커는 내가 MCAD에 있는 동안 배우고 연마한 모든 것의 정점에 있던 반면, 나이키는 여름을 보낼 재미난 방법 정도로 생각할 뿐이었다. 다만, 문제가 하나 있었다. 졸업 후 무일푼이었던 나는 오리건주로 갈 방법이 없었다. 어떻게 해야 하는지도 모른 채 무작정 가능하다고 했던 것이다. 다행히도 부모님이 포드 이코노라인Ford Econoline 밴을 빌려주기로 하셨다. 접이식 침대와 포커 테이블이 있고 창문에는 블라인드가 달려 있었다. 무엇보다 차체의 옆면이 아주 다채로운 색깔로 칠해져 있었다. 화려하다 못해 요란한 밴은 내가 지향하던 디자인과는 조금 간극이 있었지만 불평할 처지가 아니었다. 교사 봉급으로 일곱 식구를 부양하는 부모님이 여름 동안 차를 빌려준다는 것은 엄청난 희생을 요하는 일이었다.

장장 27시간을 달려 대륙을 가로질렀다. 미니애폴리스에서 출발해 사우스다코타주의 배드랜즈를 넘고, 로키산맥을 지나 84번 고속도로를 타고 숨 막히게 아름다운 컬럼비아강 협곡을 따라 달렸다. 마침내 비버튼에 도착해 곧장 나이키 사무실로 향했다. 오리건주에서 내가 아는 곳이라고는 그곳뿐이었다. 문제는 그때가 목요일이었다는 것이었다. 인턴십은 다음 주 월요일에나 시작될 예정이었고, 그곳에 내가 아는 사람은 없었다. 3일 동안 차에서 자며 보증금 없는 방을 찾아다녔다. 300달러와 한도 초과된 신용카드가 내가 가진 전부였다.

그 며칠 동안 나는 새로운 직장, 말 그대로 '새로 지은' 건물을 살펴볼 수 있었다. 1년 넘게 나이키 캠퍼스를 짓는 공사가 계속되는 가운데 새 건물들이 속속 문을 열고 있었다. 건물의 이름은 마이클 조던부터 존 매켄로John McEnroe, 최초의 올림픽 여성 마라톤 금메달리스트 조앤 베노잇 새뮤얼슨Joan Benoit Samuelson까지 브랜드에 영향을 미친 상징적인 운동선수들의 이름을 따서 지었다. 구내에는 박물관이며, 공원, 사무실 등 없는 것이 없었다. 스포츠에 열광하는 나 같은 사람에게는 천국이 따로 없었다. 갑자기 프로 선수가 되고 싶다는 마음이 들 정도였다. 나이키는 영감을 불러일으키는 물리적 작업 환경이 협동심과 생산성, 혁신을 촉진한다는 점을 잘 알고 있었다. 지금이야 많은 기업에서 이런 모델을 따르고 있지만, 창의성에 불을 붙이겠다고 창의적인 공간을 짓는다는 나이키의 철학은 당시로서는 유별난 것이었다. 시선이 닿는 곳마다 창작자들의 영감을 고취시키는 나이키 캠퍼스는 자신의 역량을 맘껏 펼칠 수 있는 곳이었다. 자신을 둘러싼 환경에서 영감을 '느끼고' 그런 감정이 일에까지 영향을 미치려면 기업 문화의 새로운 기준을 세워야 한다. 나이키 운동화가 단순한 운동화가 아닌 것처럼, 나이키 캠퍼스는 직원들이 일하는 건물의 집합체 그 이상이었다. 건물들이 하나의 서사를 이루고 있었다. 스물두 살 여름, 나는 내가 상상한 그 어떤 것도 뛰어넘는 몰입을 경험했다.

캠퍼스의 핵심은 최첨단 시설의 보 잭슨Bo Jackson 피트니스 센터였다. 나와 나이키의 감정적 유대는 3년 전 나이키가 〈보는 안다 Bo knows〉 광고로 전 세계에 크로스트레이닝을 소개하면서 깊어지기 시작했다. 광고는 내게 큰 영향을 미쳤다. 부모님은 내가 열세 살이 되었을 무렵, 모래가 채워진 근력 운동 기구를 사주셨다. 그래서 그 광고가 시작될 무렵에는 이미 수년째 유산소와 근력 운동을 결합한 매일의 루틴을 해나가고 있었다. 그해 여름, 보 잭슨 피트니스 센터는 내가 집만큼이나 많은 시간을 보내는 장소가 됐다.

월요일이 되었고, 나는 다양한 인종의 인턴 열일곱 명과 오리엔테이션에 참석했다. 나는 곧, 타지에서 온 사람이 나뿐이라는 사실을 깨달았다. 오리엔테이션은 제프 홀리스터Jeff Hollister가 주관했다. 그는 나이키 창립 이래 세 번째로 입사한 직원이며, 나이키가 처음으로 후원한 선수 스티브 프리폰테인Steve Prefontaine의 팀 메이트이자 절친한 친구였다. 제프는 회사의 역사와 브랜드 가치, 팀 문화를 정의하는 금언들을 아주 자세하게 이야기했다. 그런 다음 프리폰테인이 장거리 달리기에 적용했던 '선봉에서 이끈다Lead from the front'는 접근법이 무슨 의미인지를 설명했다. 브랜드 비즈니스 세계에서 그 말은 곧, 혁신하고 싶다면 관습적인 전술을 버리고 처음부터 선두에 서서 경쟁자의 반응을 유도해야 한다는 뜻이었다. 스포츠에서 시작해 브랜딩에 적용되는 리더십의 원칙이 그때 막 생겨나고 있었다. 그날 그 자리를 떠나는 나와 동료들의 마음속에는 '최선을 다하지 않는 것은 재능 낭비다'라는 프리폰테인의 말이 깊게 남았다.

나이키는 처음부터 나의 예상을 뒤엎었다. 9월에 가게 될 워커에서도 동기부여 측면에서라면 이 이상의 자극은 줄 수 없을 것 같았다. 제프가 언급했던, 그리고 프리폰테인이 몸으로 직접 보여준 그 개념들은 사실 워커 그 자체를 보여주는 개념이기도 했다. 관습을 거부하고, 한계를 시험하고, '가능한 것'의 정의를 새로 쓰는 일 말이다. 나는 이곳의 문화를 온몸으로 받아들이고 있었다. 탁월성에 대한 문화였다.

어떻게 이런 문화가 생겼을까. 1990년대 초반, 오리건주는 당시 빠르게 전파되고 있던 저항 문화의 중심지였다. 라디오에서는 펄 잼Pearl Jam, 너바나Nirvana, 사운드가든Soundgarden 같은 밴드가 그런지grunge 스타일의 음악을 연주했다. 1980년대 긴 머리의 글램 메탈Glam metal 록 밴드에 대한 일종의 반란이었다(고등학교 복도에서는 이들의 파워 발라드가 끊이지 않고 흘러나왔다). 이런 새로운 음악적 흐름은 불손하고 아이러니한 감각으로 그 세대를 정의했다. 그런 특성은 사무실에서 내가 만났던 사람들과 그곳의 분위기를 정확하게 정의하는 것이기도 했다. 그곳에서는 회사 생활의 전형을 거부하는 의식적인 결의가 존재했다. 바나나 리퍼블릭Banana Republic이나 랄프 로렌Ralph Lauren과 같은 브랜드의 '비즈니스' 캐주얼(내가 가장 충성하는 스타일이었다)이 익숙한 세계에서 살던 내가 갓 넘어온 이곳은 반바지와 샌들, 심지어는 맨발에 가슴을 다 풀어헤친 셔츠가 지배하는 세계였다. 랄프 로렌 셔츠를 목까지 채우고 처음 출근한 날에는 이런 말을 들었다. "옷 입는 법부터 가르쳐야겠네." 사무실 사람들의 대다수가 그곳 토박이였다. 어드벤처 스포츠에 너무나 익숙한 오리건주에서 나고 자란 사람들이었던 것이다.

그곳에는 '일과 삶의 균형'을 진지하게 생각하는 사람들이 있었다. 뛰어난 디자이너였지만 그것이 그들의 전부는 아니었다. 사내에는 쇼트 오더 쿡스Short Order Cooks라는 이름의 소프트볼 팀이 있었다. 항상 마감이 임박한 일거리를 떠맡게 되는 상황을 팀명으로 만든 것이었다. 사무실에는 북하우스 보이스Bookhouse Boys라는 밴드에 속한 직원도 있었다. 스포츠에 열광하는 사람들, 음악을 사랑하는 사람들이 있었다. 사무실에 가족사진을 가져오듯이 이런 모든 취미와 관심, 열정까지도 사무실로 가져왔다. 동료들에게 장난칠 계획을 세우고 실행하는 데 지나치게 많은 시간을 쏟는다는 사실 역시 알게 되었다. 한번은 매일 5시에 퇴근하는 사람을 놀리겠다고 벽시계를 디자인했다. 놀리는 데 진심인 그들은 낡은 시계를 가져다가 모든 숫자를 5로 바꿔서 사무실에 걸어두었다. 누구도 의심할 수 없게 말이다.

솔직히 이곳은 디자이너가 되겠다고 결심했을 때 내가 상상했던 세계는 아니었다. 직장 동료가 아니라 고등학교 친구들과 함께 있는 것 같았다. 물론 그들에게는 열정이 있었다. 하지만 그들의 열정은 일에만 국한되지 않았다. 나는 조용하고 진지한 편이었지만 호기심이 많고 사람 사귀는 것을 좋아했다. 그래서 바로 소프트볼 팀에 합류했다. 그들이 그 활동에 얼마나 진지하게 임하는지를 봤기 때문이었다. 그런데 뜻밖의 상황에서 친해질 기회가 찾아왔다.

그들은 내 밴에 대해 알고 있었고 타보고 싶어 했다(내가 그 밴에 고마움을 느끼는 데에는 너무나 많은 이유가 있다). 그날 점심시간에 비로소 나는 그들과 한 팀이 된 것 같았다. 인턴으로서 마땅히 보여야 한다고 생각했던 모습이 아닌 진짜 내 모습을 보여줄 수 있었다. 그들은 디자이너라는 모습 뒤에 있는 진짜 '나'를 만나고 싶었던 것이다. 그들은 부모님의 밴을 타고 비버튼에 건너온 그 사람을 알고 싶어 했다. 그저 한 명의 디자이너가 아닌 미네통카에서 온 그레그를 알고 싶어 한 것이다. 나는 그들에게 그런 '나'를 있는 그대로 보여주었고 그들은 나의 친구가 되었다.

내가 상상했던 것과는 어떤 것도 부합하지 않는 문화였다. 하지만 대단히 효과적인 문화인 것은 분명했다. 이미지 디자인 팀의 수장인 론 뒤마는 나이키의 슬로건 '저스트 두 잇' 정신을 불어넣었다. "아이디어가 있으면 실천에 옮겨라." 어떤 교향악단은 대단히 조직적이어서 지휘자에게 절대적인 권한이 있고 연주자는 지휘자의 지시에 따른다. 하지만 지휘자가 일일이 지시하지 않는데도 그 못지않은 존재감을 발휘하는 교향악단이 있다. 론은 완전히 탈중앙화된 방식으로 팀을 운영했음에도 그의 영향력은 뚜렷했다. 그의 기대가 프로 의식을 이끌어냈고, 팀원들 역시 기대에 부응했다. 론은 가끔 장난이 도를 넘어섰을 때에나 사무실에서 나와 말썽꾼들을 상대했다.

이런 느긋하고 산만한 분위기 속에도 예외는 있었다. 존 노먼 John Norman이었다. 존은 누구보다도 꼼꼼하다고 자부하던 나조차 허술해 보이게 만들었다. 그는 헤드라인에 들어갈 문자의 정확한 위치 등 프로젝트의 모든 세부 사항에 집착했다.

"그레그, 0.25밀리미터가 아니라 0.32밀리미터야!"

존은 컴퓨터, 그러니까 내가 대학 내내 창작 작업에 사용해 온 도구를 경멸했다. 그런데도 그와는 통하는 부분이 있었다. 그는 디자인을 진지하게 생각했다. 그도 나와 같은 생각이었는지 나를 자신의 밑에 두고 가르쳤다. 나는 존에게서 엄밀함의 중요성을 배웠다. 학교에서는 중요하게 다루지 않았던 부분이었다. 그러나 찰나의 순간에 소비자의 시선을 붙잡고자 한다면 0.25밀리미터와 0.32밀리미터의 차이는 결정적이다.

그해 여름은 나이키에도, 체육계에도 특별한 순간이었다. 초여름 앤드리 애거시가 고란 이바니셰비치Goran Ivanišević를 꺾고 윔블던에서 우승을 차지했다. 그의 첫 그랜드슬램이었다. 그는 흰색으로 점철된 고루한 드레스 코드에 맞서 과감한 색상의 새로운 에어 테크 챌린지 워라치Air Tech Challenge Huarache 테니스화와 쨍한 원색 테니스복의 독특한 스타일로 그 일을 해냈다. 이전 해에는 코트에서 나이키의 데님 반바지를 입었었다.

마이클 조던과 시카고 불스 역시 큰 영향력을 발휘했다. 불스는 그해 6월 NBA 결승에서 포틀랜드 트레일 블레이저스Portland Trail Blazers와 맞붙었다. 마이클 조던이 이끄는 불스는 우승을 거두고 10년 동안 농구계는 물론 체육계 전반을 장악했다. NBA 결승이 끝나자 아메리카 토너먼트Tournament of the Americas가 다가왔다. 개최 도시는 포틀랜드였다. 처음이자 마지막으로 NBA 드림팀이 미국 대표로 출전한 대회였다. 그때까지 미국 팀은 항상 대학 선수로만 구성되어 왔다. 슈퍼스타들이 모두 모인 포틀랜드에서 바르셀로나올림픽의 전초전으로 아메리카 대륙의 다른 팀과 경기를 벌였다.

나는 여름 내내 농구와 농구 스타들에게 애정을 쏟아부었고, 그 애정은 바르셀로나올림픽에서 절정을 이뤘다. 드림팀은 올림픽에서 금메달을 목에 걸었다. 드림팀 선수 대부분의 후원사인 나이키에도 승리의 여름이었다. 나이키는 타이밍을 놓치지 않았다. 드림팀 멤버들이 캐릭터로 등장하는 애니메이션 광고를 준비해 두고 있었다. 바르셀로나올림픽은 여러모로 특별했다. 인종차별로 1960년 이후 참가가 금지됐던 남아프리카공화국이 출전하는 상징적인 올림픽이었다.

육상경기에서는 잊지 못할 일이 벌어졌다. '저스트 두 잇'의 역사에서 가장 위대한 순간이 된 그때를 나는 아직도 잊지 못한다. 영국 출신 육상선수 데릭 레드먼드Derek Redmond는 400미터 준결승 경기에서 넘어져 햄스트링이 손상되는 부상을 입었다. 그가 일어나 절뚝거리며 달리기 시작하자 그의 아버지는 관중석에서 뛰쳐나와 보안요원을 밀치고 트랙에 올랐다. 그는 데릭을 부축해 결승선까지 함께 달렸다. 그 순간을 더욱 가슴 찡하게 만든 것은(적어도 나이키에게만큼은) 데릭의 아버지가 정면에 '저스트 두 잇' 슬로건이 적힌 모자를 쓰고 있었다는 사실이었다. 마치 운명처럼 느껴졌다.

사무실 직원 모두와 성취감과 자부심을 만끽했다. 물론 그해 여름, 체육계나 관중들에게 큰 울림을 주었던 나이키의 로고와 행사, 광고 중에서 내가 직접 디자인한 것은 없었다. 그런데도 디자이너로서 이전에는 경험해 보지 못한 감정을 느낄 수 있었다. 우리의 일이 의미 있는 행동이라는 것, 우리 내면에 말을 거는 것이 아니라 세계적인 행사를 움직이고 심지어는 그것들을 만들어낸다는 것, 온 국민이 함께 울고 웃는 맥락 속에 일부가 된다는 감정이었다. 이것은 MCAD 학생이던 때 내가 진짜 예술이 아니라고 외면했던 '대중적인' 디자인이 아니었다. 사람들은 마치 스포츠 경기에서 결정적인 순간을 볼 때처럼 나이키 마케팅에도 다양한 감정적 반응을 보였다. 그것은 본능에 따른 것이었다.

인턴 생활을 했던 여름은 나이키가 처음으로 애플 매킨토시 Apple Macintosh 컴퓨터를 도입한 때였다. 내가 애플의 진가를 알아보기 시작한 때는 1982년이었다. 아버지가 집에 애플 II 를 들여놓으셨다. 모니터까지 살 여유는 없었던 우리는 작은 흑백 TV를 스크린으로 사용했다. 채널 다이얼이 없어져서 TV에서 맥으로 채널을 변환할 때면 펜치를 써야 했다. 아날로그와 디지털을 처음으로 융합시킨 경험이었다. 매킨토시가 등장한 시점은 그보다 더 완벽할 수 없었다. 내 능력을 보여줄 절호의 기회였다. 그곳에는 맥을 사용해본 사람이 없었고, 나는 매킨토시 프로그램을 능란하게 다루던 사회 초년생이었으니 말이다. 복사나 하고 서류나 만들려고 여기까지 온 것이 아니었다. 맥은 나를 쓸모있는 사람으로 만들어주고 내 디자인 기술을 보여줄 완벽한 플랫폼이었다. 이례적인 기회와 함께 인턴십은 절정을 향하고 있었다. 여기서만큼은 다른 디자이너들의 도움을 받을 수가 없었다. 내 힘으로 증명해야 했다. 다른 경력 디자이너들과 함께 차세대 풋볼 스타이자 야구 선수 디온 샌더스Deion Sanders의 로고 디자인을 맡았다. 야구와 풋볼, 둘 다를 위한 최초의 크로스트레이닝 운동화 에어 다이아몬드 터프Air Diamond Turf의 혀 부분에 들어갈 로고였다. 디온의 기술, 스타일과 별명인 '프라임타임Primetime'까지 녹여내야 했다. 조던의 점프맨Jumpman이 그랬던 것처럼, 스토리를 전달하는 동시에 감정을 만들어내야 했다. 그가 활약한 두 스포츠, 야구와 풋볼 그리고 그의 선수 번호와 이니셜까지도 담아야 했던 것이다.

그 모든 정보를 동전 크기의 심벌 안에 넣는 것은 간단한 일이 아니었다. 대학에서 해온 인쇄 매체 중심의 작업은 도움이 되지 않았다. 학교에서는 포스터, 와인 라벨, 우표, 카탈로그와 같은 것들을 디자인했고, 그때의 목표는 이전에 아무도 하지 않았던 신선하고 독특한 무언가를 내놓는 것이었다. 내가 할 줄 아는 것이라고는 사람들이 한 걸음 물러서서 각자의 관점에서 새로운 점을 발견하고 감탄하게 만드는 것, 그런 유형의 디자인이었다. 슈퍼스타의 로고를 디자인하는 것과는 전혀 달랐다. 학교에서 하던 작업은 독특함과 새로움 자체가 목표였지만 로고는 달랐다. 즉각적인 반응을, 브랜드에 대한 감정적 애착을, 그것도 누군가 그것을 보는 찰나의 순간에 만들어내야 했다. 조던의 점프맨 로고를 생각해 보라. 단순한 실루엣이지만 그것은 눈이 떠지는 감각을, 움직임 속 우아함이 주는 황홀감을 만들어낸다. 그게 바로 로고가 해야 하는 일이다.

내게는 생소한 영역이었지만, 누구에게도 토로하기 어려웠다. 참여하고 있는 다른 디자이너들을 둘러보면 그들은 오래된 방법을 따르고 있었다. 종이에다 직접 손으로 그림을 그렸다. 나는 어도비 Adobe 일러스트레이터를 이용했다. 경쟁력으로 작용하리라 생각해서였다. 그러나 실제로는 답답하기 그지없었다. 내 시도는 새롭기는 했으나 직관적인 예리함이 부족했다. 내 작업에는 디온이 빠져있었다. 인쇄 매체를 디자인할 때는 컴퓨터가 유용했지만, 로고 디자인에는 그리 유용하지 못했다. 로고를 디자인할 때는 상상력을 폭발시켜 그 동력으로 종이 위에서 손이 움직이게 만들어야 했다. 내가 구식이라고 생각했던 것, 약간은 원시적인 것이 사실은 본능적인 감정을 일깨우는 로고를 만들 비법이었다. 하지만 나는 어리고 오만했다. 디지털 도구를 놓아버리지 못하고 계속 밀고 나갔다. 머리로는 미련한 짓이라고 생각하면서도 내 방식대로 밀어붙였다. 너무 간절했던 나머지 나는 대학 교수님께 전화를 드려서 내가 겪고 있는 문제를 토로하고 조언을 구했다. 교수님이 말씀하셨다. "로고 디자인은 옛날 사람들의 게임이지."

내게는 별로 도움이 되지 않는 말이었다. 나는 어렸으니까. 내 로고는 선택받지 못했다. 실패 없이 살아온 탓에 그 일로 큰 상처를 받았다. 내가 있을 곳이 아니라는 생각도 했지만 내 사수였던 선배가 그런 생각을 없애줬다. 오래 버티면서 이런 순간을 배우는 기회로 삼는다면 더 강해질 것이라고, 결국 승리할 것이라고 말해주었다. 맞는 말이었지만 순간의 감정을 포착해야 하는 이 역동적인 분야에서는 내가 배워왔던 게 소용없을 것이라는 느낌을 떨칠 수가 없었다. 나는 단거리 선수들의 세상에 들어온 마라토너였다.

패배의 상처를 눈치챘는지 론 뒤마는 나를 회의에 데려갔다(어쩌면 여름 인턴십을 잘해낸 데 대한 보상이었을 수도 있다). 최종 선정된 로고를 역대 최고의 운동화 디자이너로 인정받는 팅커 햇필드Tinker Hatfield에게 선보이는 자리였다. 나는·이때의 경험으로 기술이 아이디어를 대신할 수 없다는 것을 다시금 깨달았다. 현란한 컴퓨터 기술은 아이디어를 대신할 수 없다. 언제나 아이디어가 먼저여야 했다.

여름 인턴십이 끝나고 마지막 주말 동안은 마운트 후드 블루스 페스티벌Mount Hood Blues Festival에서 버디 가이Buddy Guy와 비비킹B. B. King이 관객들의 혼을 빼놓는 광경을 지켜보면서 보냈다. 그것이 비버튼에서의 마지막일 줄 알았다. 물론 동료들은 나를 곱게 보내줄 생각이 없었다. 마지막 날 사무실에 들어갔다가 벽 크기의 밴 포스터가 걸려 있는 걸 발견했다. '디자이너는 몰지 마세요'라고 쓰여 있었다. 밴이 너무 촌스러워서 디자이너의 차로는 보이지 않는 모양이었다. 생각보다 심한 장난은 아니었다. 언젠가 내가 다시 돌아오길 바라며 한번은 봐준 것 같았다. 작별 인사를 하고 밴에 올랐다. 이제는 워커 인턴십을 준비해야 했다. 그 밴을 운전한 것은 그때가 마지막이었다. 나는 3개월 동안 인턴 월급으로 500달러를 모았다. 오리건주에 막 도착했을 때보다 200달러가 많은 셈이었다. 하지만 돌아오는 길에 브레이크가 고장 나면서 500달러를 수리에 고스란히 써야 했다. 그렇게 집에 돌아오자 떠날 때와 비슷한 신세가 됐다. 완전히 무일푼이었다.

워커에서의 인턴십이 곧 시작됐고, 나는 내가 사랑하고 동경하던 세계로 빠르게 되돌아갔다. 나이키 인턴십이 재밌는 3개월간의 피트 스톱Pit Stop(급유·타이어 교체 등을 위한 정차 - 옮긴이)이었다면 워커는 진지한 곳이었다. 반바지나 티셔츠는 찾아볼 수 없었다. 소프트볼 팀이나 사무실에서의 짓궂은 장난도 없었다. 그곳은 예술적 탁월함이 무엇인지를 정의하는 곳이었다. 유구한 역사에 부응해야 한다는 생각에 압박감이 느껴졌다. 과거를 존중하는 동시에 미래를 내다볼 수 있어야 했다. 그러나 압박만큼의 자유도 함께 따라왔다. 워커의 프로그램으로 대중과 소통할 새로운 방법을 실험하고 만드는 자유였다.

그곳에 있으면서 소외된 관객들이 전시회를 접할 수 있는 환경을 만들고 박물관의 영향력 범위를 한 단계 넓히는 굉장한 기회를 얻었다. 나는 말콤 X Malcolm X와 관련한 전시회의 디자인 리더가 됐다. 이런 기획으로는 최초의 전국적 전시였다. 인권 운동의 아이콘인 그가 살아 있을 때 만들기 시작해 죽은 후 완성한 여러 예술가의 작품을 전시하는 자리였다. 전시의 하이라이트는 덴절 워싱턴Denzel Washington이 주연을 맡은 스파이크 리Spike Lee 감독의 영화 〈말콤 X〉의 선공개였다. 많은 젊은 아프리카계 미국인이 그랬던 것처럼 나는 이 영화를 통해 많은 이야기를 들을 수 있었다. 그와 나를 동일시했다고 한다면 지나친 말이겠지만 정체성에 대한 그의 생각만큼은 분명하게 이해할 수 있었다. 두 개의 다른 세상에 발을 두고 있던 말콤은 과거 아프리카계 미국인 인권 운동 지도자들과는 손을 끊고 흑인 인권 성장의 새 길을 열었다.

어린 시절부터 나는 스포츠 스타들이 나이키라는 렌즈를 통해 자신을 들여다보는 대중에게 힘을 얻는 것을 직접 목격했다. 그렇다. 나이키는 그들을 투영하는 하나의 렌즈였다. 나는 그들에게서 나의 정체성을 찾았다. 그들이 내게 말을 걸고 있다는 느낌을 받았고 힘과 용기를 얻었다. 어렸을 때의 나는 대중의 한 사람이었지만 이제는 나이키의 인턴으로서 그런 순간을 '만드는' 사람이 되었다. 1992년 여름에는 조던이 두 번째로 팀을 NBA 정상에 올려놓고, 재키 조이너 커시Jackie Joyner-Kersee가 7종 경기 금메달을 따는 등 눈부신 순간들이 이어졌다. 나는 벅찬 자부심을 느꼈다. 사무실에 있던 모두가 같은 마음이었을 것이다. 나이키가 그 순간과 관련되어 있기 때문이다. 인턴으로서 맛을 좀 본 것으로는 부족했다. 나는 더 많은 것을 원했다. 나이키의 디자이너들은 문화의 흐름과 함께 움직이고, 중요한 사건에 민감하게 반응하며, 대중이 스포츠를 경험하는 세계관을 형성했다. 나는 그 일부가 되고 싶었다. 무엇보다 나이키가 이 반항기 가득한 서부 해안의 소도시, 오리건에서 한 일에는 힘이 있다고 생각했다. 비버튼의 새 친구들이 우리가 함께했던 여름을 추억하며 언제 돌아오냐고 묻는 편지를 보냈을 때는 그렇게 반가울 수가 없었다.

워커 인턴십을 시작한 지 8개월 차에 접어든 4월 말이었다. 한창 일에 몰두하던 시기에 나이키로부터 걸려온 전화를 받았다. 디자이너 자리에 나를 생각하고 있다는 것이었다. 단, 한 가지 조건이 있었다. 5월 15일부터 출근할 수 없다면 더 이상의 기회는 없다고 했다. 나이키는 한창 성장 중이었고 수요에 맞추기 위해 바로 투입될 수 있는 인력이 필요했기 때문에 융통성을 발휘할 수 없는 형편이었다. 나는 워커에 있으면서도 나이키에서의 시간을 종종 떠올리곤 했다. 전화를 받은 순간, 내 마음과 정신, 영혼 모두가 홀린 듯 스우시로 향했다. 나이키라면 지금의 커리어에서는 얻을 수 없는 의미와 충족감을 줄 것이라고 확신했다. 가는 게 당연했다.

한 가지 문제가 있었다. 로리에게 얘기해야 했다. 그 무렵 로리는 내 멘토였고, 나는 그에게서 많은 가르침을 얻었다. 하루는 여러 요소를 배치하는 데 온갖 신경을 쓰면서 레이아웃 작업을 하고 있었다. 그는 내 마우스를 쥐더니 화면 위의 이미지를 아무렇게나 움직여 디자인을 망쳐놓았다. 나는 경악했다. 하지만 필요한 것이었다. 로리는 완벽해지려는 노력을 멈춰야 할 시점이라고 말했다. 긴장을 풀면 새로운 창조의 영역을 발견할 것이고, 대중 역시 새로운 창의성의 영역을 발견하게 될 것이라고 말이다. 로리의 말이 옳았다. 나는 안전한 선택만을 추구했다. 지금까지도 나는 그때의 기억으로 두려움을 극복하고 한계를 뛰어넘으려 한다.

로리는 경외의 대상이었다. 애나 윈터Anna Wintour에게《보그Vogue》인턴십을 그만두겠다고 말하는 장면을 상상해 보라. 대체 누가 스포츠 의류 회사에서 일하겠다고 세계적인 창작의 메카를 떠난단 말인가? 이런 얘기를 공손히 할 방법이 있기는 한가? 하지만 결국 본능이 이끄는 대로, 당신에게서 배운 것을 세계적인 무대에서 펼치고 싶다는 말을 꺼냈고, 그는 행운을 빌어주었다.

내게는 그런 마무리가 필요했다. 내가 하려는 일이 내가 가장 존경하는 사람의 눈에도 괜찮아 보인다는 확인이 필요했던 것이다.

'중요한 것은 감정이다.'

나이키 인턴십에서 배운 것 중에 이보다 나에게 더 큰 영향을 준 것은 없었다. 나에게도, 체육계에도 놀라웠던 1992년 여름 인턴십을 시작할 수 있었던 것도 이 한 문장 덕분이었다. 그 여름에는 불스와 올림픽과 드림팀이 있었다. 나이키의 흰색 테니스복을 입고 윔블던에서 우승한 앤드리 애거시가 있었다. 그의 모자에는 스우시가 새겨져 있었다. 이로써 나이키는 로고를 바꾸게 되었다. 피닉스 선스Phoenix Suns의 스타플레이어 찰스 바클리가 도쿄의 거리에서 고질라에게 일대일 농구로 맞서는 〈고질라 vs. 찰스 바클리〉 광고에는 극도의 대담함이 있었다. 이런 엄청난 에너지 뒤에는 스포츠의 정의를 트랙, 코트, 그리고 뛰어난 선수들, 그 이상으로 확장하는 브랜드를 만들겠다는 의도가 숨어 있었다. '네 궤도를 지켜라

Stay in your lane' 같은 말은 안중에도 없었다. 우리는 우리의 궤도를 다른 문화적 조류와 적극적으로 융합했다. 나이키에는 물론이고, 나 같은 젊은 디자이너에게는 더할 나위 없이 신나는 시간이었다. 그것이 시작에 불과하다는 것은 미처 알지 못했다.

나이키에서는 대중과 소비자들의 본능적인 감정을 자극했다. 신발을 팔기 위한 것만은 아니었다. 그들 자신을 스토리의 일부로 느끼게 하기 위해서였다. 워커는 최첨단의 방식으로 사람들이 예술과 만나는 순간에 초점을 맞추면서 뛰어난 일을 해냈고, 해 나가고 있었다. 나는 그곳에서 행복하게 일하리라는 것을 알고 있었다. 물론 나이키에서의 경험이 없었을 때의 얘기지만. 예술가들은 예술이 세상을 변화시킬 수 있다고 말한다. 하지만 나는 나이키에서 사람들에게 영감을 주고, 메시지를 전하는 일로 마음을 움직일 수 있다는 것을 알게 되었다. 그리고 나는 나이키가 감정을 움직여 무엇을 할 수 있는지 막 이해하기 시작했다는 것을, 드러내고 탐구할 수 있는 것이 더 많다는 것을, 세상을 움직이는 열정과 스포츠의 융합이 막 시작되고 있다는 것을 두 눈으로 목격했다. 그것을 놓칠 수 없었다.

그렇게 해서 다시 포틀랜드로 스물일곱 시간을 운전해 가야 하는 상황이 됐다. 이번에는 내 차 GMC의 지미Jimmy를 몰고서 말이다. 새 일자리는 이제 막 문을 연 놀런 라이언Nolan Ryan 빌딩의 이미지 디자인 부서였다. 당대 야구 선수 중 가장 빠른 투구로 명예의 전당에 이름을 올린 내 어린 시절 우상의 이름을 딴 건물이었다. 그 이름에 부끄럽지 않도록 잘해내야 한다는 생각이 들었다.

나이키로 향하면서 다시는 미니애폴리스로 돌아오지 않으리란 것을 직감했다. 예술과 스포츠 사이에서 갈등하는 일은 더 이상 없을 것이다. 그것이 별개의 개념이 아니라는 사실을 깨달았기 때문이다.

2장

창조는
팀 스포츠다.

**EMOTION
BY
DESIGN.**

우리는 브랜드 마케팅 주간 회의에서 그간 업데이트된 내용과 계획을 공유한다. 이 회의에서 자리를 택할 때는 약간의 전략이 필요하다. 처음으로 나서고 싶지 않아서다. 항상 바쁜 일정에 시간이 부족했으므로 다른 사람이 정보를 공유하는 동안 자신이 말할 내용을 다듬을 시간이 필요했던 것이다. 운이 좋아 첫 번째를 면할 때도 있었지만 그렇지 않은 경우도 있었다.

회의가 막 시작되고 문이 열렸다. 아무런 예고도 없이 코치 K가 걸어 들어왔다. 듀크 블루 데블스Duke Blue Devils 농구 팀을 다섯 번이나 미국대학스포츠협회NCAA, National Collegiate Athletic Association 내셔널 챔피언으로 이끈 수석 코치 마이크 시셰프스키Mike Krzyzewski였다. 그 순간, 겉으로 티를 내지는 않았어도 모두가 속으로는 환호성을 질렀을 것이다. 코치 K는 5분 뒤, 점프볼을 앞두고 로커룸에 앉아 있는 선수들에게 말하듯 우리를 격려하기 시작했다. 지금 생각해 보면 우리가 어떻게 침착함을 유지했는지 모르겠다. 어쨌든 우리는 이전에도 그런 자리에 있어 본 것처럼 행동했다.

그것이 전부였다면 코치 K와의 일화는 열성 팬이던 아이가 성인이 되어 스타를 만난 이야기에 그쳤을 것이다. 하지만 그날 코치 K에게는 다른 목적이 있었다. 그리고 그것은 오래도록 내 안에 남아 있다. 그는 브랜드 마케터가 아닌 농구팀에 할 법한 이야기를 우리에게 건넸다. 이 책의 메시지와도 관련이 있는 얘기였다.

"여러분의 장점은 바로 여러분의 눈입니다." 코치 K는 테이블에 둘러앉은 우리 한 명, 한 명을 바라보며 말했다. "여러분은 다른 사람이 보지 못하는 것을 봅니다. 마케터로서 여러분의 비전은 당신들의 브랜드를 차별화하는 것입니다." 간단해 보이지만 완벽한 비유였다. 우리가 보는 것, 우리가 보는 방법, 우리가 보기로 선택한 것, 우리가 본 것을 다른 사람에게 보여주는 방법, 이 모두가 브랜드 마케터가 하는 일이었다.

코치 K는 우리에게 행운을 빌어주었고 우리가 해온 모든 일에 감사를 전한 뒤 방을 나갔다. 이제 코트로 나갈 시간이었다. 나는 사실 듀크의 팬은 아니었다. 빅 이스트Big East(NCAA 대학 농구 메이저 콘퍼런스 중 최대 콘퍼런스 – 옮긴이), 특히 조지타운의 열렬한 팬이었고, 1991년 준결승전에서 듀크 소속 크리스천 레이트너Christian Laettner 가 무패 행진을 이어가던 네바다대학교 라스베이거스UNLV, University of Nevada, Las Vegas의 발목을 잡았던 일에서 도무지 헤어나올 수 없었다. 하지만 코치 K의 말을 듣고 그의 존재감이 크게 느껴지면서 당장 이라도 듀크 팀의 마스코트로 나서고 싶을 정도였다.

우리의 일은 대중에게 새롭고, 통찰력 있고, 때로는 도발적인 방식으로 세상을 보여주는 것이다. 우리는 코치 K가 말한 '시각적 장점'을 통해 일을 한다. 다른 사람들이 쉽게 놓치는 통찰과 진실 을 보고 그것들을 이미지, 필름, 영상, 캠페인, 건축, 제품을 통해 대 중에게 드러내 보이는 능력을 통해서 말이다. 우리의 역할이 단순 히 브랜드나 제품을 홍보해서 무엇이든 많이 팔고 보는 것이라 생 각한다면 오산이다. 우리는 제품을 팔지 않는다. 마케터는 이야기 를 판다. 매체가 무엇이든 우리는 사람들의 마음을 움직이고, 특별 한 감정을 끌어내고, 소비자와 브랜드 사이에 오래 지속되는 유대 를 구축할 통찰력 있는 이야기를 통해 브랜드의 가치관과 목표를 공유한다.

이 책 전체에 걸쳐 우리가 이 일을 수행하는 과정에 대해 많은 이야기를 나눌 것이다. 소비자와 강한 유대감을 형성하려면 어떻게 이야기를 전달해야 할까? 어디서부터 시작해야 할까? 그런 이야기 를 시작하기 전에 먼저 토대를 마련해야 한다. 다음 장부터 내가 참여했던 모든 성공적인 프로젝트에 빠짐없이 등장했던 마케팅 핵심 요소들을 하나씩 다룬다.

본질적인 요소 중 하나는 바로 공감이다. 공감은 수많은 영감을 불러일으키는 원천이다. 다른 사람의 감정을 이해하고 공유하는 능력을 통해 타인을 중심으로 이야기를 빚어낼 수 있고 우리는 더 깊은 진실에 가닿게 된다. 나의 틀에서 벗어나 무엇이 다른 사람의 마음을 움직이는지 꿰뚫어 보는 힘은 공감에서 비롯된다. 그들의 관심사는 무엇인가, 그들의 기쁨과 두려움, 니즈와 꿈은 무엇인가? 우리 제품은 소비자들이 그런 감정을 충족시키거나 누그러뜨릴 힘을 부여하기 위해 어떤 일을 하는가? 그런 기반 위에 우리는 스토리텔링에 영감을 줄 강력한 통찰을 발견하게 된다.

이 과정에는 말로는 다 설명할 수 없는 것들이 있다. 이 책은 내가 약 30년간 나이키에서 겪었던 온갖 경험으로 당신을 안내할 것이다. 기억에 남는 캠페인을 만들 수 있었던 건 예산이 많아서가 아니다. 우리가 그렇게 할 수 있었던 것은 대중에게 다가갈 수 있었기 때문이고, 이야기를 나누며 그들의 마음을 움직였기 때문이다 (여기에서만큼은 필적할 다른 브랜드가 없다고 자부한다). 그들의 마음을 움직이는 것이 무엇인지 알아내기 위해, 작업의 대상(그것이 제품이든, 운동선수든, 행사든)은 물론이고 소비자까지 분석했다.

모두 같은 방식으로 세상을 보지 않는다는 건 이미 알고 있다.

정말 어려운 것은 각자 다른 방식으로 세상을 바라보는 그들이 어떤 시각과 관점을 가졌는지 배우려는 마음을 이끌어내는 것이다. 사람들과 연결되기 위해선, 즉 창조를 통해 감정의 유대를 형성하기 위해서는 세상을 바라보는 새로운 방식을 적극적으로 찾아야 한다. 코치 K는 우리에게 시각적 장점이 있다고 말했지만 그것을 어떻게 얻어야 하는지는 이야기하지 않았다. 그에 대해선 내가 이야기해 보려고 한다.

당신 혼자 이해하는 것만으로는 충분하지 않다. 조직 역시 이점을 이해해야 한다. 달리 말하자면, 당신의 조직, 즉 당신의 브랜드가 창조적 브레인스토밍 속에서 소비자에 대한 공감을 책임지겠다는 각오로 만들어져야 한다. 그런 후에야 깊이 있는 통찰이 나올 수 있다. 소비자의 마음을 움직이고 좋은 브랜드를 탁월한 브랜드로 만들 통찰 말이다.

창조의 케미스트리

1997년 오렌지 볼Orange Bowl(매년 미국 마이애미 오렌지 볼 스타디움에서 특별히 초청된 팀끼리 경기하는 포스트시즌 대학 풋볼 게임 – 옮긴이)에서 멕시코를 상대하던 브라질 국가대표 축구팀은 호나우두Ronaldo와 호마리우Romario 두 선수를 중심으로 결성되었다. 미국에서 펼쳐지는 나이키 브라질 월드 투어Brasil World Tour의 첫 시범 경기였으며, 이 투어에서 브라질은 세계를 돌며 경기를 치렀다. 미국에서는 ESPN2가 중계를 맡았고, 참가 팀의 국가를 포함한 세계 여러 방송사를 통해 곳곳으로 중계되었다. 올림픽과 월드컵, 슈퍼볼 못지않은 규모의 행사였다.

이 투어는 국제 축구 시장에서 나이키의 입지를 굳히기 위한 대담한 계획이었다(1996년 말 축구화 판매는 나이키 전체 신발 매출 가운데 1퍼센트에 불과했다[1]). 다년간의 화려한 볼거리는 세계에서 가장 역동적인 팀을 매년 수백만의 시청자들 앞에 세우고 나이키가 이 분야의 실세로 자리매김하는 데 도움을 줄 것이 분명했다.

하지만 나이키가 이런 결정을 내린 데는 또 다른 이유가 있었다. 브라질 대표팀은 '창조는 팀 스포츠'라는 개념을 누구보다 잘 보여주는 가장 이상적인 그룹이었다. 브라질에는 징가Ginga라 불리는 특유의 축구 기법이 있다. 이 이름을 문자 그대로 풀이하면 '동요動搖'라는 뜻이다. 징가는 브라질 전통 무술과 삼바 등이 스포츠에 스며든 브라질 문화의 표현이다. 단순한 훈련과 기술을 넘어 우아함과 스타일을 강조하는 징가를 두고 펠레Pelé는 이렇게 말했다. "우리는 춤을 추고자 한다. 우리는 징가를 하고자 한다. 축구는 죽기 살기로 매달리는 싸움이 아니다. 아름답게 운영해야 한다."[2]

징가식 축구는 개별 선수에 초점을 두고 그들에게 '아름답게' 경기할 자유를 준다. 브라질 대표팀의 강점은 선수들의 다양성, 각 구성원의 개성에 있다. 각 선수는 '팀에 어떤 기여를 할 수 있는가'를 기준으로 선발되지만 그렇다고 '머니볼Moneyball'(저비용·고효율을 추구하는 야구단 운영 기법. 오클랜드 애슬레틱스Oakland Athletics의 전 단장 빌리 빈Billy Beane의 운영 방침을 가리키는 말−옮긴이)과 같이 정확한 지표를 사용하는 방식은 아니다. 선수들은 모두 다채로운 개성을 갖고 있었고, 각자 고유한 이야기와 경기 스타일을 보유하고 있었으며, 이를 경기장에서 마음껏 뽐내도록 권장하는 분위기였다. 브라질은 성과와 효율만을 위해 조직된 팀이 아니었다. 선수들의 창의적인 특징을 이용해서 흥미진진하고 예측할 수 없는 경기 스타일을 만들어냈다. 그들은 쇼를 펼치는 동시에 대회에서 우승했다. 브라질 축구는 당시 많은 팀이 따르던 지시적이고 체계적인 '독일 스타일'과 극명한 대조를 이뤘다. 독일 스타일에는 획일성으로 인해 즉흥의 여지가 없었다. 브라질은 창조의 케미스트리에 의지해 다양한 요소를 융합시킴으로써 대단히 독특한 것을 만들어냈다. 반항아나 악동이 있는 한편, 마술사와 금욕주의자도 있었다. 선수들이 균일한 방식으로 함께 노력해야 하는 팀의 입장에서 브라질 스타일은 재앙이 될 수도 있었다. 축구와 같은 조직적인 스포츠에서는 특히 그랬다. 하지만 브라질은 그들의 스타일을 성공시켰고 그 결과 당대에 가장 흥미로운 축구가 만들어졌다.

우리는 우리의 혁신과 창의성을 대변해 줄 팀을 찾았다. 나이키는 관습에 대항하는 독특한 개인들로 이루어진 팀이지만, 한편으로는 한데 어우러져 창의성과 스토리텔링, 소비자와의 유대라는 측면에서 업계를 선도하는 브랜드였다. 우리는 축구 팬들이 브라질팀에 갖는 유대감과 꼭 같은 감정적 유대를 다져왔다.

브라질 월드 투어 때만 해도 나는 아직 나이키의 신참 디자이너였다. 그런데도 나는 이 투어의 브랜딩, 아트 디렉션, 사용자 경험 디자인User Experience Design(소비자가 제품 등을 선택하거나 사용할 때 발생하는 제품과의 상호작용을 디자인의 주요소로 고려하는 것 – 옮긴이)은 물론 1년후 파리 월드컵으로 이어지는 다른 사업에도 참여하고 있었다. 나이키에서는 일을 맡기면서 담당자에게 역량이 있는지를 확인하는법이 없었다. 그저 해낼 것이라는 가정하에 일을 맡길 뿐이었다. 작가가 아니었음에도 카피를 내놓아야 했다. 영화감독이 아니어도 영상으로 스토리를 전달해야 했다. 혼자 힘으로 해내야 하는 경우가많았고, 임기응변으로 대처하는 것 외에 다른 선택지는 없었다. 필요하면 도움을 요청할 수는 있었지만, 어쨌든 자신의 능력과 직감을 믿어야 했다.

어찌 된 영문인지, 나는 브라질과의 협업에서 첫 프로젝트를맡아 브라질의 고이아니아로 가게 되었다. 브라질 대표팀을 촬영하는 일이었다. 팀에 대한 거의 전면적인 접근이 허용됐는데, 당시로서는 드문 일이었다. 우리는 경기장 안팎에서 선수들을 따라다닐 기회를 얻었다. 이로써 우리는 당초의 계획보다 더 나은 결과물을 가지고 돌아올 수 있었다.

우리는 대중에게 무료로 공개되는 연습 경기에도 함께할 수 있었다. 팬 서비스를 보여주기에는 더없이 좋은 방법이었지만, 보안 문제는 세심히 다루어지지 않았다. 문제는 팬 한두 명이 빈 도랑을 건너 경기장을 둘러싼 담장을 오르면서 시작됐다. 몇 명으로 시작된 일은 수백 명이 떼를 지어 밀려드는 상황으로 치달았다. 장애물이 무너지고 경호원들은 군중에 휩싸였다. 우리 팀과 선수들은 순식간에 수백 명의 흥분한 팬들에게 둘러싸였다. 나는 다급히 촬영팀에게 호나우두를 둘러싸도록 지시했다. 사람들은 계속 밀고 들어왔고 그 기세에 촬영팀이 밀리면서 호나우두를 둘러싸고 있던 원은 점점 작아졌다. 그때 호나우두가 내게 뭐라고 말하기 시작했다. 그는 포르투갈어를 사용했는데 내 포르투갈어 실력은 고작 단어 몇 개를 알아듣는 정도였다. 그렇지만 그가 팬들을 들여보내라고 말하고 있다는 것은 알 수 있었다. 어떻게 해야 옳은지 판단이 서지 않았다. 세계에서 가장 유명한 축구 선수가 팬들에게 밟혀 부상을 입기라도 하면 책임을 져야 할 터였다. 하지만 대치 시간이 길어지면서 언젠가는 이 인간 벽도 무너질 것이 분명해 보였다. 나는 그의 뜻대로 물러났고, 팬들은 우리 주위로 몰려들었다. 우려와 달리 그들은 호나우두를 짓밟지 않았다. 그들은 그저 그와 가까이 있고 싶었을 뿐이었다. 일촉즉발의 상황은 선수와 팬이 하나 되는 감격의 순간으로 바뀌었다.

이때의 경험은 촬영에 대한 내 접근 방식을 바꿔놓았다. 기존의 계획을 포기하고 새로운 계획을 세웠다. 흑백 다큐 형식의 사진으로 팀을 보여주는 것 외에도, 나는 브라질 사람들의 열정을 담아내고 싶었다. 내 아이디어는 브라질 축구 위원회 지도부의 생각에는 어긋났다. 그들은 영웅적인 방식으로 오로지 선수들에게만 초점을 맞춘 이미지를 원했다. 하지만 양보할 수 없었다. 나는 브라질 축구가 선수들만의 것이 아닌, 축구를 사랑하는 모든 사람 심지어는 축구에 대한 열정과 영혼, 문화, 그 모두에 대한 것이라고 주장했다. 지구상의 어떤 나라도 브라질만큼 축구에 진심일 수는 없을 것이다. 투어와 촬영의 목표가 '세계적인 팀'을 보여주는 것이라면, 우리는 그 팀이 그 나라 사람에게 어떤 의미인지도 보여줘야만했다. 결국 승인을 얻어냈고, 선수와 팬 모두를 촬영할 수 있었다. 선수들과 그들에게 열광하는 사람들에게 그 팀이 어떤 의미인지에 대한 하나의 이야기를 전하는 방식으로 말이다.

나는 이 팀의 진정한 존재 의미를 인식하고, 이 팀이 다른 스포츠 팀은 하기 힘든 방식으로 한 나라의 꿈을 대변하고 있다는 것을 깨달았다. 새로운 통찰이었다. 단순한 촬영이 문화에 대한 존중과 칭송으로 바뀌는 순간이었다. 이런 팀을, 이런 순간을 목격하다니! 개성이 뚜렷한 선수 한 사람 한 사람을 같은 방향으로 이끌어가는 브라질 팀의 능력을 통해 나이키가 이룬 협력적 창조 작업의 성공도 설명할 수 있을지 궁금해졌다. 나이키는 팀 구성이나 팀 사이의 상호작용에서 항상 완벽하지는 않았다. 그러나 나이키에는 위험을 감수하고 결과를 위해 솔직하게 의견을 주고받는 과정, 개인의 다양한 능력과 기술을 최대로 끌어올리는 과정이 있었다. 이런 아이디어를 온전히 실행하기까지는 몇 년이 더 걸렸다. 시간이 지나 결과를 다 알고 나서도 내 접근법이 성공한 이유를 이해하기까지는 더 긴 시간이 필요했지만 어쨌든 그 시작은 브라질이었고, 징가로 알려진 그들의 아름다운 경기 스타일이었다.

새로운 역할, 새로운 방법

2010년 나이키의 글로벌 브랜드 크리에이티브 부사장이 되었을 때, 나는 스토리텔링과 사용자 경험을 책임지는 브랜드 마케팅 업무를 이끌고, 구조를 재편하는 일을 맡았다. 이전과는 전혀 다른 직무였다. 광고와 디지털 마케팅, 브랜드 미디어, 브랜드 디자인, 판매와 행사 마케팅을 모두 하나의 우산 아래 모아놓은 셈이었다. 나는 그 우산을 들고 있는 사람이었다. 구조 개편의 목적은 단순했다. 모든 팀을 한데 묶어서 창조의 결과물을 향해 이전보다 통일된 접근법을 취하기 위해서였다. 우리가 가장 고심했던 건 처음부터 함께 일하는 팀을 만드는 것이었다. 서로 다른 경험과 관점을 원료 삼아 하나의 중심 목표에서 브랜딩의 콘셉트와 캠페인을 키워나가는 것이다. 우리의 목표는 창조적인 측면에서의 이런 합일을 기반으로 아이디어가 실현되는 다양한 채널에서 더 큰 창의적 에너지를 폭발시키는 것이다. 그러기 위해서는 먼저, 개별 부서가 각 부서를 우선시하는 고립적인 관행에서 벗어나야 했다.

새로운 조직은 회사에서 '디지털 퍼스트'로 정의된 현대 마케팅의 시대를 인도했다. 이로써 우리는 세계적인 수준의 아트 디렉션, 브랜딩, 스토리텔링을 통해 웹사이트와 소셜 채널, 앱에서 확산되는 브랜드의 정체성과 목소리를 통합시킬 수 있었다. 텔레비전이나 인쇄 매체, 광고판은 더 이상 소비 촉진의 지배적인 매체가 아니었다.

디지털, 보다 구체적으로는 휴대폰이 1950년대와 1960년대의 TV보다 훨씬 빠른 속도로 브랜드 마케팅을 지배했다. 우리에게는 소비자의 변화하는 욕구에 발맞춰 새로운 채널들이 촉진하는 경이로운 소비 속도를 처리할 민첩한 구조가 필요했다. 한때는 소비자가 콘텐츠를 보는 속도마저 통제할 수 있던 시절이 있었다. 광고는 특정 채널에서 특정한 시간에 일정한 간격을 두고 방영됐다. 인쇄 광고는 어느 정도 규모 이상의 지배적인 매체에만 실릴 뿐이었다. 하지만 온라인의 영상은 어떤가? 아침에 입소문을 타기 시작해 저녁이면 진부한 소식이 되어버린다. 상황이 달라졌다. 나이키의 마케팅은 변화를 이끌어야 했다.

새로 도래한 디지털 시대가 우리에게 선사한 마케팅 도구는 엄청나게 늘어났고 지금도 그러하다. 우리는 새로운 소비자를 우리 브랜드로 끌어들이고 다양한 플랫폼으로 서로를 연결해 글로벌하게 열정을 공유할 수 있는 엄청난 능력을 갖게 되었다. 각 부서는 계속해서 각자의 전문 분야에 초점을 맞추는 가운데 공동의 목표에도 집중했다. 이전까지는 존재하지 않았던 친밀하고 개인적인 방식으로 스토리를 전달했다. 스포츠를 중심으로 전 세계의 문화가 하나가 되는 엄청난 규모의 상상력을 발휘할 수 있게 되었다.

크리에이티브 드림팀

2020년 초, 나는 나이키를 은퇴하면서 오랜 친구이자 동료들을 앞에 두고 팀 내 구성원 한 사람, 한 사람의 가치를 강조하는 연설을 했다. 이것이야말로 내가 나이키에서 성공 가도를 달릴 수 있었던 이유였다. 팀이 제 기능을 하지 못한다면 어떤 일도 제대로 되지 않을 것이다. 모든 것은 뒤처지는 사람 없이 각 구성원의 힘을 극대화하는 데 달려 있다. 달성하기 어려운 균형이다. 최고의 크리에이티브Creative(디자이너, 일러스트레이터, 포토그래퍼, 카피라이터 등 창조적인 작업을 하는 사람들, 특히 광고계 종사자 – 옮긴이) 팀을 꾸리는 데 필요한 요소 중에는 통상적인 생각과 반대되는 것들이 많기 때문이다. 하지만 브라질 국가대표팀과 마찬가지로, 제대로 만든다면 마법이 펼쳐진다. '모든 것은 제대로 구성된 팀에서 시작된다'는 개념을 먼저 이해하지 않는다면, 앞으로 등장하는 스토리의 진가를 알 수 없을 것이다. 그날 저녁 연설에서 나는 최고의 창작물을 만드는 데 그치는 것이 아니라 가장 만족스러운 창의적 작업 문화를 일구는 데 필요한 세 가지 요소를 제시했다.

1. 몽상가를 포용한다

내 연설은 '몽상가'를 포용하라는 요구로 시작됐다. '몽상가'는 창조적 사고를 하는 우뇌형 인재로, 다른 사람들을 미치게 만드는 구석이 있다. 일반적으로 우뇌형 인간은 "만약 …라면?"이나 "…하는 게 어때?"라는 질문을 주저 없이 던지고 절차나 질서를 싫어한다. 이들은 창의적인 사람보다는 위계 구조에 잘 적응하는 분석적인 사람을 선호하는 미국 경제계에서 그리 환영받는 인물은 아니다. 이런 몽상가들을 포용하는 것은 쉬운 일이 아니다. 하지만 혁신에 큰 가치를 두는 브랜드라면, 그들을 반드시 포용해야 한다. 위험을 감수할 수 있어야 창의적인 문화를 만들 수 있다. 이것이 경쟁에서 이기는 지름길이다.

2. 목소리가 작은 사람에게 마이크를 쥐여주어라

다음으로 나는 '목소리가 작은 사람들'에 대해 이야기했다. 안타깝게도 많은 조직이 목소리가 큰 사람을 똑똑한 사람이라고 생각하는 오류를 범한다. 하지만 대부분의 경우, 그들은 그저 목소리만 클 뿐이다. 수전 케인Susan Cain의 저서 『콰이어트』에 따르면, 인구의 3분의 1에서 절반은 내향적인 사람이다. 지나치게 많다는 생각이 든다면 그것은 대부분의 내향인이 눈에 띄지 않기 위해 뒤에 숨거나 시끄러운 구성원들과 잘 지내기 위해 무슨 말이든 하도록 스스로를 밀어붙이면서 자신의 성격을 감추기 때문이다. 목소리가 작은 사람들은 현재보다 미래를 꿈꾸는 데 더 많은 시간을 사용한다. 이것은 높은 성과를 내는 팀에 대단히 중요한 능력이다. 스티븐 스필버그Steven Spielberg, 래리 페이지Larry Page, 알베르트 아인슈타인Albert Einstein은 모두 잘 알려진 내향인이다. 이들의 업적은 세상을 바꾸었다. 내향적인 사람들에게 충분히 숙고할 시간과 공간을 할애하라.

3. 다양성은 산소다

일터에서의 다양성은 여전히 우리의 목표 중 하나다. 2020년 마케팅 경력 및 급여 설문조사에서 응답자 3883명 가운데 88퍼센트가 백인, 5퍼센트가 아시아인, 4퍼센트가 혼혈인, 2퍼센트가 흑인으로 확인되었다.[3] 내가 동료들에게 외부의 목소리, 소수자들의 목소리를 경청하라고 말한 것이 충분히 이해되지 않는가? 다양성은 공정성의 문제이며 동시에 그들에게 역사 내내 거부당했던 기회를 주는 일이다. 하지만 다양성에는 또 다른 강점이 있다. 다른 사람이 보지 못하는 것을 보는 능력, 즉 시각적 능력 말이다. 비슷한 사람들로 구성된 팀은 더 깊은 진실에 이르는 식견을 찾아낼 삶의 경험이나 지식을 가질 수 없다. 이런 식견을 '볼' 수 없는 팀은 대중과의 감정적 연결을 가능하게 할 이야기나 경험을 만들 수 없다. 다양성은 창작을 타오르게 하는 산소와도 같다. 드림팀을 만들고자 한다면, 인종과 성별에 따라 다양한 기술과 삶의 경험, 관점이 만들어지는 것을 염두에 두어야 한다.

동일성의 문화를 촉진하는 브랜드는 너무나 많다. 그들은 스스로를 가둬버린다. 기존 구성원들을 중심으로 팀을 구성하다 보면 깨닫지 못하는 사이에 이런 결과가 빚어진다. 그들은 우뇌형 몽상가를 기피한다. 몽상가들이 다른 사람과 잘 어울리지 못한다고 생각해서다. 그들은 목소리가 작은 사람들을 무시한다. 수줍음이 나약함이나 무지의 표시라고 여기기 때문이다. 그리고 그들은 편안함과 익숙함을 기반으로 자신과 비슷한 사람을 찾는다. 내가 위에서 언급한 특성을 중심으로 팀을 구축하겠다는 의식적인 노력이 없으면 브랜드는 현실에 안주하게 될 것이다.

적극적으로 '최고'의 결과를 만들 팀을 구축해야 한다. 자신과 다르게 생각하는 사람, 자신과 다르게 말하는 사람, 자신과 다르게 보이는 사람을 포함시키기 위해 스스로에게 도전해야만 한다. 창조의 여정은 함께 둘러앉아 상상의 나래를 펼쳐야 비로소 시작된다. 즉, 팀이 구성될 때부터 시작되는 것이다.

혁신을 주고받는 티키타카

2021년 4월, FC 바르셀로나는 애슬레틱 빌바오Athletic Bilbao와의 경기에서 이미 3 대 1로 앞서고 있었다. 2분 30초간 62회에 걸친 패스가 리오넬 메시Lionel Messi의 극적인 골로 마무리됐다. 보통 한 시퀀스Sequence(플레이의 흐름, 한 팀의 한 선수가 공을 컨트롤하는 순간부터 상대의 수비 혹은 경기 중단, 슈팅으로 마무리되는 경기 과정)에서 패스가 40회 이상인 팀에게 이런 유형의 경기는 드문 일이 아니었다. FC 바르셀로나는 스페인에서 발전한 티키타카Tiki-taka라는 경기 스타일을 따랐다. 티키타카는 짧은 패스와 포제션Possession(개인 또는 팀이 공을 컨트롤하는 것) 유지, 수비에 구멍을 만드는 것을 특징으로 한다. 간단히 말해 FC 바르셀로나는 팀의 모든 구성원이 구체적인 목표를 향해 함께 노력하고, 서로의 생각을 읽고, 서로의 행동을 예측해서 최종적인 성공을 달성하는 최고의 케미를 보여주고 있는 것이다.

공을 앞뒤로 패스하고, 에너지를 공유하면서(심지어는 의식적인 수비의 조작으로 에너지를 만들어내며) 모든 킥이 더 큰 무언가로 이어진다. 처음에는 감지하기조차 어렵지만 시간이 지나며 점차 뚜렷해져 마침내 골인의 순간이 오는 것이다.

작업 환경이 경쟁적인 탓에 원활한 교류가 이루어지지 않는 경우가 있다. 작은 팀이든 여러 지역을 아우르는 큰 팀이든 '여기에서 발명되지 않은, 여기에서 일어나지 않은' 것은 일단 제치고 보는 경향이 강하다. 다른 곳에서 일어나는 혁신을 반기기는커녕 꺼리는 것이다. 이 때문에 어떤 팀은 공을 패스하지 않고, 티키타카를 멈춘다. 함께 만들고 노력해서 이루려는 공동의 목표가 없다. 각자 자신이 득점하려고 공을 찰 뿐이다.

2014년 즈음, 새롭게 부상하는 디지털 기술을 이용해 현장 행사에서 고객 경험을 강화하려는 노력을 시작했을 때 내가 피하려고 한 것이 바로 이와 같은 사고방식이었다. 나는 모든 팀에 아이디어를 가지고 텃세를 부려서는 안 된다고 강조했다. 다른 팀의 아이디어를 공유하거나 그 아이디어를 기반으로 작업하는 것은 그저 괜찮은 정도가 아니라 크게 격려받아야 하는 일이다. 우리는 결국 같은 팀이지 않은가! 다른 팀원이 뛰어난 경기를 하면 불평해서는 안 된다. 다음에는 그 자리에 당신이 있을 수도 있다. 이후 4년 동안 전 세계에서는 브랜드에 몰입하는 '사상 최초'의 경험이 끊임없이 이어졌다. 저마다 다른 사람의 아이디어를 기반으로 한 것들이었다. 한 팀에서 다른 팀으로 공이 패스되면 그 추진력을 이용해 혁신적인 에너지를 만들어낼 수 있다. 이러한 결과는 공유와 협력적 창조 작업이 가진 강력한 힘을 완벽하게 드러내주었다.

상하이에 있는 하우스 오브 맘바House of Mamba LED 농구코트가 그 시작이었다. 이 코트는 2014년, 커뮤니케이션 에이전시 AKQA와 나이키 디지털 디자인 팀의 합작으로 지어졌다. 모션 트래킹과 반응형 LED 시각화 기술(사실상 코트 자체가 거대한 아이패드와 같은 기능을 했다)을 통해 시각적 디스플레이를 구현했을 뿐 아니라 훈련 방식에도 혁명을 가져왔다. '블랙맘바Black Mamba'인 코비 브라이언트는 이 프로젝트에 적극적으로 참여했다. 코트의 프로그래밍에는 로스앤젤레스 레이커스Los Angeles Lakes가 연습 경기에서 사용하는 훈련 내용과 기법을 그대로 적용했다. 이 코트에서 브라이언트는 중국 전역의 선수를 훈련시키고 격려했다.

2015년, 미국의 전면 몰입형 인터랙티브 LED 하프 코트 '라스트 샷Last Shot'이 상하이로부터 공을 넘겨받았다. 이 코트에서 선수들은 마이클 조던이 보여줬던 위대한 플레이 세 가지를 재현할 수 있었다. 뉴욕에서 NBA 올스타전이 열리는 주말 동안 선보인 '라스트 샷'으로 펜 파빌리온Penn Pavilion은 타임머신으로 변신했다. 1000만 개의 LED 조명과 함께 관중까지도 포착해 내는 시각 디스플레이가 결합된 타임머신이었다. 시계가 카운트다운에 들어간 가운데 선수들은 코트 위에서 조던의 움직임을 따라가며 자신도 조던처럼 결승골을 넣을 수 있는지 확인할 수 있었다.《와이어드Wired》지에서 '세계에서 가장 멋진 농구 코트'로 불린 이 '라스트 샷' 역시 AKQA와의 제휴로 만들어졌다. 라스트 샷은 상하이에서 처음 선보였던 혁신을 한 단계 발전시켜 소비자에게 더 향상된 몰입 경험을 선사했다.

공은 대륙을 건너 마닐라로 넘어갔다. 2017년 마닐라에서 나이키 언리미티드Nike Unlimited 러닝 트랙이 베일을 벗었다. 우리는 BBH 싱가포르BBH Singapore와의 제휴를 통해 필리핀 수도에 사상 최초로 LED 러닝 트랙을 조성했다. 도시 블록 하나에 해당하는 거리에 배치된 언리미티드 스타디움Unlimited Stadium 트랙은 나이키 루나에픽Nike LunarEpic 운동화의 바닥 모양을 본떠 만들어졌다. 200미터의 8자형 트랙 옆에는 LED 스크린이 늘어서 있어서 30명의 주자들과 경쟁을 펼칠 수 있다. 한 바퀴를 돌고 첫 기록을 측정한 선수는 운동화에 센서를 부착하게 된다. 이로써 주자는 이전 기록에 해당하는 디지털 아바타를 상대로 경쟁할 수 있다. 나의 아바타가 바로 옆 스크린에서 달리는 것이다. 말 그대로 '나' 자신과의 싸움이다.

2017년 공은 출발지인 상하이로 되돌아왔다. 우리는 나이키 리액트Nike React 운동화 론칭에 맞춰 크리에이티브 에이전시 와이든앤드케네디Wieden & Kennedy와 제휴해 상하이에 있는 구형 건물 메트로시티Metro City를 회전하는 지구로 변화시켰다. 이렇게 만들어낸 모습은 단순했지만 대단히 효과적이었다. 밖에서 보면 주자가 지구 위에서 달리고, 그의 발밑에는 상하이 스카이라인을 배경으로 거대한 지구가 회전하는 모습이었다. 마치 주자가 달리면서 지구를 돌리는 것처럼 비쳐졌다. 실제로는 건물 아래 트레이드밀 위를 뛰고 있는 주자들의 모습이 보이지 않는 5미터 위의 스크린에 투영된 것이었다. 주자가 빨리 달릴수록 공처럼 둥근 모양의 건물이 점점 더 빠르게 돌아가는 것처럼 보인다. '달리기가 세상을 돌아가게 한다.' 이 광고에 너무나 잘 어울리는 문장이었다. 지상에서 이를 목격한 사람들은 경탄해 마지않았고, 소셜 미디어에서는 세계적인 바이럴 마케팅의 시작을 알렸다.

각각의 프로젝트는 제각기 다른 혁신으로 보일 것이다. 이들 행사에 서로 이어지는 연결점은 없었다. 하지만 내부적으로는 그들 모두가 진화의 한 축을 담당했다. 각각의 행사를 기반으로 새로운 혁신이 이루어졌다. 팀 간의 티키타카는 추진력을 향상시키는 아름다운 시퀀스를 이루었다. 한 팀의 아이디어가 다른 팀으로 이어져 골을 만들어낸 것이다. 내가 방금 언급한 일들은 각 팀이 공을 앞뒤로 패스하고, 혁신 에너지를 만들어내고, 거인의 어깨 위에 올라타듯 이전 팀의 어깨 위에 올라섰기에 가능한 일이었다. 즉, 누구 하나 그 아이디어의 근원이라고 주장할 수 없을 만큼 크고 지속적인 시퀀스의 일부인 것이다. 그리고 그것이야말로 급진적인 협력적 창조 작업의 핵심이다. '우리는 팀이며, 팀으로 움직인다.'

하지만 아무리 선수 간의 케미가 돋보이는 팀이라도 경쟁에서 앞서기 위해서는 날카로운 사고방식을 유지해야 하며 영감과 자극을 끊임없이 얻어야 한다.

호기심은 근육이다

여기, 회녹색 조끼를 입고 연장을 매단 띠와 벨트에 모자를 쓴 사람이 있다. 프랭크 로이드 라이트Frank Lloyd Wright(미국의 건축가, 자연과 조화되는 유기적인 건축을 특징으로 한다 - 옮긴이)와 크로커다일 던디Crocodile Dundee(동명의 영화 주인공으로 악어와의 사투에서 살아남은 호주의 사냥 안내자 - 옮긴이)를 합쳐놓은 듯한 모습이다. 그는 빅풋Bigfoot(북미 서부에 살고 있다고 여겨지는 온몸이 털로 덮인 원숭이 – 옮긴이)의 존재를 굳게 믿으며 규정조차 힘든 그 생물을 오랫동안 사냥해 왔다. 간단히 말해 그는 빅풋 사냥꾼이다. 누구든 잠시라도 그와 함께 있으면 그가 정말 진심으로 사냥에 임한다는 것을 깨닫게 된다. 200명 정도되는 우리 디자이너들은 빅풋 사냥에 대한 그의 이야기에 귀를 기울이고 있었다. 처음에는 이 사람을 연사로 초대했다는 사실에 다들 적잖이 충격을 받은 모양이었다. 하지만 충격은 폭소로 바뀌며 금세 그의 이야기에 빠져들었다.

컬럼비아강을 따라 워싱턴주의 황무지로 캠프를 떠난 둘째 날이었다. 디자인 캠프Design Camp는 강력한 팀 정체성과 문화를 구축하는 방법이자 팀에 새로 들어온 우리 같은 사람들을 교육시키는 방법이기도 했다(1993년, 내가 나이키에 입사한 지 1년도 되지 않은 때였다). 우리는 다양한 실외 스포츠를 통해 브랜드의 방향을 이해하고, 틀에서 벗어난 방식으로 영감을 얻고자 그 자리에 있었다. 일정 사이사이에 연사들의 강연이 있었다. 우리의 도전 의식을 북돋우고 영감을 주는 각 분야의 혁신가들이 강사로 초빙됐다. '빅풋 사냥꾼'은 전형에서 한참 벗어난 사람이었다.

그날 저녁 짓궂은 장난으로 유명한 베테랑 디자이너가 빅풋 의상을 빌려 빅풋 사냥꾼을 놀릴 계획을 세웠다. 머리부터 발끝까지 굵은 갈색 털로 뒤덮인 이 빅풋은 길을 건너다 픽업트럭에 치일

뻔했고, 야외 식당으로 느릿느릿 걸어 들어가 모든 사람을 겁에 질리게 만들었다. 다행히 빅풋 사냥꾼은 주변에 없었다. 그렇지 않았다면 두 사람의 대결이 벌어졌을 것이다.

당시에 나는 나이키가 영감을 얻는 일에 왜 그렇게 목숨을 거는지, 영감을 찾는 과정에 왜 그리 집착하는지 이해하지 못했다. 하지만 시간이 꽤 흐른 지금, 경력 초반의 이 에피소드를 돌아보니 왜 우리가 둘러앉아 빅풋 사냥꾼의 이야기에 귀를 기울였는지 이제는 이해할 수 있을 것 같다. 단지 재미를 위해서만은 아니었다. 핵심은 그런 기회가 아니고서는 마주치지 못했을 영감에 눈을 뜨는 것이었다(물론 유쾌한 방법으로 말이다). 빅풋 사냥꾼이 나의 창작 여정에서 '어떤 것'에 영감을 주었다고 꼬집어 말할 수는 없다. 하지만 디자이너로서, 그리고 이후에는 마케팅 리더로서 경력을 쌓아오는 동안 색다른 것에서 창조적 영감을 찾아야 한다고 생각할 때마다 나는 그를 떠올리곤 한다.

호기심은 창조의 기폭제다. 영감은 호기심으로 문을 두드리는 사람에게 찾아온다. 영감은 바다에 묻힌 거대한 빙하처럼 무한하지만, 그것을 찾아내는 일은 매우 어렵다. 그래서 영감이 찾아올 때까지 기다리지 말고, 영감이 자연스럽게 당신을 통해 작품으로 흘러가도록 계획을 세워야 한다. 규칙적인 습관과 일상의 루틴을 통해 바깥의 세상을 당신의 세상 속으로 끌어들이고, 그로써 자신과 팀이 창조적 결과를 달성하도록 힘을 실어야 한다.

영감이 찾아오기만을 기다리는 수동적인 태도로는 치열한 창작의 세계에서 살아남기 힘들다. 밖으로 나가 영감을 찾아야 한다. 탐구자의 기질을 타고난 사람뿐 아니라 그렇지 않은 사람도 학습을 통해 호기심을 키울 수 있다. 호기심은 근육이고 근육은 단련할 수 있다. 나이키는 이 점을 알고 있었기에 끊임없이 상상력에 연료를 공급하고 창조를 이끄는 호기심의 문화를 구축할 수 있었다.

디자인 캠프(그리고 빅풋 사냥꾼)는 호기심의 근육을 키우라는 시그널이었다. 이 외에도 긴 세월에 걸쳐 많은 사람에게서 영감을 얻는 법을 비롯해 팀의 호흡을 맞춰가는 법, 두려움을 이겨내고 위험을 감수하는 법을 배웠다. 다음으로는 다양한 영감으로 팀워크 육성에 시너지를 낸 사례들을 살펴보자.

판지로 만든 의자 뺏기 놀이

우리 팀에는 디자인 데이Design Day가 있다. 그중에서도 가장 기억에 남는 날의 이야기를 해보려고 한다. 우리는 팀을 나눠 게임을 하기로 했다. 각 팀에 여러 장의 판지가 주어졌다. 게임의 룰은 간단했다. 판지로 사람의 체중을 견딜 수 있는 의자를 만드는 게 전부였다. 디자인 역시 점수에 포함되었다. '판지 의자 콘테스트'의 심사위원은 이것이 얼마나 진지한 대회인지를 보여주었다. 웨일스 출신의 디자이너 로스 러브그로브Ross Lovegrove와 작고한 미국의 산업 디자이너 닐스 디프리언트Niels Diffrient. 두 사람 모두 의자 디자인의 거물이었다.

나이키의 모든 팀워크 육성 프로젝트가 그렇듯 거기에는 함정이 있었다. 할당된 시간 안에 의자를 만들고, 그 의자로 의자 뺏기 놀이를 해야 했다. 누군가는 바닥에 주저앉게 된다는 이야기였다. 지시를 들은 우리는 작업에 착수했다. 디자이너들은 색상표나 신발에 대해서는 훤했지만 의자 디자인에는 문외한이었다. 물리학 지식까지 동원되는 정교한 작업이었다. 몇 시간 뒤 각 팀은 자신들이 만든 의자를 내놓았다. 몇몇 의자는 재채기만 해도 무너질 것 같았지만 말이다. 놀랍게도 당장 납품해도 될 만한 의자들도 있었다. 몇 개는 즉석 디자인의 전형처럼 보였다. 큰 압박감 속에서 뛰어난 지략을 보여주는 것들이었다. 이런 활동은 항상 시간제한이 있어 지나친 계획을 막고 즉각적인 아이디어를 촉발한다.

쉬는 시간 후에 게임이 시작됐다. 음악이 흘러나오다 멈추고 다시 흘러나오기를 반복했다. 하나둘 팀원들의 체중에 눌려 무너지는 의자들이 나오기 시작했다. 팀마다 체중에 차이가 난다는 정당한 불평이 있었던 것 같다. 공식적인 경쟁이었다면 점수에 대한 규칙이 더 엄격해야겠지만, 비공식적인 대회였으므로 단 하나의 의자가 남을 때까지 게임은 계속되었다.

이미지와 제품 디자이너에게 왜 이런 활동이 필요한 것일까? 두 가지 이유가 있다. 첫째는 의자의 경우 신발처럼 형태가 기능을 따른다. 신발도 의자도 체중을 지탱해야 한다. 그러면서 동시에 다양한 유형의 몸과 발을 지지할 수 있어야 한다. 기능에만 집중하면 못생긴 의자가 나올 것이다. 형태에만 집중하면 예쁘고 불편한 의자가 나올 것이다. 신발도 마찬가지다.

두 번째로, 이런 게임은 우리의 상상력을 확장할 뿐 아니라 좌뇌와 우뇌를 골고루 사용하게 한다. 우리의 전략을 신발이나 의류가 아닌 다른 제품에 적용하는 자체가 우리 기술에 대한 도전이었다. 종이 의자는 바람만 불어도 주저앉을 수 있다. 하지만 연약한 종이로 사람을 지탱할 만한 의자를 만든다는 도전적인 실험은 우리의 창조 근육을 확장하고 응용의 폭까지도 넓혀준다.

팀워크 육성 활동은 경쟁이나 게임 자체보다 '팀으로 함께한다'는 사실이 더 중요한 경우가 많다. 예를 들어 복잡한 대도시를 무대로 물건을 찾는다든가, 주민들도 모를 법한 숨은 장소를 찾는 것이다. 어린이책에 글과 그림을 넣는 과제가 주어지기도 한다. 어린이책에 대해서 우리가 아는 것이 뭐가 있겠는가? 우리는 샌디에이고 동물원San Diego Zoo에 가서 코뿔소와 얼룩말 바로 옆에서 저녁을 먹으며 영감을 얻어야 했다.

　다음 과제는 도시를 디자인하는 것이었다. 이 활동은 팀 프로젝트의 꽃이었다. 도시 계획이야말로 고도의 협력을 필요로 하기 때문이다. 또 한번은 라스베이거스Las Vegas를 주제로 광고 카피를 쓰고 감독까지 맡아야 했다. 불가피하게 라스베이거스에 머물며 일을 해야 했다. 문제는 짧은 시간이었다. 몇 달, 몇 주가 아닌 며칠, 몇 시간 내에 작업을 끝내야 했다. 짧은 시간 안에 임무를 완수하기 위해서는 독창성과 기지를 발휘해야 한다. 부족한 자원을 탓하기보다는 내가 이미 가지고 있는 것으로 작업을 해야 한다.

　이 책을 읽으면서 열 명 내외의 작은 조직에도 나의 노하우를 적용할 수 있을지가 의문인 독자도 있을 것이다. 나는 그들에게 나이키 역시 작은 팀으로 시작했다는 사실을 상기시키고 싶다. 물론 자본과 기술을 갖춘 여러 부서가 하나의 광고 캠페인 제작에 참여한다면 창작 활동에 유리할 것이다. 하지만 이런 요소들이 꼭 필수적인 것은 아니다. 이 점 역시 나이키에 있으면서 배운 것이다. 이렇게 판지를 이용해 의자를 디자인하거나 어린이책을 만드는 활동을 거치면서 말이다. 또 한 가지 기억할 것은 팀원 한 사람이 두세 가지 역할을 맡아야 하는 소규모의 팀으로 이런 작업을 했다는 사실이다. 때로 협력을 방해하는 "그건 내 일이 아니야" 같은 불평은 존재하지 않았다. 그것은 '우리 모두의 일'이었다. 이런 작업을 통

해 소규모 팀 구성원들의 시너지를 강화했을 뿐 아니라 작은 팀이
라도 괄목할 만한 성과를 낼 수 있음을 일깨울 수 있었다.

장인 정신

2015년 내가 글로벌 브랜드 크리에이티브 부사장으로 있으면서
팀 협동 워크숍을 기획할 때의 일이다. 나는 리더십팀을 이끌고 일
본으로 향했다. 오랫동안 애정을 가져온 나라였고 무엇보다 장인 정
신이 최고의 경지에 오른 곳이었기 때문이다. 우리 팀에는 전 세계
브랜드 스토리텔링과 소비자 경험을 담당하는 리더들이 포진되어
있었다.

나는 각기 다른 주제의 네 가지 체험을 마련했다. 첫째는 이들
을 데리고 일본에서 가장 역사가 긴 도검 가문을 찾아가는 것이었
다. 일본도 명인 요시와라 요신도吉原義人를 지켜보면서 절정에 이른
장인 정신이 무엇인가를 알게 되었다. 모든 검은 유일무이한 창작
물이었다. 같은 검은 하나도 없었다. 우리는 요신도가 이끄는 팀의
철저한 협업도 지켜봤다. 각자에게 명확한 역할이 있었지만 모두가
매끄럽게 협력하면서 검 하나하나가 탁월성의 기준을 충족하도록
만들었다. 다음으로 우리는 1160년 만들어진 세계에서 가장 오래

된 찻집 츠우엔Tsuen Tea을 방문했다. 예술은 멈춰있거나 움직이는 이미지에서만 발견되지 않는다. 일본의 문화가 보여주듯이, 예술은 의식儀式에서도 발견된다. 수백 년 동안 세심하게 쌓아온 다도茶道에 포함된 각각의 움직임, 각각의 순간이 숭고한 아름다움을 만들어낸다. 이것은 최고의 경지에 이른 '디자인적 사고'이다. 모든 순간을 고려하는 예술이며 과학인 것이다. 또한 우리는 저명한 정원 건축가의 안내를 받아 일본식 정원을 구경하기도 했다. 디자인으로 자연의 아름다움을 극대화할 수 있음을 두 눈으로 목격했다. 지구상에서 10월의 교토만큼 아름다운 곳은 많지 않을 것이다. 그 시기의 정원이 지닌 색상은 표현의 범위를 넘어선다. 마지막 체험은 『정리의 힘』 저자 곤도 마리에近藤麻理惠의 강연을 듣는 것이었다. 삶에서 불필요한 잡동사니를 제거하는 분명한 공식(나는 무엇에 설레는가?)은 메시지를 단순화해 가장 깊이 있고 강력한 통찰을 향해 나아가는 우리 팀의 일과도 관련이 있었다.

매드맨, 디테일의 예술

한번은 AMC 〈매드맨Mad Men〉(1960년대 미국 뉴욕의 광고 대행사에서 일하는 광고 제작책임자 돈 드레이퍼Don Draper의 이야기를 그린 드라마 - 옮긴이)

의 크리에이터인 매슈 와이너Matthew Weiner를 초청했다. '세계관 형성'의 노하우를 듣기 위해서였다. 우리는 종종 나이키 매장 안에 특별한 콘셉트를 구현하고자 했다. 와이너는 세계관 형성의 핵심이 디테일에 달려 있다고 말했다. "촬영장에 놓인 소품 하나하나가 스토리를 만들 기회가 되는 겁니다." 그가 말했다. 나는 닫힌 책상 서랍 속 펜, 종이, 폴더까지도 실제 그 시대의 예스러운 물품들로 채워져 있다는 사실에 깊은 감명을 받았다. 시청자들이 볼 수 없다는 것은 문제가 되지 않았다. 중요한 것은 배우가 본다는 점이다. 그들은 그런 세부적인 것들을 보고, 만지고, 경험하면서 그 시대로 이동한다. 그 작은 소품 하나가 배우로 하여금 그 세계와 자신의 캐릭터에 온전히 몰입하게 만드는 것이다.

와이너는 두 가지를 강조했다. "돈이 부족할수록 기발한 아이디어가 나옵니다." 〈매드맨〉의 편당 예산은 AMC의 다른 주요 수입원인 〈워킹 데드The Walking Dead〉보다 훨씬 낮았다. 하지만 부족한 예산은 약점이 되기는커녕 드라마 속 세계를 구축하는 데 창작 에너지의 마지막 한 방울까지 놓치지 않고 전력을 다하게 만들었다. 당연히 쉬운 과정은 아니었다. "우리는 녹초가 되었지만 그보다 더 만족할 수는 없었습니다." 와이너가 말했다. 우리의 상상이 현실 속 구현과 일치하도록 작은 디테일 하나까지 사수해야 한다. 아무리 작고 눈에 띄지 않는 것이라도, 깊이 있는 스토리를 위해 디테일을 놓쳐서는 안 된다.

환한 바깥세상으로 나가라

시카고에서 마케팅 교육을 받은 적이 있었다. 나는 계획표에 있는 '솔저필드Soldier Field 체험'을 보고 강한 흥미를 느꼈다. 솔저필드는 시카고 베어스팀Chicago Bears의 홈구장이다. 평생 미네소타 바이킹스Minnesota Vikings의 팬이었던 나에게 그 경기장은 분명 적진이었다. 우리는 버스를 타고 솔저필드로 갔고 선수 로커룸으로 안내받았다. 견학에 참가한 사람들은 모두 깜짝 놀랐다. 각자 로커를 배정받았고, 로커 안에는 패드, 헬멧을 비롯해 이름이 적힌 베어스의 유니폼이 갖춰져 있었다. 옷을 갈아입고 경기장으로 나섰다.

그 웅장한 스타디움에서 우리는 훈련에 돌입했다. 기온이 27도까지 치솟았다. 그들이 우리를 살살 다루었으리라 생각했다면 착각이다. 프로 선수가 아니라고 해서 예외는 아니었다. 훈련을 마무리하면서 필드 골 킥 대회를 가졌다. 나는 조금 녹슬긴 했어도 예전의 실력을 발휘해 수직 기둥으로 공을 날릴 수 있었다.

프랑스 샹파뉴에서 고대 궁수의 후손인 강사들에게 궁술 수업을 받기도 했다. 부에노스아이레스에서는 아르헨티나 3부 축구팀과 연습 경기를 치른 적도 있다. 솔저필드든 프랑스든 아르헨티나든 이 모든 체험은 팀으로서 함께 성장하고 색다른 경험을 공유하기 위해 마련된 것이었다. 우리 모두는 현재에 안주해서는 안 된다. 때로는 야구선수 혹은 축구선수가 되거나 때로는 궁수가 되어 시야를 확장하고 그들에게 공감하는 법을 배워야 한다.

정기적인 팀 활동 중에는 함께 식사를 하는 것도 있다. 물론 여기에는 단순히 팀과 시간을 보내는 것 이상의 중요한 목적이 있다. 우리는 종종 식당에서 셰프들과도 식사를 같이 한다. 그들은 무대 뒤로 우리를 인도한다. 하나의 요리는 그 나름의 예술성을 띠고 있으며, 뛰어난 셰프들은 자신의 음식을 통해 식사를 하는 사람들을 하나의 여정으로 이끈다. 그들은 우리가 브랜드 캠페인에서 하듯 음식으로 스토리를 전달하는 것이다. 창조적인 일을 하는 사람들이 자신의 기술을 이용해 스토리를 만들고, 통찰을 제공하는 방법을 이해하는 것은 값을 헤아릴 수 없을 만큼 귀중한 일이다. 우리는 셰프들에게서, 그들의 요리뿐 아니라 그것을 내놓는 방법에서도 영감을 얻는다. 음식을 테이블에 내올 때 그들은 어떻게 이야기하는가? 어떤 재료가 돋보이는가? 운동선수나 제품이 나이키가 스토리를 전달하는 매개가 되는 것처럼 이 음식 전문가들은 자신의 음식으로 매혹적인 순간을 만들어낸다.

이런 순간을 통해 우리는 스스로를 규정하던 틀에서 벗어날 수 있다. 주변의 세상을 탐색하면서 영감을 얻고 다른 전문가들이 일하는 방식을 배울 수 있다. 어떤 경우에는 우리가 만들어갈 스토리텔링에 영향을 줄 영감을 발견하기도 하고, 어떤 경우에는 팀을 더욱 끈끈하게 만들어주기도 한다. 결과야 어떻든, 사무실 안에만 머물러서는 우리 작업에 필요한 팀의 화합과 영감을 얻을 수 없다. 크리에이티브 드림팀은 도전을 해야, 탐색에 나서야, 환한 바깥세상으로 발을 내디뎌야, 팀으로서 순간을 공유해야 비로소 드림팀으로서 기능할 수 있다. 그런 후에야 당신이 배운 것을 사무실로 끌어들일 수 있다.

NASA와 나이키의 공통분모

NASA가 디자인한 우주인 헬멧과 나이키 에어 기술에는 공통점이 있다. NASA의 헬멧이 없었다면 아마 나이키 에어 기술도 없었을 것이다. 이 이야기는 내가 나이키에 몸담기 전의 일로, 전 NASA 엔지니어가 '블로 러버 몰딩blow rubber molding' 기법을 나이키에 홍보한 데서 시작된다. 운동화 밑창을 비워 공기를 채울 수 있게 한 것이었다. 충격 흡수 기능을 향상할 방법으로 NASA 헬멧 디자인에 사용되는 기술을 소개한 것이다. 나이키는 이 아이디어를 마음에 들어 했고, 엔지니어의 아이디어를 차용해서 최초의 나이키 에어 밑창을 만들었다.[4]

나이키 역사를 관통하는 여러 상징적 운동화들을 보면 어디에서 영감을 얻었는지 직접적으로 드러나는 것들이 있다. 자동차의 기체 역학적 설계는 오래전부터 영감의 원천이었다. 우리는 이 부분을 집중적으로 조명하기 위해 포드Ford의 디자인 책임자였던 제이 메이스Jay Mays를 초청했다. 메이스는 딱정벌레라는 이름에서 영감을 얻은 차량, 폭스바겐 비틀Volkswagen Beetle을 재디자인하여 자동차 역사에 이름을 남겼다. 포드로 자리를 옮긴 그는 (과거의 복고풍 디자인에서 미래적 디자인의 소스를 얻는) 레트로 퓨처리즘Retro Futurism으로 알려진 디자인 철학을 도입했다. 뉴 비틀의 사례처럼, 메이스는 2002년 포드 선더버드Thunderbird를 개조하기 위해 다시 과거에 주목했다. 이 모델은 1955년 모델에서 많은 부분을 가져왔다. 포드의 상징인 머스탱Mustang 재디자인에서도 마찬가지였다. 2005년 모델은 최근의 모델보다는 스티브 매퀸Steve McQueen이 「불릿Bulitt」에서 몰았던 1967년의 클래식 버전과 더 닮아 있었다. 메이스는 감정을 디자인하는 것, 스토리가 있는 차를 만드는 것, 꿈을 이뤄주겠다고 약속하는 것에 대해 이야기했다. 우리는 그의 메시지에 공감했다. 속도와 기체 역학적 설계, 우아한 외형에 초점을 맞춘 자동차 디자인은 나이키 운동화 디자인에 엄청난 영감을 주는 보고였다.

하지만 제품을 디자인할 때 가장 큰 영감을 얻는 곳은 바로 자연이다. 생물체의 특성과 구조, 원리를 디자인에 적용하는 '생체 모방' 기술을 이용하는 것이다. 이를 통해 식물과 동물, 심지어는 곤충에서도 디자인의 단서를 발견할 수 있다. 나이키의 에어 리프트Air Rift 운동화가 그랬듯이 인간의 신체와 주변 환경에서 직접 단서를 얻는 경우도 있다. 세계에서 장거리 달리기를 가장 잘하는 케냐인들이 맨발로 생활하는 것을 보고 에어 리프트 특유의 발가락 사이 갈라진 모양을 모방했다. 케냐의 그레이트 리프트Great Rift 계곡을 보면서도 갈라지는 이미지를 떠올리며 '리프트Rift's'라는 이름을 차용했다. 이를 통해 달릴 때 첫 번째와 두 번째 발가락 사이의 관절이 더 자연스럽게 움직이도록 하는 디자인을 구현할 수 있었다.

일본의 종이접기에서 영감을 얻은 적도 있다. 나이키 시티 나이프2City Knife 2는 일본 예술가들의 종이 접기 작품을 떠오르게 하는 삼각형 모양이 특징이다. 하지만 더 중요한 특징은 신지 않을 때 신발이 납작하게 접힌다는 것이다.

이런 제품들은 자신으로부터 벗어났을 때 만들어낼 수 있는 결과들이다. 제한된 틀 바깥에서 발견한 영감을 일에 적용할 수 있어야 한다. 하지만 외부의 것을 끌어들이는 과정은 종이접기를 응용하거나 자동차 디자인을 운동화에 활용하는 것만큼 간단하지가 않다. 접근 방식에 훨씬 더 신중을 기해야 한다. 당신이 끌어들이는 영감의 대부분은 전혀 효과가 없다는 것을, 대부분의 경우에는 아이디어 폴더 안에 몇 년씩 묻혀 있다가 상상해 본 적 없는 결과를 낸다는 것을 기억해야 한다.

이어서 외부의 영감을 자신의 작업에 끌어들이는 데 도움을 줄 수 있는 사례와 아이디어들을 소개한다.

사진 일기

마지막으로 확인했을 때 내 아이클라우드iCloud 사진첩에는 7만 9000장의 사진이 있었다. 다소 강박적이라는 건 나도 알고 있다. 이 중 약 5000장 정도는 스크린숏 이미지다. 대부분은 어떤 것으로도 이어지지 않는다. 하지만 일부는 상상력을 자극해 아이디어로 이어진다. 휴대폰 카메라 덕분에 시각 자료를 만드는 것이 그 어느 때보다 쉬워졌다. 주변 환경과 인터넷을 둘러보며 인상 깊게 본 이미지를 순식간에 캡처할 수 있다. 기술이 존재하는데 활용하지 않을 이유가 없다. 사진 일기는 물리적인 것이 될 수도 있고 디지털 매체를 이용할 수도 있다. 원하는 만큼 체계적으로 정리할 수도 있고 엉망으로 놔둔 채 필요에 따라 활용할 수도 있다. 나는 약간 강박적인 성격이라 자연, 건축, 브랜딩과 이미지, 영감을 주는 문구, 제품 디자인, 새로운 기술에 따라 분류해 폴더를 정리해 두었다.

스스로에게 과제 부여하기

어디에 갈 수 있을까? 무엇을 볼 수 있을까? 누구를 만날 수 있을까? 어디를 가든 당신 스스로에게 물어야 할 질문이다. 답을 적고 계획을 세워 보라. 처음에는 숙제처럼 느껴지겠지만 시간이 흐르면 제2의 천성이 된다. 도쿄든, 터코마Tacoma든 나는 도시로 여행을 갈 때마다 영감을 모아 내 세계를 확장하고자 한다. 그런 일들을 할 시간이 얼마든지 있다는 가정하에 말이다. 휴가를 갈 때도 예외 없이 현대 건축 역사에서 의미가 있는 사례를 찾아내 가족들과 함께 보러 간다. 가족들은 내게 맞춰 주기 위해 따라 나서기도 하지만, 그들 역시 혁신적인 건축물과 그런 작품 뒤에서 미래를 보는 눈을 가진 건축가들에게 영감을 받는다. 그리고 그러한 영감은 그들의 삶에 스며들어 영향을 발휘할 것이다.

자산 공유하기

팀원이 일과 관련해 여행을 다녀오면 우리는 그가 본 것, 만난 사람, 길에서 겪은 생생한 경험에 대해 들려 달라고 한다. 나는 이걸 '바깥에서 안으로Outside In' 향하는 시간이라고 부른다. 팀 전체가 모여 다른 사람의 여행 이야기를 공유하는 이 시간은 창의적 에너지, 혹은 영감을 얻을 기회가 된다. 내가 다녀오지는 않았을지라도 팀원들은 지식전달자로서 우리의 호기심을 채워주고 시야를 넓혀

준다. 누군가 TED 콘퍼런스에 다녀오면 우리는 상위 5개의 강연을 다운로드한다. 어떤 리더가 라스베이거스의 국제전자제품박람회 Consumer Electronics Show에 다녀오면 우리 모두가 어떤 사업 부분이 기술적으로 가장 새로운 돌파구를 만들었는지 알게 된다. 한 사람이 모든 곳에 있을 수는 없다. 하지만 팀을 통해서라면 가능할지 모른다.

코비 브라이언트의 능력은 어디에서 나오는가

수십 년 동안 업계에 있으면서 지켜본 코비는 영감을 끊임없이 탐색하는 본보기이며 발견과 호기심의 정신으로 사는 사람, 자신이 배운 것을 기꺼이 다른 이들과 공유하는 사람이었다.

코비의 호기심은 농구 선수들 사이에서도 유명하다. 어린 시절 감히 마이클 조던에게 조언을 구했던 일을 돌이켜 생각하면서 코비는 이렇게 말했다. "질문하지 않으면 배울 수 없습니다." 휴스턴 로키츠Houston Rockets의 센터로 명예의 전당에 오른 하킴 올라주원 Hakeem Olajuwon과의 일화 역시 유명하다. 올라주원은 현역 선수들의 기량을 향상시키는 데 도움을 준 것으로 알려져 있다. 선수 생활 중에 코비는 올라주원과 하루 종일 함께하면서 올라주원의 전매특허인 포스트 무브를 배웠다. 2016년, 올라주원이 경기를 뛰고 난 어느

날 카메라에는 코비가 그와 악수를 나누는 장면이 포착됐다. 경기 이후 기자 간담회에서 이에 대한 질문이 나오자 코비는 이렇게 말했다. "나는 하킴을 보며 성장했습니다. 그를 오랫동안 봐왔죠. 이제 이 자리에서 그와 함께할 수 있게 되었습니다. 그는 너그럽게도 제게 시간을 내주고 하루 종일 그의 집에서 그와 함께 풋워크를 연습하고, 코트에서의 모든 디테일을 점검할 수 있게 해주었습니다. 그저 감사할 따름입니다." 올라주원은 그의 제자, 코비에 관해 질문을 받자 간단한 답을 내놓았다. "많은 선수와 연습을 해왔지만 배운 것을 가장 많이 활용한 사람은 코비 브라이언트입니다."[5] 나이가 너무 많아서 배울 수가 없다, 너무 뛰어나서 배울 것이 없다는 말은 성립되지 않는다.

코비의 '호기심'을 직접 느낀 순간은 브랜드 연례 회의에서였다. 그는 자신이 새로 발견한 것에 대해 이야기를 멈추지 않았다. 뭔가 혁신에 대한 열정으로 타오르고 있음은 분명해 보였다. 하지만 그는 정작 그것이 무엇인지는 말하지 않고 은근히 애만 태우게 했다. '특별한 무언가'의 뒤에 있는 혁신가 중 한 명이 회의실로 등장해 브리핑을 할 때까지 말이다. 코비가 그토록 흥분을 주체할 수 없던 그 '무언가'는 바로 '증강 현실'이었다. 증강 현실이란 현실의 물건을 스마트폰과 같은 기기를 통해 보았을 때 그래픽 정보가 나타나는 쌍방향적 기술이다. 현재는 모바일 기술을 중심으로 증강 현실이 곳곳에 구현되어 있다. 나이키는 오래전부터 이 기술을 마케팅 도구로 활용해 왔다. 하지만 당시에는 대부분의 업계가 증강현실이 무엇인지, 그것을 사업에 어떻게 접목할 수 있는지 알지 못했다.

그런데 NBA 통산 5회 우승자가 사용자 경험에 새로운 차원을 열어줄, 이 새로운 기술을 우리에게 소개하고 있었다. 그는 심지어 휴대전화를 신발에 들이대며 기술을 시연했다. 마치 스위치를 누른 듯이 이미지가 펼쳐졌다. 그것은 그날 우리의 의제가 아니었을뿐더러 코비가 하는 일도 아니었다.

새로운 것에 대한 그의 호기심, 발견에 대한 집착은 함께 일하는 모든 사람들에게 영감과 경외감을 심어주었다. 코비는 그런 사람이었다.

내면에 존재하는 '한계'를 지워라

브랜드 마케팅 팀에서 추진한 마케팅 혁신은 나에겐 큰 기회였고 행운이었다. 혁신은 내가 열정적으로 임하는 일들 중에서도 가장 중요한 한 가지였다. 이미지 디자인 팀에서 일하던 초창기부터 하고 싶었던 온갖 비현실적인 아이디어를 마음껏 표현해 왔고

CMO가 되어서는 브랜드 스토리텔링과 사용자 경험을 한 차원 더 발전시키는 데 전념했다. 그중에서도 가장 중요하게 여긴 것은 질문이었다. 나는 여러 불가능한 요소에도 "만약 …라면?"이라고 질문하기를 좋아했다.

하지만 정말로 호기심이 내 '라이프스타일' 그 자체가 되는 삶을 살았던 건 글로벌 브랜드 이노베이션Global Brand Innovation의 책임자로 일할 때였다. 호기심은 혁신을 추진하는 귀중한 통찰로 이어졌고 그런 과정들이 내 삶의 방식으로 자리를 잡았다. 그런 삶 속에서 나 자신을 실험 대상으로 삼곤 했다. 때로는 도를 넘을 때도 있었다. 나는 항상 혁신에 대한 갈증으로 목말라했다. 사람들을 더 건강하고 활기차게 만들어주는 혁신을 찾아 헤맸다. 실험의 목표는 스포츠와 제품 사이 교집합을 찾는 것이었다. 어떻게 하면 이 제품이 선수들의 능력을 끌어올릴 수 있을까? 이 제품이 사람들과 스포츠 사이의 장벽을 허물어줄까? 더 멀어지게 만드는 건 아닐까? 이 모든 것의 해답을 알고 싶었던 나는 한꺼번에 네 개의 혁신을 시험해보다가 자전거와 함께 고꾸라진 적도 있었다.

자초지종은 이러하다. 몇 년 전 우프 스트랩Whoop Strap이 시장에 나왔고 심박 모니터 기능으로 소비자들의 입소문을 탔다. 나는 초기 버전을 이용해 보기로 마음먹었다. 생각했던 것보다 많은 데이터로 너무나 쉽게 내 활동, 수면, 회복 상황을 추적할 수 있었다. 게

다가 행동의 패턴 또한 달라졌다. 점수를 높이고 싶어 일상의 루틴을 바꾸게 된 것이다. 건강해질 것은 자명해 보였다. 나는 곧, 우프 스트랩에 중독되었다.

한 단계 더 나아가 보기로 했다. 몸을 만들 수 있다면 마음이라고 다르겠는가? 뉴로피크 프로Neuropeak Pro에 대해 들어본 적이 있었다. 정신 단련을 통해 두뇌 기능을 향상하는 제품이었다. 강한 부담감 속에서도 집중력을 잃지 않게 해주는 제품으로, 운동선수가 주요 타깃이었다. 나는 사외에서 진행되는 브랜드 혁신 연례 행사에 이 제품 브랜드의 설립자 팀 로이어Tim Royer를 강연자로 초청했다. 강연 날 아침, 그는 일찍부터 강연장에 모습을 드러냈다. 우리 모두 커피를 마시며 아침 식사를 하던 참이었다. 팀은 그곳에 있는 모든 사람과 인사를 나눴다. 대부분이 졸린 눈을 비비며 아침 식사를 하느라 바쁜 와중이었다. 강연 시간이 되자 팀은 방에 있는 스무 명의 이름을 모두 불렀다. 나는 경탄했다. 이름을 잘 외우지 못하는 나 같은 사람에겐 묘기나 다름없었다. 청중은 깜짝 놀랐다. 뉴로피크 프로를 써보고 싶게 만드는 최고의 마케팅이었다.

이렇게 나는 프로그램을 시작하게 됐다. 일주일에 몇 차례씩 SF 감성이 물씬 풍기는 차양을 머리에 쓰고 센서를 연결한 뒤 핸드폰으로 게임을 했다. 스트레스가 많은 상태에서도 순간 집중력을 높이도록 특별히 고안된 게임이었다. 한 번의 게임으로 기준점이 마련되면 이후의 세션을 통해 점수를 높이는 원리다. 몸과 정신은 준비됐다. 그렇다면 다음으로 우리가 도전할 것에는 무엇이 있을까.

나는 플럼 랩스Plume Labs의 플로Flow로 옮겨갔다. 가방이나 핸드백에 묶어 주변의 공기 질을 측정하는 장치다. 스마트폰과 연동해 바로 확인해 볼 수 있다. 공기 오염이 적은 경로로 이동 계획을 세워 폐 건강을 증진시킨다는 아이디어였다. 주로 다니는 곳의 공기 질에 주의를 기울이다 보니 도시 환경에서 공기가 '흘러가는' 방식에 눈을 뜨게 됐다. 공기 질이 나쁜 곳을 피해 가도록 신경 써서 이동 경로를 선택하게 되었다.

끝내는 스카이디오Skydio 드론까지 구입했다. 자동으로 경로를 기록하는 자율 비행 드론이다. 이 드론은 사용자의 휴대전화와 동기화가 되어 있어서 일종의 자동 유도 표지 기능을 한다. 당신이 어디를 가든 드론이 함께 이동하면서 그 과정을 계속 촬영하는 것이다. 공중에 떠 있는 고프로GoPro라고 생각하면 쉽다. 조깅을 하는 동안 드론이 나를 따라오면서 영상을 촬영했다. 빨리 달릴수록 영상이 좋아진다는 것을 발견했다. 그렇지만 빠른 속도를 내는 건 무리라고 생각해 산악자전거를 타고 달리기 시작했다. 자전거를 타는 동안 앞의 경로가 아닌 드론을 돌아보느라 잠깐 정신을 빼앗겼다. 순식간에 타이어가 장애물에 부딪히면서 내 몸이 핸들을 넘어

갔고 어깨부터 땅에 처박혔다. 이 모든 것이 카메라에 잡혔다. 나는 그 영상을 인스타그램에 올렸다. 그게 끝이 아니었다. 나는 달리기, 자전거, 스키 등 각종 스포츠 선수들의 영상 콘텐츠를 이전에 본 적 없는 방식으로 만들어낼 이 제품의 엄청난 잠재력을 직감했다.

내가 이 경험을 공유하는 건 열정과 호기심이 혁신에서 어떤 역할을 하는지 증명하고 싶었기 때문이다. '자신의 한계에서 벗어나라'는 명제는 새로운 제품과 경험을 직접 시도하라는 의미다. 새로운 아이디어가 당신과 팀이 추진하는 일과 교차하는지 직접 확인해보는 것이다. 아마 교차하는 부분이 있을 때도 있고 없을 때도 있을 것이다. 그런 혁신들이 어떤 면에서 교차하는지, 또 어떤 면에서 다른지 점검해 볼 수 있다. 하지만 시도해 보기 전에는 절대 알 수 없다. 상품에 가치를 부여하고, 그 가치가 어떻게 삶의 질을 높이는지 이해하려면 이런 혁신을 직접 경험해 보는 수밖에 없다.

제품을 단순히 최고의 기술을 갖춘 최신 기기가 아닌 삶의 역량을 강화하는 도구로 본다는 아이디어, 이것이 내가 제품과 브랜드 마케팅을 바라보는 관점의 핵심이다. 또한 이런 제품을 공유하는 이유는 그 제품들이 예술과 과학을 융합한 접근법으로 만들어졌기 때문이다. 우리가 체험하는 것은 디지털 기능과 플랫폼을 통해 구현되는 살아 있는 경험이다. 이런 제품들을 사용해 보고자 한다면 우선 일상의 삶을 살아야 한다. 그제야 비로소 적용해 볼 수 있는 것이다. 모든 것은 인간의 삶에서 비롯된다. 데이터의 도움을 받는다는 점이 다를 뿐이다.

예술은 어디에나 있다

코치 K는 특히 두 가지를 강조했다. 첫째, 브랜드 마케터라면 다른 사람이 보지 못하는 것을 봐야 한다. 둘째, 그 '시각적 장점'이 우리를 경쟁자와 구분 짓는다. 코치 K의 말을 곱씹으며, 브랜드 리더인 우리가 다른 사람이 보지 못하는 것을 보는 건 '공감'과 '호기심'이라는 가치에 무게를 두었기 때문이라고 믿게 됐다. 공감은 우리로 하여금 세상을 다른 사람의 관점에서 볼 수 있게 해준다. 자신의 제한된 경험에서 벗어나 다른 사람의 눈을 통해 본 관점까지도 포용할 수 있어야 한다. 그래야 새로운 통찰을 얻을 수 있고, 우리가 찾는 해법으로 나아갈 수 있다.

하지만 공감만으로는 시각적 장점을 유지하기에 부족하다. 우리는 이전에 본 적이 없는 것을 보기 위해 우리 자신을 끊임없이 새로운 곳으로 데려가야 한다. 이것이 호기심의 목적이자 우리의 좁은 시야 바깥의 것에 대해 의문을 가져야 하는 이유다. 바깥에 무엇이 있는지 상상만 하고 있을 것이 아니라 직접 나가서 그것을 탐색해야 한다. 자신을 새로운 상황, 때로는 불편한 상황에도 두어야 한다. 그럴 때 비로소 예상 밖의 장소에서 지식을 확장하고 영감을 발견할 것이다.

빅풋 사냥꾼을 초청해서 강연을 들으라는 뜻이 아니다. 팀원들 안에 내재해 있는 경이감이나 영감을 불러일으키려면 그런 별나고도 무모한 순간을 찾아야 한다는 것이다.

예술과 이야기는 항상 우리 주변에 있다. 이 세상 어디에나 존재한다. 그것을 찾아 나설 마음만 있다면 말이다. 발견한다면 그것은 또다시 우리의 이야기와 작품에 영감을 줄 것이다. 이러한 선순환으로 창작은 무한히 이어질 것이다.

'팀 스포츠' 창의성의 원칙

1. 크리에이티브 드림팀을 구축하라

몽상가를 포용한다. 목소리가 작은 사람에게 큰 목소리를
낼 수 있는 권한을 부여한다. 다양성이 창조적 작업에 활
력을 불어넣는 산소가 될 것이다.

2. 자신의 한계에서 벗어나라

안주하는 것은 창의성의 적이다. 영감이 찾아오기만을 기
다리지 마라. 나가서 영감을 찾을 계획을 세워라. 어디로
갈 수 있을까? 무엇을 볼 수 있을까? 누구를 만날 수 있을
까? 외부 세계를 나의 내면세계로 끌어들여 상상력을 자
극하라.

3. 다른 사람이 보지 못하는 것을 보라

공감은 좋은 브랜드를 훌륭한 브랜드로 변화시킨다. 시야를 넓혀서 자신의 경험 너머에 있는 세상과 사람들을 더 깊이 이해하라. 이런 '시각적 장점'을 통해 당신은 바로 눈앞에 있는 것을 넘어서는 깊이 있는 통찰을 발견하게 될 것이다.

4. 자발적으로 움직이는 팀을 만들어라

창조의 돌파구에 이르는 모든 길을 계획할 수는 없다. 경직성은 창의성을 억누를 수 있다. 팀원들이 자신을 자유롭게 표현하도록 분위기를 조성하라.

5. 게임의 승리를 이끄는 것은 '케미스트리'다

공을 패스하라. 좌뇌와 우뇌가 서로의 상승 작용을 이끄는 문화를 만들어라. 사람과 기술, 각자의 꿈 사이에서 협력적 창조 작업을 이끌어라.

3장

승리를 위한
플레이만 있을 뿐.

EMOTION
BY
DESIGN.

무대 뒤편에서 영상이 재생된다. 화면에서는 스웨덴의 축구 선수 즐라탄 이브라히모비치Zlatan Ibrahimović가 바이시클 킥Bicycle Kick(축구에서 공을 차는 기술의 한 종류. 몸을 날려 머리 위로 날아오는 공을 찰 때 공을 차는 다리와 균형을 잡는 다리가 벌어져 자전거를 타는 모양이 되는 경우 - 옮긴이) 자세로 멈춰 있다. 이내 양복 차림의 한 남자가 무대로 걸어 나온다. 그는 즐라탄이 공중에 떠 있는 모습을 가리키며 거만한 어조로 말한다. "표적을 놓칠 확률이 76퍼센트입니다. 무모하죠." 보이지 않는 청중이 폭소를 터뜨린다.

이 남자는 TED 토크라도 하는 것처럼 이야기를 이어간다. 그가 등지고 선 화면에서는 크리스티아누 호날두Christiano Ronaldo, 즐라탄, 웨인 루니Wayne Rooney 같은 세계 최정상 축구 선수들의 모습이 비치고 있다. "우리 시대 최고의 선수들도 실수를 저지릅니다. 그들은 지나치게 많은 위험을 감수합니다. 그들도 결국 인간입니다." 화면 한가운데에 '인간'이라는 단어가 떠오르고 그는 잠시 말을 멈춘다. 청중이 그 '인간'들의 모든 연약함과 실패의 가능성을 인정하도록.

"그렇지 않다면 어떨까요?"

앞서 묘사한 장면은 와이든앤드케네디, 패션 픽처스Passion Pictures 와의 합작으로 1년여에 걸쳐 완성한 나이키 장편 애니메이션 〈마지막 게임The Last Game〉의 도입부다. 〈마지막 게임〉은 나이키 역사상 가장 긴 작품일 뿐 아니라 광고 러닝타임만 5분을 넘길 정도로 어떤 광고보다 길었다.

지금 세계 최고의 축구 선수들은 어느 미친 과학자가 만든 클론들의 손에서 축구를 구하는 임무를 수행하고 있다. 과학자는 클론을 가리켜 '축구의 미래'라고 선언한다. "결점 없는 의사 결정. 보장된 승리. 그것이야말로 사람들이 원하는 것이다." 클론들은 모든 위험 부담의 가능성을 제거하고 그것을 한 치의 오차도 없는 효율성으로 대체하도록 프로그램되어 있다. 결국 클론들이 승리한다.

이야기가 진행되면서 클론들이 연이어 여러 팀을 물리치는 장면이 빠르게 지나간다. 군중은 서서히 사라지고 마지막 한 명이 넌더리를 내며 걸어 나간다. 과학자가 TV 기자와 이야기하는 장면이 나온다. 과학자는 축구에서 한 일을 농구에도 적용할 계획이라고 선언한다. 이 계획은 '완벽한 르브론Perfect LeBron' 클론으로 마무리된다. 기자가 진짜 선수들은 어디에 있느냐고 묻는다. 이 질문에 과학자는 이렇게 대답한다. "알 게 뭡니까?"

브라질의 전설 호나우두가 호날두, 웨인 루니, 즐라탄 등 '진짜'들을 불러 모은다. 그들은 하던 일을 내팽개치고 오직 '축구를 구하기 위해' 모인다.

"우리를 위대하게 만든 게 무엇이었는지 기억해 봐." 한자리에 모인 그들에게 호나우두가 말한다. "우리는 위험을 두려워하지 않았어. 당신들은 경기를 게임처럼 했지만 클론들은 경기를 일처럼 하지. 우리는 이기기 위해 기꺼이 위험을 감수했어. 안전하게 경기를 하는 것보다 위험한 건 없어."

신나는 음악과 함께 '진짜'들이 도전장을 내민다. 경기가 있는 날, 스타디움은 다시 한번 관중으로 가득 찬다. 우주인도 아이패드로 경기를 지켜본다. 승부는 시작되었다.

모든 것을 걸어라

〈마지막 게임〉은 나이키가 '모든 것을 걸어라Risk Everything' 캠페인에서 선보인 세 편의 영상 중 마지막 영상으로, 2014년 브라질월드컵에 맞춰 공개되었다. 나이키에는 더없이 중요한 순간이었다.

축구 용품 분야에서 1위 브랜드가 될 수 있는 절호의 기회였다. 위험을 무릅쓰고서라도 총력전을 펼쳐야 할 때였다. 축구 브랜드로서 우위에 서겠다는 목표를 실현하려면 단순한 캠페인 이상의 것이 필요했다. 소비자와 소통하던 방식을 바꿔야 했다. 그러려면 세계적인 엔터테인먼트 기획이 필요했다. 이 기획에는 앞으로 나이키가 나아갈 방향과, 나이키에서 진행해 나갈 다른 프로젝트의 성패까지도 달려 있었다. "모든 것을 걸어라." 그것은 우리의 과제이기도 했다.

나이키에서는 낯선 일이 아니었다. 나는 모든 일의 위험을 파악하고 기꺼이 감수하는 브랜드에서 일하는 행운을 누렸다. 특히 나이키가 성장하면서 새로운 시장으로 확장해 나가자 위험을 감수하는 일도 하나의 문화처럼 자리 잡았다. 이런 기업문화가 초창기부터 지속된 것은 나이키의 성공에서 단연 눈에 띄는 점이다. 많은 브랜드가 시작할 때는 대담하고 실험적이었다가도, 최고점에 도달하면 방어적으로 돌아선다. 브랜드가 특정 시장을 지배하는 위치에 서면 지켜야 할 것이 많아지기 때문이다. 위험을 감수하는 일이 말 그대로 너무나 위험한 일이 되어버리는 것이다.

오래된 브랜드든 새로운 브랜드든 중요한 문제는 처음부터 위험을 감수하는 문화를 확립하고 이를 짓밟으려는 본능적인 힘으로부터 스스로를 지켜내는 것이다. 조직 내에는 이성적인 목소리를 내는 사람들, 모든 것을 레일 안에 두고 탈선을 막으려는 사람들이 있게 마련이다. 그런 목소리도 분명 필요하다. 조심하고 주의를 기울이는 일이 쓸데없다는 얘기가 아니다. 목표에 충실하면서도 소비자에게 이르는 새로운 길을 만들 수 있도록 몽상가들을 적극 격려하라는 의미다. 위험을 두려워하지 않는 문화는 지속적으로 동력을 제공해야만 이어질 수 있다. 조직이 대담한 아이디어에 적극적으로 보상하는가? 지도부가 그런 아이디어에 귀를 기울이는가? 비전형적인 아이디어가 효과를 내지 못할 때도 새로운 시도가 격려받는가? 브랜드가 새로운 아이디어를 다루고 수용하는 방식은 해당 조직이 얼마나 위험을 감수할 의향이 있는지를 드러낸다.

우선 '위험 감수'나 '승리를 위한 플레이'라고 말할 때 내가 의도하는 바부터 확실히 밝혀두겠다. 이런 말들이 창조의 전제가 되는 '파괴'를 애매하게 나타낼 때가 많다. 제품에서든, 마케팅에서든 '파괴'라는 두루뭉술한 말로 모든 것을 아우르려 하지만(물론 틀린 말은 아니다) 이보다 확실히 하자면 마케팅에서 말하는 위험 감수는 소비자와 관계를 맺는 새로운 방법을 창조하는 행위다. 이전에 해본 적 없는 방식, 하지만 일단 실현되면 게임의 판도를 영원히 바꾸어놓을(그리고 새로운 수익 창출의 기회를 여는) 방식으로 소비자에게 다가가려는 시도다. 사람들은 그것을 그저 파괴라고 부르겠지만 나는 그것을 혁신이라고 부른다. 곧 파괴적 혁신이다.

나는 아날로그적 혁신에서 디지털 혁신에 이르는 내내 끊임없이 위험을 감수하는 문화 속에서 일하는 행운을 누렸다. 또한 나이키가 모션 캡처 애니메이션, 앱 출시, 소셜 미디어 마케팅 등을 처음 시작하는 전환적인 시기에 일할 수 있었다. 기술의 중요성을 이야기하는 것이 아니다. 창조의 여정에서 그 시작은 언제나 "만약 …라면?"이라는 질문을 던지던 크리에이티브 팀의 대화에서 비롯되었으니 말이다.

'만약 …라면?'

당시 함께 작업하던 제이슨 콘Jason Cohn과 나는 낡은 포드 카고 밴을 몰고 오리건주에서 출발해 플로리다에 위치한 시카고 화이트 삭스Chicago White Sox의 춘계 훈련장까지 가야 했다. 제이슨은 이 드라이브가 달갑지 않은 듯했다.

1990년대 중반, 삭스는 새로운 선수를 영입했다. 마이클 조던이라는 선수였다. 야구계 모두가 주목하는 경기였기에 나이키도 당연히 참석할 예정이었다. 하지만 이전까지 쓰레기 운반차여서 '스팅키Stinky'('악취가 나는'이라는 뜻 - 옮긴이)라는 별명을 가진 밴을 몰고 서해안에서 동해안으로 60시간 동안 자동차 여행을 하는 것은 제이슨에겐 곤혹스러운 일이었다. 에어컨도 없었고, 카세트 라디오는 제대로 작동하지 않았으며, 차 안까지 지독한 냄새가 배어 있는 스팅키는 확실히 나이키다운 차는 아니었다. 마침내 경기장에 도착한 제이슨은 조던을 보러 몰려든 엄청난 인파에 휩쓸려 사라졌다.

20여 년이 흐른 뒤 제이슨은 이때를 회상하며 이렇게 말했다. "30일 매출이 몇천 달러였지. 그것은 경기장에 있던 사람들과 직접적으로 소통했던 순간이 수천 번에 달했다는 의미이기도 해. 우리한텐 정말 값진 경험이었어.《스포츠 일러스트레이티드Sports Illustrated》에도 진출했으니까."

스팅키는 나이키 '스포츠 월드 어택 팀SWAT, Sports World Attack Team' 의 주력 차량이었다. 스포츠 월드 어택은 우리가 1990년대 초 시작한 마케팅 행사였다. 제이슨과 나는 1994년 월드컵 행사를 기획하던 팀에 속해 있었다. 세계에서 가장 인기 있는 스포츠 행사가 사상 처음으로 미국 9개 도시에서 열릴 예정이었다. 나는 그 몇 년 전부터 은밀하게 진행 중이던 축구 이미지 디자인 프로젝트를 이끄는 자리에 지원했다(선택된 것으로 볼 수도 있겠다). 당시 나이키는 축구 시장에 완전히 발을 들여놓지는 않은 상황이었고, 1994년 월드컵에 배정된 예산, 그중에서도 우리에게 배정된 예산은 1만 달러였다. 1994년 기준으로도 적은 액수였다. 제이슨과 나는 회사가 그런 돈을 주면서 무슨 기획을 하라는 건지, 대체 무슨 계획인 건지 의문이들었다. 하지만 자원이 부족했기 때문에 우리의 감각은 더욱 날카로워지고 창의적인 아이디어가 터져 나오기 시작했다.

우리가 찾은 답은 밴이었다. 나이키 인턴십 때 부모님이 내게 빌려주셨던 것과 비슷한 느낌의 차량 말이다. 부서장이 중고차를 사기보다는 주차장에서 썩어가는 해묵은 회사 차를 사용하는 것이 어떻겠냐고 제안했다. 그렇게 해서 스팅키가 팀에 합류하게 되었다. 첫 번째 과제는 스팅키의 업그레이드였다. 우리는 이 카고 밴을 검정색으로 칠하고 후드를 스우시로 장식했다. 옆면에는 나이키의 새로운 축구 로고를 그리고 차의 내부를 개조해서 문을 열면 배경에 우리가 후원하는 선수들의 배너가 걸린 쇼케이스로 변하게 만들었다. 스팅키를 개조하는 데 이미 1만 달러를 썼기 때문에 운전을 맡길 사람은 따로 구할 수가 없었다. 제비뽑기로 제이슨이 운전기사에 당첨됐다. 그 더운 여름에 전국으로 밴을 운전하고 다니는 일을 도맡게 된 것이다. 이 행사의 공식 후원사는 아니었지만, 스팅키와 우리는 경기장을 돌아다니며 나이키의 축구 브랜드를 알렸다. 후원사들이 표지판, 무대, 광고판, 출장 요리 등에 1만 달러가 훌쩍 넘는 돈을 쓰는 동안, 우리는 팬들과 경기장에서 대화를 나눴다. 우리의 목적은 대형 행사와는 또 다른 소소한 경험을 제공하는 것이었다.

우리는 소비자에게 더 가까이 다가가고 싶었다. 그래서 팬들과 선수들, 그리고 우리 사이를 가로막는 스크린을 없애기로 했다. 더 이상 화면 너머에 있는 가상의 존재로만 남아서는 안 된다고 판단했던 것이다. 우리는 광고를 보여주면서 동시에 소비자로부터 귀중한 피드백을 수집할 수 있었다. 소비자는 우리의 행동을 마케팅으로 보지 않았고, 자신이 포커스 그룹의 일원이라고는 생각조차 하지 못했다.

스팅키 투어가 시작된 후, 우리는 바로 깨달았다. 직접 움직이며 에너지가 존재하는 곳에 있음으로써 우리 브랜드는 어디에나 존재할 수 있다는 걸 말이다. 우리는 월드컵을 넘어 야구와 농구 같은 다른 스포츠도 이 프로젝트에 포함시켰다. 우리는 동네 구석구석으로 가서 매장을 방문하고 현지 스포츠 행사에도 참여했다. 하루도 같은 날이 없었다. 어떤 날은 청소년 클럽을 방문했고 어떤 날은 나이키가 후원하는 선수를 병원으로 데려다주었다. 또 다른 날은 동네 공원에서 농구를 하며 시간을 보내기도 했다. '우리를 이기면 나이키 농구화를 받을 수 있습니다!'

제이슨과 나는 매주 포틀랜드의 비스타 스프링스 카페Vista Springs Café에서 저녁을 먹으며 브레인스토밍을 했다. 단, 규칙이 하나 있었다. 식사를 후식으로 시작하는 것이었다. 디저트를 먹고 일을 한 뒤 저녁을 먹었다. 우리는 아이스크림을 먹으면서 냅킨 위에 아이디어를 끄적인 후 대화를 나눴다. 우리의 대화는 항상 단순한 질문에서 시작됐다. "만약 …라면?"

우리의 이런 행보는 SWAT 프로그램에 활기를 불어넣었다. 얼마나 멋지고 황홀한 시간이었는지 모른다. 창작을 하는 사람이라면 모두 우리와 같은 생각을 했을 것이다. 없는 것과 다름없는 예산 때문에 우리는 정말 별별 미친 아이디어를 생각해 낼 수밖에 없었다.

행사 현장의 몇몇 소비자들은 우리가 그곳에 있었다는 이유만으로 나이키를 공식 후원사라고 생각했다. 진짜 공식 후원사들이 큰돈을 들여 사이드라인에 있는 입간판부터 커피 컵에 이르기까지 온갖 것에 로고를 박아두는 일에 몰두할 때 우리는 시간을 들여 사람들과 직접 관계를 맺어갔다.

다음 2년 동안 SWAT 군단은 스팅키에서 폭스바겐 비틀(좌석을 거대한 야구 글러브로 만들었고 차는 야구공처럼 보이게 했다)과 야외 어드벤처 스포츠 행사를 위한 폭스바겐 버스, 그리고 두 대의 검은색 허머Hummer로 발전했다. 소형 비행선과 기차까지 제안한 적도 있었지만 팀에서 반대했다. 드러내지 않고 움직인다는 의도와 배치된다는 이유에서였다. SWAT의 진정한 강점은 속도와 민첩성이었다. 우리는 이동식 마케팅을 통해 스포츠 행사에 참여하는 소비자의 마음을 얻고자 노력했다. 이것은 매출을 올리기 위한 일이 아니었다. 스포츠를 사랑하는 팬으로서 그들과 유대를 강화하기 위한 방법이었다.

스팅키와 함께한 우리의 첫 번째 활동이 저예산으로 이루어졌기 때문에 위험 부담이 크지 않았다고 생각할지 모르겠다. 하지만 제이슨과 내 아이디어가 실패했더라면 나이키의 매출은 적어도 수백만 달러가 줄었을 것이다. 또 하나의 시사점은 이런 상황 덕분에 모험적인 일을 계획할 일이 많아졌다는 것이다. 그뿐 아니라 즉흥적인 시도를 할 수 있는 공간과 자유도 얻었다.

모든 것을 정교하게 조정하고 분석해야만 메시지의 효과가 극대화되는 것은 아니다. 철저한 예행연습을 거친 세련된 결과물, 즉 계산된 결과물이 필요할 때도 있다. 하지만 돌이켜 보면 현장에서 소비자와 직접 만났던 일이 가장 좋은 기억으로 남아 있다. 브랜드를 구성하는 사람들과 브랜드가 도달하려는 사람들 사이에는 보통 벽이 있다. 그들은 서로 악수를 나누지 않는다. 우리의 상호작용은 스크린이나 광고판, 운동선수와 같은 매개를 통해 이루어진다. 그런 의미에서 SWAT 프로그램은 더 특별했다. 소비자와 함께하는 순간은 정말로 인간적인 순간이었다. 제이슨과 나 그리고 SWAT에 참여했던 모든 사람이 브랜드였다. 우리는 곧 나이키, 그 자체였다.

나이키 SWAT 프로그램은 이 브랜드가 진행한 최초의 풀뿌리 마케팅도 아니고, 유일한 풀뿌리 마케팅도 아니었다. 하지만 내가 참여한 이 활동은 기꺼이 감수한 위험이 마케팅 혁신으로 이어진 사례로 남아 있다. 경쟁사들이 서로를 제치기 위해 화려하게 쇼케이스를 열며 애쓰는 동안, 우리는 한 걸음 물러서서 전혀 다른 일을 벌였다. 소비자에게 더 가까이 다가가기 위해 우리는 나이키의 모토, '선수를 위해 일하는 선수들'에 부합하는 혁신적인 방법을 만들었다. 우리는 기동성과 민첩성을 무기로 삼아 소비자가 있는 곳으로 가서 그들을 만났다. 우리가 누구인지 더 잘 알게 만드는 해법이 바로 여기에 있었다.

쇼핑을 디자인하다

조명이 점점 어두워진다. 쇼핑객들은 곧 5층 아트리움Atrium(현대식 건물 중앙 높은 곳에 보통 유리로 된 지붕을 씌운 넓은 공간 – 옮긴이) 천장에서 내려온 스크린이 영화관처럼 벽 전체를 덮는 것을 보게 될 것이다. 스크린에 영상이 나오고 쇼핑은 잠시 중단된다. 지구상 가장 위대한 운동선수에 대한 영상이 나온다. 어쩌면 우리 모두에 대한 영상일 것이다. 어느 쪽이든 영상은 그곳에 있는 모든 사람에게 직접 말을 건다. 고객들은 왜 여기에 있을까? 무엇 때문에 뉴욕 5번가 쇼핑몰의 문을 열었을까? 단지 빛나는 새 신발을 사기 위해서일까? 영상은 그들도 운동을 하는 운동선수이기 때문에 이곳에 있음을 상기시킨다. 짧은 영상이 끝난 뒤, 다시 조명에 불이 켜지고 5층에 걸쳐 있던 스크린이 올라간다. 한 순간의 정적 뒤에 일제히 박수가 터져 나온다. 경기장 득점판에서 보던 거대한 시계가 다음 영상까지 남은 시간을 거꾸로 세기 시작한다. 쇼핑은 계속된다. 그러나 그들이 신어보는 신발이나 그들이 들고 있는 점퍼는 이제 달라 보인다. 그건 단순한 제품이 아니다. 운동선수로서의 정체성과 잠재력을 일깨우는 도구들이다.

1996년 나이키는 쇼핑 경험을 변화시키는 일에 나섰고 나도 그곳에서 함께했다. 뉴욕 57번가에 위치한 나이키타운 NYCNiketown NYC는 내 초기 멘토였던 고든 톰프슨Gordon Thompson과 존 호크John Hoke 가 생각해 낸 것이다. 고든은 당시 나이키 디자인 책임자였고 포틀랜드에 있는 제1호 나이키타운의 모든 것을 지휘한 사람이었다. 존은 그의 제자로 무한한 상상력으로 무엇이든 스케치할 수 있는 능력을 지닌 엄청난 재능의 디자이너였다. 두 사람은 뉴욕의 나이키타운을 '병 속의 배'로 만드는 프로젝트를 진행했다. 외관은 오래된 체육관처럼 보이되 내부에는 스포츠의 혁신적인 미래를 담았던 것이다. 신구의 공존이었다.

나이키타운은 단순한 상점이 아니라 최고의 극장이었고, 어떤 것과도 견줄 수 없는 브랜드 경험을 선사했다. 서사가 있는 경험이었다. 나는 건물 외관과 내부에서 낡은 체육관을 연상시키는 디테일을 디자인했다. 단순히 낡은 체육관을 만들려는 것이 아니었다. 그렇다면 특별히 혁신적일 게 없지 않은가? 우리는 이 낡은 체육관에 활기를 불어넣고 싶었다. 바닥에는 체육인들의 운동화 자국이 남아 있을 것이다. 심지어 우리는 1930년대 뉴욕 소재 학교에 걸맞은 주소도 정했다. P.S. 6453(전화기 버튼으로 'NIKE'를 누를 때의 번호다).

물론 이런 혁신은 새로운 문제를 제기하기 마련이다. 우리가 처음 부딪힌 문제는 우리의 비전을 현실로 밀고 나갈 적절한 디자인 에이전시를 찾는 것이었다. 낡은 체육관의 모습을 만들어줄 회사는 넘쳐났다. 하지만 우리는 단순히 낡아 보이는 체육관을 원한 게 아니었다. 우리는 낡은 '느낌'을 전달하는 체육관을 원했다. 우리는 스토리텔링의 전문가들이 모여 있는 브로드웨이Broadway로 눈을 돌렸다. 마침내 한 극장의 세트 디자인 팀을 고용해 1930년대 스타일의 체육관 디자인을 요청했다. 그 체육관에는 낡은 것과 새로운 것 사이의 스토리를 전달하는 힘이 있어야 했다. 낡은 벽돌로 된 외벽을 거쳐 벽 쪽에 늘어선 나무 관람석들을 지나면 점차 스포츠의 미래상이 드러나기 시작한다. 소비자들은 극명한 대조와 함께 한 시대가 다른 시대로 이어지는 연속성을 느낀다.

나는 한 걸음 더 나아가 체육관의 역사를 만들고 싶었다. 과거 이곳에서 흘린 땀과 호흡까지도 담아내고 싶었다. 나는 나이키의 두 공동창립자 필 나이트Phil Knight와 오리건대학교의 전설적인 육상 코치 빌 바우어만Bill Bowerman의 이름을 딴 바우어만 나이츠Bowerman Knights 팀을 만들었다. 마스코트와 헬멧도 디자인했다. 헬멧과 함께

'명예Honor', '용기Courage', '승리Victory', '팀워크Teamwork'와 같은 단어로 건물 외부를 장식했다. 브로드웨이 디자인 팀은 거기에 진정성을 부여했다. 그 시대에 대한 광범위하고 세밀한 연구를 거쳐, 다양한 분야의 예술가들이 지나간 시대를 완벽에 가깝게 재현했다. 어디서 구했는지 모를 닳고 해진 가죽으로 사실감을 더했다.

스포츠의 미래를 담아낸 매장 내부도 팀 스포츠를 주제로 디자인했다. 트로피 케이스 안에 신발을 진열하는 콘셉트를 선보였다. 이로써 소비자들은 쇼핑을 하면서 다양한 프로 스포츠의 트로피들을 한곳에서 구경하는 진귀한 경험을 할 수 있었다. 개장 후 첫 주말에는 스탠리 컵Stanley Cup, 빈스 롬바디Vince Lombardi, 월드 시리즈 World Series 트로피를 한꺼번에 진열했다. 사상 처음 있는 일이었다. 심지어 스탠리 컵에는 무장 경호원까지 따라붙었다. 그는 누군가 스탠리 컵을 훔치려는 끔찍한 생각을 할 것에 대비해 주말 내내 트로피 진열장 근처에 서 있었다.

나는 여기서 만족할 수 없었다. 뭔가 색다른 걸 하고 싶었다. 그때 내가 떠올린 건 1990년대 중반 올랜도 매직Orlando Magic의 포인트 가드 페니 하더웨이Penny Hardaway가 출연한 광고 속 코미디언 크리스 록Chris Rock의 목소리 인형 릴 페니Lil' Penny였다. 비공식 경로로 릴 페니 인형을 공수하고 트로피 진열장 근처에 특별한 전시 공간을 마련했다. 하지만 아무리 화려한 진열장에 들어 있다고 한들, 특유의 목소리가 없다면 릴 페니가 아니었다. 이는 진열장 안에 넣을 스피커도 디자인해서 고객이 지나갈 때마다 크리스 록의 목소리로 나오는 온갖 허튼소리까지 들을 수 있게 해야 한다는 뜻이었다. 릴 페니의 입에서 나오는 욕설까지 환영을 받았는지는 모르겠지만 목소리가 생생함을 더한 것은 분명했다.

좋은 시도였지만 최종 디자인에는 아깝게 포함되지 못한 세 가지 아이디어도 있다. 먼저 매장 고객에게는 완전히 새로운 적외선 장비로 발 사이즈 측정을 경험할 수 있게 한다는 계획이었다. 창고에서 5층까지 운동화를 쏘아주는 '신발 튜브'도 있었고, 육상계의 전설 마이클 존슨Michael Johnson이 올림픽 금메달을 딸 때 착용했던 금빛 트랙 스파이크를 특별 전시해 고객을 감탄하게 만들 생각도 있었다. 이 모든 대담한 콘셉트 뒤에는 실현되지 못한 수백 개의 아이디어가 있었다. 그리고 이는 혁신의 과정에서 내게 커다란 교훈을 주었다. 돌파구를 찾는 과정에는 '성공률'이 있다. 이는 필연적으로 실패율이 있음을 의미한다. 마치 야구와도 같다. 투수는 모든 공을 스트라이크 존에 넣을 수 없고, 타자는 모든 공을 안타로 연결할 수 없다. 성공률은 마치 타율과도 같다. 100퍼센트 완성이 보장되는 일이라야 만족하는 사람이라면 이것은 당신에게 맞는 일이 아니다. 실패를 두려워해서는 안 된다. 그것은 사실 실패가 아니기 때문이다. 그것은 혁신의 대가다. 다음 몇 년 동안 나는 대부분의 아이디어, 심지어 버려진 아이디어까지도 다양한 방식으로 미래 콘셉트의 자산이 될 수 있다는 것을 배웠다.

나이키타운 NYC는 영구적으로 건물이 남기에 위험 부담이 큰 프로젝트였다. 하지만 우리는 당당하게 성공을 이뤄냈다. 우리는 새로운 쇼핑 경험을 만드는 일에 착수했고 온몸의 감각을 사용하도록 유도하여 다양한 감정을 이끌어냈다. 판매 공간을 소비자들의 체험 공간으로 완전히 뒤바꾼 것이다. 외부의 낡은 체육관 느낌부터 내부에 설치된 5층 높이의 스크린까지 매장 전체가 감정의 홍수 속에 뒤덮이도록 디자인했다. 우리가 제품을 전시하는 방식도 이런 몰입의 경험 중 일부였다. 에어 기술이 적용된 운동화들은 에어존에 장식됐다. 어떤 것도 똑같은 선반에 놓이지 않았다. 진열되는 제품의 디자인이 돋보이도록 매대를 디자인하기 위해 의식적인 노력을 기울였다.

매장 안을 둘러보기만 해도 소비자들은 어떤 선수가 어떤 운동화를 신고 어떤 옷을 입었는지 알 수 있었다. 어떤 기술이 선수들에게 힘을 실어주었는지 알 수 있었다. 그 매장은 소비자가 스토리를 읽어내는 박물관이 아니었다. 그들은 이야기 속으로 들어가 그 서사의 일부가 되었다.

매장은 그 어떤 것보다도 브랜드 스토리를 생생하게 들려줄 놀라운 기회의 장이다. 하지만 차별화가 없다면 고객들을 오프라인 매장으로 끌어들이기는 어렵다. COVID-19의 영향으로 오프라인 매장을 찾는 고객이 더욱 줄고 있다. 물리적인 매장 공간은 기존의 쇼핑 경험을 넘어서는 차별점과 존재의 이유를 가져야 한다. 나이키타운 NYC는 그 자체가 목적지였고, 사람들이 물건을 구매하지 않더라도 꼭 한 번 방문하고 싶은 명소였다.

우리가 가진 것이 이것뿐이라면

손바닥만 한 캠코더(이런 물건이 기억나는가?)로 연습 전 몸을 풀고 있는 FC 바르셀로나의 축구 스타 호나우지뉴의 모습을 찍는다. 호나우지뉴는 조깅을 하고 있다. 이후 한 남자가 서류 가방을 들고 걸어 나오고 서류 가방에는 흰색과 금색으로 장식한 새 나이키 축구화가 들어 있다. 카메라는 축구공을 저글링하는 호나우지뉴를 따라간다. 쉬운 기술처럼 보이지만 수년 간의 연습이 필요한 테크닉이다. 호나우지뉴는 새 신발로 공을 튕겨 올린 후 29미터 떨어진 크로스바를 향해 슛을 날린다. 공은 크로스바를 맞고 다시 호나우지뉴를 향해 빠르게 날아온다. 그는 몸으로 공을 받아낸 뒤 저글링을 좀 더 하다가 다시 한 번 공을 차서 크로스바를 정확히 맞힌다. 공은 또다시 호나우지뉴에게 날아오고 그는 공을 받아 몇 번 더 발장난을 한 뒤 사이드라인 쪽으로 뛰어서 돌아간다. 녹화가 멈춘다. 잠시 후 시청자는 방금 자신이 본 믿기 힘든 장면에서 축구공이 단 한 번도 바닥에 닿지 않았다는 사실을 깨닫는다.

2005년 가을, 축구 시즌이 시작되면서 나이키는 흰색과 금색으로 디자인한 축구화를 출시할 예정이었다. 마케팅은 당시 네덜란드에 기반을 두고 활동하던 콘텐츠 매니저 이언 렌쉬Ean Lensch가 맡았다. 새로운 축구화의 론칭 콘셉트를 만들고 전달하기까지 이언에게 주어진 시간은 한 달이었다. 단 한 번의 실수도 용납될 수 없었다.

이언은 팀에 새로운 호나우지뉴 축구화를 알릴 '파괴적인' 방법을 찾으라고 주문했다. 콘셉트를 만들고 경쟁사를 견제하기 위함이었다. '파괴적Disruptive 혁신'이라는 말이 마케팅 업계를 지배하기 훨씬 전의 일이라는 것을 기억하라. 이언과 그의 팀에 주어질 예산은 많지 않을 것이 분명했다. 까다로운 상황이었다. 시각적인 놀라움과 섬세한 연출 등 나이키 광고의 특성에 걸맞게 잘 뽑아낸 콘셉트를 만들기에는 시간도 돈도 충분치 않았다. 상사는 AC/DC의 노래를 인용해서 종종 얘기하곤 했다. "추잡한 일을 헐값에 해줄게." 헐값은 분명했다. 하지만 추잡한 면이라곤 조금도 없었다. 한 치의 추잡스러움도 용납하지 않았다는 표현이 더 적절할 것이다.

이언의 팀은 네덜란드의 사무실에서 '크로스바' 게임을 생각해

냈다. 선수들이 멀리서 차례로 골대를 겨냥해 공을 차고, 처음으로 골대를 맞히는 사람이 이기는 게임이다. 불가능한 묘기는 아니었지만 세계 최정상 축구 선수들도 골대를 맞히려면 몇 번의 시도를 해야 했다. 크로스바 게임을 소재로 활용한 기획은 분명 멋지겠지만 그리 획기적이지는 않을 것이다. 그런데 **만약** 호나우지뉴가 골대를 두 번 맞힌**다면?** 괜찮은데? 하지만 공을 호나우지뉴에게 다시 가져와야 하기 때문에 이언과 그의 팀이 만들어내고자 하는 생동감은 약화될 것이었다. 그런데 **만약** 연출이 아니**라면?** 연속 촬영으로 첫 번째 킥 이후 공이 호나우지뉴에게 튕겨서 되돌아와 그가 다시 한 번 킥을 할 수 있다면?

　　문제가 하나 있었다. 이언의 팀이 생각하고 있는 장면은 물리적으로 불가능했다. 몇 번의 시도로 크로스바를 맞힐 수는 있겠지만 공이 골키퍼 박스 밖으로 튀어나오는 것은 아무래도 불가능했다. 그 과정을 다시 되풀이한다는 것은 불가능한 일을 두 번 시도하는 것이나 마찬가지였다. 하지만 모두가 그 아이디어를 마음에 들어 했고 멋진 그림이 나올 것이라 생각했다. 그렇다면 어떻게 해야 할까? 이언이 처음으로 한 일은 나이키의 디지털 에이전시 파트너 플램팹Framfab을 끌어들인 것이다. 그는 이 아이디어의 파급력을 바로 알아보고 기꺼이 도움을 주었다. 이후 훌륭한 감독과 뛰어난 시각 효과 전문가를 참여시켰다. 시각 효과는 이 촬영의 성공을 결정짓는 대단히 중요한 부분이었다. 효과가 더해지자 연출로 만들어낸 영상이라고는 보이지 않았다. 핸디캠으로 포착한 실제 순간 같았다.

〈크로스바Crossbar〉는 '콘텐츠 공유'와 '소셜 미디어'의 전환점이 되었다. 한창 프로젝트를 진행하던 2005년 2월은 유튜브가 서비스를 시작했어도 아직 지배적인 동영상 콘텐츠 플랫폼으로는 자리 잡지 못했을 때였다. 몇 년은 더 기다려야 했다. 적어도 마케팅과 관련해서는 '알고리즘을 탄 영상', 소위 말해 '뜬 영상'이라는 개념 자체가 존재하지 않았다. 당시에는 사진을 공유하는 정도에 머물거나 이메일 스레드Email Thread(최초의 이메일에서 답장이 이어진 리스트. 하나의 주제에 관해 정보를 주고받은 대화 목록 – 옮긴이)를 통해 트렌드가 확산됐다. 그런데도 나이키가 유튜브에 〈크로스바〉 영상을 게시하자 반응이 폭발적으로 쏟아졌다. 나이키의 〈크로스바〉는 이 신생 플랫폼의 역사에서 조회수 100만을 기록한 최초의 브랜드 영상이 됐다. 원한다면 어떤 채널에라도 광고를 올릴 수 있는 자본력이 있는 나이키였다. 이런 브랜드가 일반적인 관행에서 벗어나 당시로서는 주류와 거리가 먼 유튜브에 영상을 내놓는 것은 이례적인 일이었다. 그야말로 이 회사에 뿌리내린 위험 감수 문화를 보여주는 증거였다. 이 영상은 불가능한 현실을 가능하게 만드는 CGIComputer Graphic Image(컴퓨터를 통해 완전하게 제작된 2차원 내지는 3차원의 이미지 – 옮긴이)를 사용하는 혁신을 이루었을 뿐 아니라 다른 브랜드에서는 시도해 보지 않았던 매체의 엄청난 가치를 보여주며 새로운 길을 열었다. 〈크로스바〉 이후 마케팅 세계는 이전과 같을 수 없었다(이후 유튜브는 돈을 지불하지 않는 브랜드 광고 콘텐츠를 중단시켰다).

우리는 2008년에 코비 브라이언트가 출연하는 바이럴 영상에서도 비슷한 접근법을 취했다. 영상 초반, 코비가 새 농구화를 카메라 가까이에 대고 자세히 보여준다. 그와 함께 있는 친구가 웃으면서 코비를 말리고 나선다. 무슨 일이 일어날지 모르는 청중은 생뚱맞은 상황에 어리둥절할 것이다. 하지만 이것이야말로 탄성을 자아내는 핵심 포인트다. 코비는 왼쪽으로 방향을 바꾸고 선다. 그러고는 자신을 향해 전속력으로 달려오는 차를 가볍게 뛰어넘는다. 코비가 카메라를 보며 말한다. "이렇게 하는 거야!"

영상이 공개된 이후 인터넷에는 '실제인가?' 하는 댓글이 쇄도했다. 나로서는 이런 반응이야말로 영상의 성공(혹은 참신성)을 가늠할 수 있는 가장 좋은 방법이라고 생각한다. 사람들을 속이라는 얘기가 아니다. 잠시라도 시청자가 방금 본 것이 실제라고 생각하게 하는, 시각적으로 멋진 무엇인가를 창조하는 게 중요하다는 말을 하고 싶었다. 그들은 이 영상을 다시 볼 수밖에 없다. 그 후 그들은 영상을 공유한다. 이렇게 콘텐츠를 유포하는 새로운 방식이 탄생하는 것이다.

돈과 시간이 부족한 상황에서 탄생한 〈크로스바〉 영상은 자원이 한정돼 있을 때 가장 창의적일 수 있다는 점을 다시 한번 강조해 준다. 우리가 가진 것이 이것뿐이라면 우리는 어떤 일을 할 수 있을까? 스케일에서는 막대한 예산으로 움직이는 프로젝트를 능가하지 못하겠지만, 민첩하게 기회를 잡고 동기를 부여하는 수준의 혁신에는 이를 수 있다. 더구나 두 영상이 주류 매체에서 공개되지 않았기 때문에 창작자들에게는 새로운 채널의 가능성을 발견하고 이해할 수 있는 계기가 되었다. 디지털계의 풀뿌리 마케팅으로 생각하면 적절할 것이다. 〈크로스바〉는 대부분의 브랜드에서 아직 고려조차 해보지 못한 새로운 시도(콘텐츠와 플랫폼 모두)로 소비자에게 다가갈 수 있었다. 그리고 그 후에는 어떤 브랜드도 그런 콘텐츠와 플랫폼의 영향력을 무시할 수 없게 되었다.

열정을 비웃는 이들에게

어린 시절의 침실을 기억하는가? 당신이 벽에 붙였던 포스터, 책상 위에 늘어서 있던 사진들, 선반을 채우던 책과 물건을 기억하는가? 눈을 감고 그 침실로 걸어 들어가는 상상을 해보라. 무엇이 보이는가? 당신이 가장 좋아하는 운동선수나 팀의 포스터를 걸었던 때의 느낌을 떠올려보라. 당신은 그것을 어디에 두었는가? 왜 그곳에 걸어놓았나? 그 포스터들이, 작은 소품들이 당신에 대해 보여주는 것이 무엇인지 말해보라. 당신은 그것들에 조건 없는 애정을 쏟았을 것이다. 시간이 흐르고 그때의 열정이 다른 것으로 옮겨가면서 벽에 걸린 사진은 바뀌었을 수도 있다. 10대의 침실은 대개 심미적으로 완벽하지 않다. 포스터끼리 겹쳐지거나 각각의 포스터가 서로 어울리는지 따위는 신경 쓰지 않는다는 것을 예상할 수 있다. 대개 그들은 색상의 배열을 고려하지 않는다. 10대 청소년을 움직이게 하는 것은 표현하고자 하는 욕망이다. 자신의 내면에 있는 것, 자신이 미쳐 있는 것으로 온통 방을 꾸며놓고 그 안에서 사진과 기념품, 아이디어에 둘러싸여 있을 때의 느낌을 표현하고 싶은 것이다.

2007년 5월 나이키는 할렘 125번가에 최초의 풋로커하우스 오브 후프스Foot Locker House of Hoops를 열었다. 이곳은 나이키의 모든 브랜드(나이키 바스켓볼Nike Basketball, 브랜드 조던Brand Jordan, 컨버스Converse)가 모여 농구의 과거, 현재, 미래를 보여주는 진정한 농구인들의 메카였다.

매장의 쇼윈도는 농구장 하프코트 모양을 띤다. 고객들은 앞문으로 들어와 뉴욕 농구의 전설적인 장면들로 도배된 복도를 지난다. 모퉁이를 돌면 전문가가 에어브러시로 완성한 문신까지 그대로인 실물 크기의 르브론과 코비 마네킹을 만나게 된다. 그뿐만이 아니다. 뉴욕 닉스New York Knicks 소속 패트릭 유잉Patrick Ewing의 거대 벽화가 뉴욕 지하철 타일로 이루어진 벽의 한 면을 통째로 장식하고 있다. 빅토리아 스타일의 벽지는 농구의 상징적인 요소로 복잡한 패턴을 이루고 있고 음각이 새겨진 나무 받침 위에는 운동화가 조명을 받은 채 진열돼 있다. 줄지어 늘어선 신발을 지나 부티크 공간으로 들어가면 가죽으로 만든 대좌 위에 운동화가 마치 트로피처럼 전시되어 있다. 극적인 조명이 짙은 나무색 블록 위로 경배의 빛을 던지며 운동화에 신비감을 더한다. 전체 프로젝트는 열정의 표현이자 '가장 작은 디테일 하나까지 최고의 기준을 지켜야 한다'는 창작 원칙을 드러내고 있었다. 하우스 오브 후프스를 시작으로 전 세계 곳곳에 3년간 100개 이상의 매장이 문을 열었다.

이 콘셉트는 약 1년 전 나이키 바스켓볼의 크리에이티브 디렉터 레이 버츠Ray Butts와 나눴던 대화에서 시작됐다. 우리의 대화는 간단하기 그지없었다. 젊은 사람들이 자신이 사는 환경 안에서 농구에 대한 애정을 어떻게 표현하는가에 대해 이야기했을 뿐이다. 우리는 10대들의 방에 대해 대화를 나누었다. 벽이며 선반이며 사진, 포스터, 트로피, 기념품 할 것 없이 여백이 있는 틈마다 열정으로 가득 채워져 있다는 이야기 말이다. 10대들은 자기를 표현하는 활동에 열중한다. 하지만 완벽을 기하지 않는다. 그저 직감에 따를 뿐이다. 이런 아이디어는 농구에만 해당하는 것이 아니었다. 레이와 나는 각자 10대 시절의 방을 떠올렸다.

이것이 10대가 그들이 사랑하는 스포츠와 선수, 물건을 찬양하는 방법이라면, 매장에서는 왜 그런 모습을 보이지 않을까? 대부분의 스포츠 매장에서는 '문화'를 찾아볼 수가 없다. 스토리텔링과는 거리가 먼 방식으로 테이블이나 선반 위에 신발을 늘어놓을 뿐이다. 농구에 집착하는 10대의 방, 그런 깊이 있는 스토리텔링을 실제 매장의 영감으로 삼으면 어떨까? 10대 소년과 동일한 열정과 관심으로 이야기와 캐릭터가 차곡차곡 쌓인 몰입형 환경을 만든다면? 매장이 브라운스톤Brownstone(적갈색 사암 벽돌로 19세기에 미 동부 지역의 건축에 많이 사용되던 재료 - 옮긴이)으로 지은 뉴욕의 전형적인 아파트라면 어떨까? 농구를 사랑하는 사람들이 수 세대에 걸쳐 농구 문화의 대부분을 만들고 육성해 온 곳, 겉으로는 점잖은 아파트처럼 보이지만 안에 들어서면 농구에 대한 열기로 가득한 그런 곳으로 말이다.

초기 아이디어에서 점차 발전해 이제는 소비자 경험의 여정을 의사결정자들의 손에 잡히게끔 쥐여주는 것이 우리의 목적이 되었다. 사람들은 정교함보다는 상상력에 무게를 둔 창작 과정을 보게 될 것이다. 우리는 그들이 앞문을 지나 다른 공간으로 들어가면서 경이로움을 느끼길 원했다. 우리는 아이디어를 엮어서 콘셉트 북으로 만들었다. 커버는 실제 NBA 유니폼으로 만들었다. 들어 올리거나 페이지를 넘기는 것이 불가능한 책을 만드는 것이 우리의 목표였다.

한 달 후, 레이와 나는 나이키 사장이기도 한 풋로커Foot Locker CEO 앞에 섰다. 발언권을 얻은 우리는 책을 시각적 자료로 사용해 CEO와 그의 팀 앞에서 우리의 콘셉트를 자세히 설명했다. 프레젠테이션이 진행되는 동안 발표를 듣는 팀원들이 그 책을 서로 갖겠다고 실랑이를 벌이고 있었다. 미소가 절로 나왔다. 모든 사람에게 나눠줄 만큼 책을 충분히 만들지 못한 탓이었지만 좋은 신호임은 분명했다. 회의가 성공으로 이어지리란 징조였다.

아이디어를 콘셉트 북과 같은 형태로 빠르게 시각화한 것은 콘셉트를 현실로 바꾸는 데 큰 몫을 했다. 회의에서 실컷 아이디어를 얘기해 놓고 회의실을 떠난 뒤에는 한 달, 심지어는 1년 후까지 아이디어를 언급조차 하지 않는 경우가 있지 않은가? "전에 이야기 했던 아이디어 기억해요? 그건 어떻게 됐지?" 보통 이런 상황이 펼쳐지는 것은 아무도 아이디어를 시각화하지 않았기 때문이다. 나는 시각화 작업을 '영화 포스터' 제작에 비유한다. 보는 사람을 즉시 아이디어로 끌어들일 하나의 이미지에 스토리와 콘셉트를 녹여내는 것이다.

내 좌우명은 '빠르게, 눈에 보이게'이다. 회의에서 아이디어를 이야기한다고 아까운 시간을 낭비하지 마라. 그 시간을 아이디어를 현실화하는 데 이용하라. '이미지'가 된 아이디어는 모두를 흥분시키고 아이디어를 수용하게 만들 것이다(혹은 그 반대로 만들 것이다). 이미지는 돌이킬 수 없는 단계에 이르기 전에 해결해야 할 문제와 결점을 나타내 보일 수도 있다. 어느 쪽이든 당신은 더 명확한 그림을 그릴 수 있다. 이로써 우리는 속도를 창작 과정의 한 특성으로 받아들이게 된다. 이것은 중요한 시사점을 제공한다. 사실 아이디어의 초기 형태를 보여주는 데는 본능적으로 거리낌이 따르게 마련이다. 아이디어가 완벽하지 않다는 이유로 우리는 감히 그것을 내보이지 못한다. 하지만 그런 생각에 사로잡혀 시각화 작업을 미뤄서는 안 된다. 완벽을 추구하는 게 창작의 적이 되도록 내버려둬선 안 된다. 아이디어가 떠오르는 즉시 가시화하라.

나이키타운이 대형 쇼핑센터이자 감각을 충족시키는 축제이며 브랜드 가치를 투영한 렌즈라면, 하우스 오브 후프스는 농구에 대한 순수한 열정을 다루는 친밀한 이야기와 같다. 여기에는 5층 높이의 거대한 스크린도 없고 규모도 작지만 어디 내놔도 손색없는 공간임을 자신한다. 스포츠에 대한 아이들의 열정이 침실에 활기를 더하듯, 우리가 농구 메카를 활성화하는 데 쏟은 열정도 같은 효과를 거두었다. 많은 브랜드들이 운용하기 어렵다는 이유로 열정을 드러내는 것을 주저한다. 열정을 어른스럽지 못한 것, 유치한 것으로 치부해 버리곤 한다. 그렇게 새로운 아이디어에 연료를 공급하는 초기의 열정은 더 현실적인 문제가 끼어들면서 밀려나 버린다. 그러나 눈에 보이게 전시된 열정은 전염성을 갖는다. 제품을 적게 두어 숨 쉴 공간을 제공함으로써 소비자와 스토리를 더욱 긴밀하게 연결하는 것이 하나의 포인트다. 이렇듯 열정은 나이키 농구 사업과 브랜드가 잘 굴러가게 된 동력으로 작용하였다.

열정은 위험을 감수하는 정서다. 다른 사람에게 자신을 아주 많이 드러내야 하기 때문이다. 누군가와 '열정'에 대한 대화를 나눈 적이 있다면 내 말이 어떤 의미인지 알 것이다. 한번 시작하면 자제력을 잃고 만다. 마침내 말을 마치면 스스로 당황한다. 그 상황 자체가 혼란스러울 수도 있다. 하지만 그것은 좋은 일이다. 당신 안의 열정을 내보여라. 당신의 브랜드, 당신의 스토리, 당신의 공간에 억제되지 않은 열정을 전부 불어넣어라. 당신이 사랑하는 것에 대한 이야기를 시작하고 절대 멈추지 마라.

하우스 오브 후프스는 간단한 대화가 대단히 성공적인 마케팅 혁신으로 이어질 수 있다는 것을 보여준다. 하나의 대화에서 시작된 브레인스토밍이 콘셉트로 이어졌고, 그것은 다시 매장 구성으로, 그리고 세계 100여 개의 매장으로 성장했다. 레이와 내가 처음 농구에 집착하는 10대 소년의 방을 궁극의 안식처로 상상한 순간부터, 결정권을 쥔 사람들 앞에서 프레젠테이션을 하던 순간, 농구에 대한 열정으로 가득한 소비자들이 코트로 들어선 순간까지의 모든 과정에서 나와 레이가 만든 초기 콘셉트는 전혀 손상되지 않았다. 이 여정 내내 아이디어가 성장할 수 있었던 것은 우리가 계속 나아갔기 때문이다. 그리고 앞으로 나아가는 것이 허용되었기 때문이다. '이것'이 바로 위험을 감수할 것을 장려하는 문화다. '이것'이 때때로 침체된 산업에 불을 붙이고 세계적 프랜차이즈를 만드는 방법이다. 아이디어가 내부 과정을 통해 살아나고 성장하게 하라. 아이디어가 시장에 새로운 활력을 불어넣고 브랜드와 소비자 사이에, 그리고 소비자와 그들이 사랑하는 스포츠(그리고 당신이 알리려는 어떤 것) 사이에 강력한 유대를 구축하게 하라.

마지막 경기

"첫 골로 승부가 갈립니다. 두 번째 기회는 없습니다."

장내 아나운서의 말로 〈마지막 경기〉가 시작된다. 100퍼센트의 효율을 자랑하는 클론들이 도전자들에게 맞선다. 그들은 결점을 갖고 있지만 위험을 감수하는, 우리의 진짜 슈퍼스타들이다. 처음에는 클론들이 쉽게 공을 빼내고 결점이 없는 발놀림으로 상대를 압도하면서 인간 선수들은 수세에 몰린다. 이내 즐라탄의 슛이 클론 측 골문의 위쪽 구석을 향했다. 수비가 거의 불가능한 슛이지만 골키퍼에게 쉽게 잡히고 만다. 낙담한 즐라탄이 믿을 수 없다는 표정으로 양손을 들어올린다. 클론들이 재빨리 공을 인간 팀 골대 앞으로 이동시키며 반격에 나선다. 클론 스트라이커가 무방비 상태의 골문을 향해 슛을 날린다. 브라질의 축구 스타 다비드 루이스David Luiz가 가까스로 공을 막아낸다.

이제 인간 팀의 차례다. 눈부신 패스와 현란한 발놀림으로 인간 선수들이 공격에 박차를 가하며 클론 측 네트로 공을 몰아간다. 격분한 과학자는 더 많은 클론을 경기장에 투입한다. 느닷없는 반칙이다. 호날두는 페널티 에어리어 바깥쪽에 공을 두고는 자신과 골대 사이의 수비수들을 보며 말한다. "아니, 너무 쉽잖아." 더 많은 수비수들이 달려든다. "이제 좀 낫군." 그가 말한다. 곧이어 호날두의 쇼가 펼쳐진다. 포르투갈의 축구 스타는 창의적인 움직임으로 수비수들을 헤치고 나아가며 클론들을 당황하게 만든다. 그리고 마침내 골라인에 멈춰 선다. 그는 클론들에게 여유 있는 미소를 지어 보이더니 골문 안으로 공을 살짝 밀어 찬다. 관중이 열광한다. 인간의 도전과 상상력이 승리하는 순간이다.

〈마지막 경기〉의 제작은 여러 면에서 대담한 시도였다. 그리고 믿을 수 없을 정도로 단순했다. 영상은 대단히 잘 만들어졌고 스토리를 명확하게 전달했다. 그래서인지 제작 과정 전체가 얼마나 혁신적인지를 자꾸 놓치게 된다. 와이든앤드케네디의 크리에이티브 디렉터 알베르토 폰테Alberto Ponte와 라이언 오로크Ryan O'Rourke는 전반적인 스토리라인을 만든 후 전혀 새로운 방식으로 일을 시작했다. 첫째, 그들은 대화 작가, 스토리 작가, 유머 작가 등 현존하는 모든 유형의 작가들이 모이는 작가실을 만들었다. 첫 대본은 45분 길이였다. 일반적인 광고보다 44분이 길었다. 이는 우리가 전달하려는 스토리가 기존 매체 관점에서는 너무 길다는 얘기였다. 바로 실행이 불가능하다는 판정을 내리고 아이디어를 폐기했을 수도 있다. 하지만 우리는 그 스토리를 5분 안에 전달할 수 있는지 자문했다. 이로써 우리는 두 번째 결정에 이르게 됐다. 보통의 TV 광고로 공개할 수 없는 길이의 영상이라면 어떻게 해야 하지? 다시 말하지만 이쯤 되면 대개의 브랜드들은 그 프로젝트에 수고를 들일 가치가 없다고 판단했을 것이다. 보통의 광고로 공개할 수 없다면 만들 이유가 없지 않나?

우리는 다른 답을 찾았다. '전달할 만한 가치가 있는 스토리'라는 결론을 내린 것이다. 전체 콘셉트가 일반적인 틀에서 벗어난다면 전통적인 방법에 구속될 필요도 없었다. 새로운 방식으로 소비자에게 다가가고 싶다면 기존의 방식을 기꺼이 포기해야 한다. 이렇게 얘기하는 나 또한 결과를 장담할 수 없는 일을 진행해야 하는 상황이 정말 무섭다. 어쨌든 작가실은 영상의 길이를 대폭 줄이면서도 영상의 퀄리티를 지켜냈다. 원래의 대본이 단편영화로 나왔다면 어땠을지 가끔 궁금해지곤 한다.

이후 팀에서는 패션 픽처스Passion Pictures에 애니메이션 제작을 맡겼고 이 회사는 가상 세계와 각 선수의 캐릭터를 만들었다. 이전의 애니메이션과 달라야 한다는 것 외에는 결과물에 대해 어떤 확신도 할 수 없었다. 차별화와 동시에 매력적이어야 했고, 재미있는 것과 유치한 것 사이에서 적절한 균형을 찾아야 했다.

선수들의 승인을 받는 게 애니메이션 제작의 마지막 관문이었다. 어떤 창작물에나 따르는 일반적인 문제였다. 하지만 〈마지막 경기〉는 호날두와 즐라탄과 같은 선수들이 애니메이션에 표현된 자신의 모습을 낯설어할 수도 있다는 점에서 다소 불리했다. 설득이 필요하다는 의미였다. 캐릭터 디자인 초기 단계의 거친 애니메이션을 보고 걱정하지 않을 수 없었다. 나는 이것이 과연 성공할지 의심하기 시작했다. 너무 많은 것이 걸려 있었다.

애니메이션을 너무 현실적으로 만들면 예술성이 제한된다. 하지만 선수 중 하나라도 자신을 드러내는 방식에 동의하지 않으면 영상은 존재할 수 없다. 균형을 찾아야 했다. 애니메이터들은 '실제보다 약간 과장됐지만' 실제 외양에 충실한 선수들을 보여줌으로써 다행히도 그 사이의 균형점을 찾아냈다.

이들 애니메이션은 단지 영화로만 우리에게 도움을 준 게 아니었다. 우리의 아이디어는 진짜 월드컵 행사에 반응하는 실시간 (기술과 인간의 지구력이 허락하는 한 가장 현실적인) 콘텐츠를 제공하는 것이었다. 문제는 저작권 계약 때문에 최고의 순간은 물론이고 선수들을 포착한 사진조차 독점적으로 사용할 수 없다는 점이었다. 애니메이션에 각고의 노력을 기울인 이유가 여기에 있었다. 애니메이션을 통해 우리는 이런 문제에서 벗어날 수 있었다. 물론 그러한 특성 때문에 예상치 못한 문제에 부딪히기는 했다. 새로운 기술이 부족해서만은 아니었다. 지금껏 한 번도 시도되지 않은 것을 가능하게 하기 위해선 팀 간의 접근성이 필수였는데, 바로 이것이 부족했기 때문이다.

해법으로 찾은 건 포틀랜드 시내에 200명 규모의 나이키 풋볼 지휘 본부_{Nike Football Command Center}를 설치하는 것이었다. 작가, 아트 디렉터, 에이전시 파트너들을 한자리에 모았다. 이들은 함께 일하며 콘텐츠 조각을 빠르고 민첩하게 전달했다. 지휘 본부는 30일 동안 24시간 쉼 없이 가동되었고 22개 언어를 사용해 소통했다. 크리스티아누 호날두가 축구장에서 뭔가 놀라운 일을 하면, 팀은 소셜 미디어에 재빨리 호날두의 애니메이션 캐릭터를 이용한 포스트를 올렸고 "모든 것을 걸어라"라는 우리 프로젝트의 모토를 더욱 강화하는 헤드라인을 만들었다. 우리는 총 200여 개의 독특한 콘텐츠를 실시간으로 만들어 전 세계 디지털 플랫폼에 배포했다. 다시 말하지만, 이전의 그 누구도 시도하지 않은 방식이었다.

이번에도 이런 마법과 같은 일을 가능케 하고 지휘 본부의 성공에 큰 역할을 한 것은 공간이었다. 이번 공간은 기업 시설팀을 거쳐 남아 있는 가구를 빼 오고 기존 공간을 전용하는 식으로 만들어진 것이 아니었다. 가장 창의적이고 협동적인 업무 절차를 최우선의 목적으로 설계되었다. 협업이 필수적인 만큼 서로가 밀접하게 협조하는 것 역시 중요하게 고려했다. 팀을 프로젝트에 몰입시키고, 영감을 불어넣고, 상상력을 자극하기 위해 예술 작품과 벽 위의 인용구, 사진과 조명 하나까지 모든 것을 엄선하고 연출했다. 지금 있는 자리에 자부심을 느끼면 거기에 부끄럽지 않도록 행동하게 된다. 공간이 일에 의미를 부여하는 것이다.

지휘 본부에는 가족 의식이 존재했다. 이들 에이전시가 경쟁하는 위치에 있다는 것을 고려하면 매우 드문 일이었다. 당시 나이키의 소셜 미디어 책임자 무사 타리끄Musa Tariq는 이렇게 말했다. "우리는 함께 밥을 먹고, 함께 월드컵을 보면서, 함께 공동체를 만들었습니다." 결국 '모든 것을 걸어라', 이 목표는 브랜드를 넘어서 우리 모두의 목표가 되었다. 모두가 세계 최대의 무대에서 세계 최초의 실시간 마케팅을 해내겠다는 집념 하나로 프로젝트에 매달렸다. 무사는 이렇게 말했다. "나이키는 당신이 꿈을 꾸게 했습니다. 그리고 우리는 꿈꾸는 일을 세계에서 가장 잘하는 사람들을 한 지붕 아래 모았습니다."

즐라탄은 월드컵에 출전하지 못했지만, 그의 독특한 개성은

〈마지막 경기〉와 다른 마케팅 작업의 중심 아이디어가 됐다. 우리는 즐라탄의 팀이 월드컵 본선에 진출하지 못하더라도 그를 광고 캠페인에 넣을 방법을 찾아야 했다.

그 해답은 즐라탄이 갖고 있었다. 팬들이 좋아하는 바로 그 특징이 우리에게 답을 주었다. 그는 걸어 다니는 명언 제조기였다. 스스로를 3인칭으로 부르는 화법과 무한한 자신감으로 즐라탄은 이 대회의 비공식 대변인으로 활약했다. 그는 심지어 "너무 완벽한 내 모습에 절로 웃음이 나"라고 말한 적도 있다. 그의 자신감이 어느 정도인지 단번에 이해되었으리라 믿는다.

이를 위해서 만든 애니메이션 스튜디오는 단연 우리 본부의 심장이었다. 모션 캡처 수트를 입은 배우들과 표정을 만드는 애니메이터가 즐라탄의 해석에 생기를 불어넣었다. 그다음은 애니메이션 기술로 마무리했다. 애니메이션으로 구현된 이 스웨덴 출신의 포워드는 #AskZlatan(즐라탄에게 묻다) 해시태그를 단 팬들의 질문에 짧은 애니메이션 영상으로 대답한다. 대화가 어떻게 진행되는지 잠깐 살펴보자.

사회자가 애니메이션 버전의 즐라탄에게 자기 목소리가 들리냐고 물으면 이 축구 스타는 이렇게 대답한다.

"즐라탄은 당신이 입을 떼기 전부터 당신 말을 들을 수 있었죠."

사회자: "즐라탄 선수, 전 세계 사람들이 당신에게 질문하기 위

해 대기하고 있어요."

즐라탄: "당연하죠. 즐라탄은 모든 해답을 갖고 있으니까요."

그 외에 애니메이션 버전의 즐라탄은 매일 밤 ESPN 〈스포츠 센터Sport Center〉의 한 코너를 맡아 출연하기도 했다. 〈즐라탄 이브라 히모비치의 '오늘의 위험 감수'〉라는 코너였다. 우리는 대본을 받 아 6시간 안에 애니메이션을 완성했다.

이 모든 요소가 합쳐지면서 광고는 예상을 뛰어넘는 결과를 가져왔다. 영상 자체도 엄청난 성공을 거뒀다. 월드컵 행사에 실시 간으로 반응하는 이 애니메이션 영상들은 소비자들에게 지금껏 경 험하지 못한 즐거움을 선사했고, 즐라탄이 왜 그토록 사랑받는지도 다시 한번 증명했다. 캠페인의 성공으로 지역에 밀착하면서도 세계 적인 수준으로 경험을 전달할 수 있는 방법이 만들어졌다. 이것이 혁신의 힘이다.

나이키는 월드컵에서 가장 주목받은 브랜드였고 이 광고는 나 이키 역사상 가장 높은 시청률을 기록했다. 광고의 영향력은 몇 가 지 수치로 평가해 볼 수 있다. 디지털 플랫폼에 게시된 〈모든 것을

걸어라〉 세 편의 총 조회수는 4억 회를 넘어섰다. 좋아요, 리트윗, 댓글 등으로 콘텐츠에 참여한 사람의 수만 2300만 명에 달했다. 〈마지막 경기〉 영상은 페이스북 역사상 가장 많이 공유된 영상으로 기록되었다.

안전한 플레이란 없다

조심스러운 행동으로는 혁신의 돌파구를 마련하기 어렵다. 과학의 영역이든 마케팅의 영역이든, 새로운 콘셉트에는 대담하고 파격적인 시도가 필요하다. 따라서 위험을 감수할 용기가 있어야 한다. 하지만 새로운 것을 시도하고 싶다는 이유만으로 위험을 감수해야 한다는 것은 아니다. 우리는 새로운 사고방식과 커뮤니케이션, 사람들의 참여를 이끌어내고자 위험을 무릅쓴다. 세상은 끊임없이 변화하고 소비자의 기대는 날로 커진다. 그래서 우리는 위험을 감수한다.

그렇지만 브랜드의 혁신을 추구한다는 명목으로 잘 관리된 전략과 절차를 희생해 고객과의 소통을 방해해선 안 된다. 오늘날 브랜드는 실시간으로 소비자와 상호작용을 하고 그들마저 스토리의 일부로 소환하는 놀라운 능력을 갖고 있다. 여기에는 시간과 자원이 필요하다. 비결은 소셜 미디어와 디지털 채널에서 소비자의 니즈를 충족시키는 일과, 그들의 상상력을 자극하는 한편 당신의 브랜드가 달성할 수 있는 것에 대해 그들의 이해를 확장하는 일 사이 균형점을 찾는 것이다. 거래보다는 관계에 가치를 두는 방법을 진정으로 믿는다면 소비자가 우리를 가장 필요로 할 때 그 자리를 지키라. 동시에 소비자가 새로운 야망에 마음을 열 수 있도록 이끌어야 한다. 이를 달성하려면 예술과 숫자의 균형이 필요하다. 예술과 숫자, 즉 데이터와 상상력이 조화를 이룰 때 수익이 창출되고 성공에 도달할 수 있다.

일의 속도에 휩쓸리면 따라가는 것만으로도 충분하다고 생각하기 쉽다. 브랜드로서 우리는, 우리의 가장 중요한 임무가 소비자와 가까워지는 방향으로 그들의 마음을 움직이는 것임을 잊지 말아야 한다. 위험을 감수하고 한계를 시험하는 데 주저해선 안 된다. 전설적인 광고 아트 디렉터 조지 로이스George Lois는 이렇게 말했다. "신중할 것인지 창의적일 것인지를 결정하라." 신중하면서 창의적인 사람은 없다.

'승리를 위한 플레이'의 원칙

1. 허락을 구하지 마라

브랜드 문화에서 상상력을 없애는 가장 빠른 방법은 상상력을 발휘하는 데 허락을 구하도록 하는 것이다. 터무니없는 공상도 보호받는 환경을 구축하고 상상을 일상의 습관으로 만들어라.

2. 크게 휘둘러라

명예의 전당에 오른 메이저 리거의 평균적인 통산 타율은 3할 1리다. 이는 출루한 경우보다 아웃된 경우가 많다는 뜻이다. 하지만 그들은 여전히 사상 최고의 선수로 인정받는다. 크고 혁신적인 스윙을 하라. 실수조차 앞으로의 성공으로 이어질 것이다.

3. 영화 포스터를 만들어라

아이디어를 한 편의 영화 포스터로 만들어라. 아이디어에 대해 이야기만 하는 데는 한계가 있다. 이미지를 통해 짧은 시간 안에 이야기를 전달하라. 팀을 설득하고 소비자에게 아이디어를 전달하기 위해서는 빠른 시각화가 관건이다.

4. 한계를 받아들여라

시간이, 심지어는 돈이 부족한 것이 오히려 나을 때가 있다. 시간과 예산의 압박은 상상력의 좋은 친구가 된다. 긴박함이 독창성을 만들 것이다.

5. 당신의 경기장을 만들어라

공간에 감정이 결여되어 있다면 아이디어를 끌어내기 힘들다. 융통성 없는 흰색 사무실 안에서 재기가 번뜩이기를 기대할 수는 없다. 당신이 추구하는 해법만큼이나 환경을 혁신적으로 만들어라.

4장

위대함으로 가는
게임 페이스.

**EMOTION
BY
DESIGN.**

"스스로 날갯짓하지 않는다면 어떤 새도 높이 날 수 없다."

- 윌리엄 블레이크

윌리엄 블레이크를 마이클 조던 포스터에 나오는 이름으로만 아는 사람이 많다. 사실 19세기 영국의 시인이자 화가를 통해 운동 선수의 위대함을 떠올리기란 쉽지 않은 일이다. 그런데도 그는 파라 포셋Farrah Fawcett을 제치고 사상 최고의 인기를 누린 포스터에 자신의 문장이 선택되는 행운을 누렸다. 물론 양팔을 뻗고 한 손에는 농구공을 쥔 조던이 온 국민의 마음에 블레이크를, 혹은 최소한 그의 말을 각인시키고 스포츠, 무엇보다 나이키와 영원히 연결하는데 도움을 주었지만 말이다.

이 흑백 '윙스' 포스터의 디자이너 론 뒤마는 블레이크의 말이 "열정적이고 시대를 초월"하며 스포츠 스타의 모습을 총천연색으로 보여주는 매체에 '순수예술'의 학위를 수여했다고 말했다. 이처럼 이례적인 요소는 당시 미니애폴리스에서 디자인을 공부하던 '예술학도'인 내가 기숙사 벽에 이 포스터를 걸어둔 이유까지 설명해 줄 수 있을 것이다. 1990년대 다른 보통의 아이들처럼 나도 이포스터를 몹시 좋아했고 아직까지도 역사상 최고의 스포츠 포스터라고 생각한다. 내가 이 포스터를 좋아하는 것은 '윙스'가 평범한 포스터가 아닐뿐더러 그런 의도조차 갖고 있지 않기 때문이다.

내가 당시 나이키의 이미지 디자인 크리에이티브 디렉터 뒤마와 함께 일하게 된 것은 그가 '윙스'를 디자인하고 얼마 지나지 않은 때였다. 뒤마에게는 1980년대와 1990년대 초 조던 포스터를 만들 기회가 몇 번 있었다. 가장 유명한 그의 작업물은 1988년 슬램덩크 대회에서 조던이 선보인 덩크 이미지였다. 그보다 몇 년 앞서 제작된 포스터에는 나이키의 전설적인 디자이너 피터 무어Peter Moore가 조던의 상징인 '점프맨Jump man' 덩크 자세를 포착해 보여주었는데, 그 포스터는 훗날 무어가 크리에이티브 디렉팅을 맡았던 조던의 점프맨 로고에 다시 영향을 주었다.

이런 역사를 생각하면 뒤마의 새로운 조던 포스터에 사람들이 대체 왜 눈살을 찌푸렸는지 이해할 수 있을 것이다. 기존에 인기를 끌던 조던의 포스터와는 큰 간극이 있었다. 농구공을 들고 있을 뿐 농구와 관련된 것은 아무것도 없었다. 뒤마는 내게 이렇게 말했다. "다행히 조던과 스포츠 마케팅팀이 그 아이디어를 좋아했고, 그래서 일을 진행할 수 있었어."

　그가 내게 말했듯이 뒤마는 처음부터 '고급스러운' 것을 하고 싶어 했다. 놀라운 기술을 선보이는 조던의 이미지는 잘 다져진 땅과 같았다. 나이키는 '점프맨' 포스터와 '슬램덩크 대회' 포스터를 통해 이미 선두에 서 있었다. 그 이미지들은 날개 돋친 듯 팔려나갔다. 하지만 과거의 성공을 반복하는 것은 뒤마가 해야 할 일이 아니었다. 한 장의 포스터로 더 심오한 목적을 달성할 수는 없을까? 순수예술에서 사람들이 발견하는 의미와 통찰을 포스터에 덧입힐 수는 없을까? 조던이 코트에서 보여주는 기술이 예술의 경지에, 고대 그리스인들이 생각하는 참된 아름다움에 도달했다고 주장하는 사람들이 있다. 게다가 나이키는 스포츠를 미술이나 문학에 준하는 인문학적 전통의 일부로 본다. 따라서 세계에서 가장 유명한 운동선수를 예술 작품을 통해 보여주는 것은 나이키의 브랜드 이미지와 정확히 맞아떨어질 뿐 아니라 심지어 브랜드를 새로운 영역으로 확장시키기까지 했다.

　사실 '윙스'는 운동보다는 예술적 기교를 표현한 것에 가깝다. 그래서 더욱 두드러진다. "아이디어를 스케치하자마자 흑백으로 해야 한다는 생각이 들었어." 뒤마가 말했다. 좋은 사진이 그렇듯이 이미지는 때때로 회화의 기능을 한다. 주제는 명확하지만 의미는 해석에 따라 열려 있는 것이다. 조던이 양팔을 쭉 뻗은 모습은 대중에게 각기 다른 의미를 전달한다. 보는 사람마다 같은 사진에서도 다른 것을 보는 것이다. 나는 크리에이터인 뒤마가 조던의 포즈에서 본 것이 무엇인지를 듣고 몹시 놀랐다. '하늘을 날듯 팔을 쭉 뻗고 달리는 아이들'이 떠올랐다는 것이다. 블레이크의 문장은 젊은 이들에게도 도전 의식을 심어 준다. '큰 꿈을 꾸고, 장애를 돌파하고, 의심과 두려움의 무게를 벗어던지고, 마침내 아이들처럼 자유롭게 날아오르라'는 외침인 것이다. 동시에 조던의 표정과 엄숙하게 팔을 뻗은 모습은 명상하는 사람을 연상시킨다. 실제로는 날고 있지 않다. 그는 상상을 하고 있는 것이다. 이 이미지의 고요함은 인간의 정신이 육체를 지배한다는 사실을 반영한다.

'윙스'는 조던이라는 농구 선수에게 보내는 찬사라기보다 젊은 이들의 마음속에서 위대함의 상징이 된 조던을 향한 인간 정신에의 헌사에 가깝다. 이런 식으로 보면 포스터는 위대한 운동선수를 보여주는 데 그치지 않는다. 이 포스터는 나이키의 목표와 브랜드의 정수를 이미지로 녹여낸다. 보는 이에게 당신 역시 위대한 선수가 될 수 있다고 말하는 것이다. 이 포스터는 농구 팬에게만 매력적인 것이 아니다. 그래서 수없이 팔려나가 농구를 좋아하지 않던 사람들의 침실까지 장식한 것이리라. '윙스' 포스터가 유행을 타지 않고 스테디셀러로 자리 잡은 이유도 설명이 된다. 이 포스터는 보는 이들의 깊은 감정을 자극하는 목표의 힘과 가치관을 전달한다. 당신 자신 외에 당신을 제한하는 것은 없다. 날개를 펴라. 당신이 얼마나 멀리 날 수 있을지는 아무도 모른다.

아무래도 블레이크의 표현이 훨씬 나은 것 같다.

프레임: 브랜드의 시각적 언어

'윙스'를 단순히 인기 많은 포스터로만 생각하는 사람도 있다. 스타일이 독특하긴 해도 나이키의 정체성에 관한 논의에서는 그다지 중요하지 않다고 말이다. 사람들은 나이키를 생각할 때 스우시, 즉 로고를 떠올린다. 그들은 마이클 조던을 생각할 때도 가장 먼저 로고 '점프맨'을 떠올린다. 우리는 이 장에서 로고에 대해 논의할 것이다. 브랜드 정체성에 관한 논의에서 로고가 가지는 중요성을 깎아내리고 싶지는 않다. 하지만 로고는 브랜드가 정체성을 드러낼 때 사용하는 한 가지 요소일 뿐이다. '윙스'나 우리가 이야기하게 될 다른 디자인 역시 확고한 정체성을 마음에 두고 만든 것이다.

브랜드 정체성은 마케팅에서 종종 간과되는 부분이다. 기업가들과 이야기를 나누다 보면 그들이 가치관과 목적을 드러냄으로써 회사나 조직의 정체성을 나타내는 일을 과소평가한다는 사실을 발견한다. 이는 브랜드들이 소비자와 구축해 온 정서적 유대감, 즉 제품이나 서비스를 이용함으로써 자부심을 느끼게 하는 유대감을 방치하는 것이다. 브랜드는 우선 소비자를 기반으로 자산을 키워야 고객 충성도가 높아진다. 그것은 브랜드의 기품과 이미지를 전달하는 강력한 **시각 언어**에서 시작된다.

누군가의 서명을 생각해 보라. 서명이 뚜렷한 개성의 표현인 데에는 이유가 있다. 똑같은 서명은 존재하지 않는다. 각각의 서명은 그 사람을 대변하는 특유의 스타일을 갖고 있다. 당신의 브랜드 정체성도 마찬가지다. 당신의 고객들이 브랜드의 가치관과 목표는 물론 경쟁 브랜드와 차별된 고유의 특성까지도 바로 인식할 수 있어야 한다. 브랜드 정체성은 고유의 스토리는 물론 사명이나 서면을 통한 소통에서도 드러나야 한다. 고객의 시야에 닿는 모든 구별자Identifier(다른 것과 차별화시키는 디자인 요소 – 옮긴이)에 브랜드 정체성이 드러나야 한다는 이야기다. 당신의 브랜드에는 이 모든 것을 관통하는 강력한 특징과 개성이 있는가?

브랜드 정체성은 주로 로고에서 나오지만 우리는 이런 제한적인 정의를 넘어 훨씬 더 폭넓은 시각을 수용해야 한다. 나는 브랜드 정체성을 종종 액자 프레임에 비유하곤 한다. 당신의 브랜드 정체성은 브랜드에서 나오는 모든 이미지와 상품, 모든 아웃풋을 담아내는 액자와도 같다. 액자 때문에 그림, 혹은 당신이 드러내 보이려는 것이 빛을 잃어서는 안 된다. 그러면서도 액자는 보는 사람으로 하여금 그 안의 내용이 당신 브랜드에 속한다는 것을 바로 알게 될 만큼 비슷한 형태와 색상, 스타일을 가지고 있어야 한다. 그렇다고 각각의 액자가 모두 똑같을 필요는 없다. 구별자를 다양하게 활용하는 것은 강력하고 일관된 브랜드 정체성을 구축하는 재미, 그리고 도전의 일부다. '윙스'는 마이클 조던의 포스터다. 하지만 이를 액자로 만드는 방식, 즉 흑백 이미지의 사용, 이미지가 전달하는 뉘앙스, 상단을 가로지르는 '윙스'의 글자 스타일, 기다란 모양, 포스터가 전달하는 메시지는 모두 '나이키'라는 브랜드를 담는 액자의 일부다. 그것들 하나하나가 전부 나이키의 것임을 구분하는 요소가 되는 것이다. '사람들을 고무시켜 위대함에 도달하도록 한다'는 나이키의 브랜드 목표와 가치관을 나타내기 때문이다.

액자는 그림을 압도해서는 안 된다. 결국 '윙스'는 '조던'의 포스터이고 조던이 아닌 사람과는 만들어낼 수 없다. 나이키는 브랜드의 목적을 잃지 않으면서도 배경의 일부로서 포스터를 단순한 이미지 이상으로 끌어올렸고 고객과 감정적 유대를 형성했다. 이런 일이 쉽다고 말하는 것이 아니다. 역사상 가장 인기 있는 스포츠 포스터를 사례로 설명하는 것이 다소 불공평하게 보일 수도 있다. 하지만 '윙스'를 단순한 포스터 이상으로 본다면, 여러 목적을 충족시키고 다양한 감정을 낳는 작품으로 바라본다면 어떻게 브랜드 정체성을 눈에 띄지 않으면서도 가장 효과적으로 사용할 수 있는지 알게 될 것이다. 대부분의 브랜드는 이 정도로 세부적인 부분까지 신경 쓰지 않는다. 하지만 최고의 브랜드는 그렇게 한다. 최고의 브랜드는 여러 플랫폼에 걸쳐 브랜드 정체성을 만드는 일의 중요성을 이해하고 그 일에 큰 가치를 두기 때문이다. 그들은 브랜드 정체성이 말하는 바가 "이것이 바로 우리"라는 사실을 잘 알고 있다.

이제 당신이 좋아하는 브랜드를 생각해 보자. 당신은 독특한 색상, 글꼴, 로고 등 그들이 사용하는 시각적 언어의 몇몇 요소들을 어렵지 않게 떠올릴 수 있을 것이다. 이 요소들이 운 좋게 우연히 얻어진 것이라든가 브랜드에서 우연히 발견했다고 생각하는 실수는 범하지 않길 바란다. 브랜드 정체성을 확고하게 구축한 기업들은 타협 없는 헌신을 통해 그 일을 해냈다. 지난 170년 동안 티파니Tiffany는 특유의 푸른 색상으로 대표되어 왔다. 처음 소개되었을 때는 그냥 푸른색일 뿐이었다. 하지만 한 세기가 넘도록 소비자와 유대를 구축하면서 그 단순한 푸른색은 '티파니 블루Tiffany's blue'가 되었다. 이제 그 색상과 티파니라는 브랜드는 따로 떼어서 생각할 수 없다. 또 다른 명품 브랜드 버버리Burberry는 의류에 상징적인 타탄체크를 사용해 왔다. 그 무늬를 보면 거의 반사적으로 버버리가 떠오를 것이다. IT 기업 역시 마찬가지다. 구글이 자사 로고를 다양하게 활용함으로써 세계적으로 어떤 일이 벌어지는지 나타내는 방식을 떠올려 보라. 넷플릭스 같은 미디어 기업이 붉은색을 사용하는 방식은 또 어떤가? 명품 기업이든, 기술 기업이든, 자동차 업계든, 스포츠 의류 업계든, 브랜드의 시각적 정체성에 대한 헌신과 투자는 수익에 직접적인 영향을 미친다. 이런 시각적 단서는 절대 우연히 만들어진 것이 아니다. 항상 의도를 갖고 계획적으로 만들어진다.

몇 년 동안 나는 애플의 브랜드 디자인 팀, 특히 당시 애플의 마케팅 커뮤니케이션 부문 크리에이티브 디렉터였던 히로키 아사이Hiroki Asai와 종종 협업을 진행했다. 애플은 히로키의 창의적 리더십에 따라 디테일에 대한 집착과 시각적 정체성의 영향력을 완벽하게 이해하고 감정 디자인을 정확히 구현해 냈다. 로고를 포함한 대부분의 애플 이미지에는 공통점이 있다. 포장을 비롯해 제품 이미지와 매장 표지, 웹사이트 등에 나타나는 애플 이미지의 공통점은 바로 단순함이다. 흰 바탕에 애플 로고 하나만 놓여 있을 뿐이다. 어수선한 것은 전부 치워버렸다. 애플의 브랜드 정체성은 단순함의 힘을 바탕으로 한다. 여백은 스토리의 주인공들, 제품 자체를 무대 중앙에 두는 일종의 백지 역할을 한다. 달리 말해, 거기에 없는 것은 거기에 있는 것만큼이나 중요하다.

수십 년 동안 애플이 사용한 여백은 애플을 돋보이게 하는 구별자로 작용해 왔다. 색상은 상표로 독점할 수 없는 영역이다. 하지만 누가 보기에도 흰색은 '애플의 것'처럼 보인다. 애플은 누구에게나 이것이 애플이라는 걸 분명히 알게 하는 방식으로 고유한 액자를 만든다. 그러면서도 '액자'는 안에 든 그림을 압도하지 않는다. 그런데도 소비자는 액자의 존재감을 느낀다. 소비자가 '애플이구나'라는 첫인상을 바로 느낄 정도의 강한 존재감 말이다. 단순성은 모든 액자의 특징이 되어야 하지만, 특히나 애플이 그렇게 고수하는 최소한의 디자인은 애플의 로고만큼이나 브랜드와 강하게 연결되어 있다. 그것은 애플을 정의할 뿐 아니라 소비자에게서 감정적 반응을 자아낸다. 소비자는 냄새를 통해 기억을 떠올리듯, 그 특유의 단순함으로 애플을 떠올리고 애착을 느낀다.

애플이 이미지를 활용하는 방식이나 대형 소매 업체 타깃Target이 자신들 특유의 로고를 고객과의 커뮤니케이션에서 시각적 매개로 사용하는 방식은, 고객이 매장(혹은 온라인)으로 걸어 들어온 순간부터 제품을 여는 순간까지 브랜드 특유의 정체성을 전달하고자 기업이 전력투구하는 모습을 보여준다. 브랜드 목표에 대한 이해와 깊은 숙고 덕분에 이 상징적인 브랜드들은 오랜 세월 정체성을 구축하고 발전시키며 고객의 충성도를 높일 수 있었다. 일회적인 것이 아니라는 말이다. 브랜드는 정체성을 끊임없이 성장, 발전시키고 브랜드의 모든 측면에서 정체성이 드러나도록 주의를 기울인다. 이는 앞서 본 브랜드들이 브랜드 기준을 존중하는 내부 문화를 키

위왔다는 의미이기도 하다. 그들은 시각적 디테일 하나하나가 브랜드의 스토리를 들려줄 기회라는 것을 정확히 이해하고 있었다.

이 같은 상징적인 브랜드의 사례가 이제 막 사업을 시작한 창업가들에게는 먼 나라 이야기처럼 들릴지도 모른다. 그들은 회사를 설립하고 제품을 시장에 내놓느라 바쁘다. 로고 이외에 세밀한 브랜딩까지 규정할 시간이 없다. 처음부터 브랜드 정체성을 형성하는 데 집중할 기회를 갖지 못했을 수도 있다. 이런 상황을 나도 공감한다. 오늘날의 기업문화 속에서 사람들은 아이디어를 시장에 내놓기 위해 아찔하게 빠른 속도로 움직인다. 시간은 한정되어 있기 때문에 당장 눈에 보이는 결과를 내놓지 않는 시각적인 '무대'를 만드는 일에는 시간을 할애할 수 없다고 생각한다. "그건 다음에 하자"라고 되뇌면서 말이다. 하지만 브랜드 정체성은 회사를 차별화하기 위해 사용하는 일련의 색상이나 이미지, 그 이상의 존재다. 간단히 말해 브랜드의 정체성은 장기적으로 회사를 세워나갈 토대이며 이는 계속해서 진화하고 성장한다. 브랜드가 이미지를 새로 만들 수 있는 기회는 극히 드물다. 좋든 나쁘든 대중이 일단 브랜드에 대한 인상을 갖게 되면 그 인상을 바꾸기란 대단히 어렵다. 따라서 당신의 고객이 느꼈으면 하는 인상을 생각하며 처음부터 신중을 기해야 한다. 운에 맡겨서도 안 되고 '다음에 할 수 있다'고 생각해서도 안 된다. 지금 시작하라. 그러면 브랜드를 가장 잘 보여주는 형태와 스타일, 형식으로 당신의 브랜드 정체성을 키워나갈 수 있다. 처음에는 미미하겠지만 결국에는 어마어마한 가치로 되돌아올 것이다.

화려한 귀환

2000년 여름, 나는 나이키 이미지 디자인 팀의 책임자, 즉 내 직속 상사가 회사를 떠날 것이라는 이야기를 들었다. 나는 리더로 성장할 준비가 되어 있었다. 무대에 오를 준비가 끝났다고 선언할 시점이었다. 나는 매니저의 사무실에 들어가 그의 뒤를 잇겠다고 말했다. 아직 자리를 비우지도 않은 상태에서 내 이야기를 들은 상사는 깜짝 놀랐다. 하지만 후임자 명단에 내 이름을 넣겠다고 말했다. 여름이 끝날 무렵 세계가 시드니올림픽을 지켜보는 동안 나는 나이키 이미지 디자인 팀의 새로운 리더가 됐다. 전 세계를 대상으로 나이키의 브랜드 정체성과 사용자 경험을 만들고 관리하는 책임을 맡은 것이다.

곧이어 직면한 문제는 8년 전 인턴 생활을 할 때 내 상급자였던 사람들이 직속 하급자가 됐다는 것이었다. 일부 베테랑 디자이너들에게는 참기 힘든 일이었을 것이다. 모든 일이 그렇듯이 존경심은 하늘에서 떨어지는 것이 아니라 스스로 얻는 것이다. 내게는 계획이 있었다. 내가 처음으로 한 일은 부서의 명칭을 바꾸는 것이었다. 팀이 맡고 있는 브랜드에 대한 책임을 놓고 봤을 때 '이미지'라는 단어는 너무 제한적이었다. 나는 브랜드 디자인이라는 새로운 이름을 제안했다. 디자인 업계에서 브랜드 디자인이 실질적인 이름으로 자리 잡기 훨씬 전의 일이다. 내 제안은 받아들여졌다. '이미지'는 빠지고 '브랜드'가 들어왔다.

새로 맡은 리더의 역할은 20년간 나이키의 혁신적인 로고들, 선수들, 그리고 무엇보다 스우시의 존폐를 결정하는 책임으로 이어졌다. 그렇다. 나는 세상에서 가장 상징적인 브랜드 로고를 보전하고 적용하는 일을 맡았다.

공교롭게도 내 첫 번째 과제는 스우시의 복귀를 돕는 것이었다. 1990년대 중반 이후 나이키는 스우시 위에 퓨추라Futura 서체로 쓴 'NIKE' 문자 상표 대신 스우시만을 주된 아이콘으로 로고를 사용했다. 그러다가 2000년에 잠깐 우리는 여러 가지 이유를 들어 기본으로 돌아가자는 의미에서 1970년대의 필기체 로고로 회귀하는 결정을 했었다. 운동화 한 켤레에 스우시가 열두 번이나 들어갈 정도로 과하게 사용됐기에 축소할 필요도 있었다. 우리는 필기체 로고를 사용함으로써 스우시에 대한 의존도를 낮추고 브랜드를 위한 다른 구별자를 들여올 수 있다고 생각했다. 하지만 우리는 곧 필기체 로고에 스우시가 가졌던 것만큼의 정서적인 힘과 브랜드 자산이 없다는 사실을 깨달았다. 깔끔하고 단순하고 무엇보다 상징적이었던 브랜드 마크를 오히려 더 복잡하게 만든 것이다. 스우시는 나이키였고 나이키는 곧 스우시였다. 문자를 더하는 것은 과한 처사였다. 그야말로 과유불급이었다.

그럼에도 스우시 사용을 중단한 것이 일정 부분 신선함을 불러오는 단기적인 효과가 있었다. 잠시 쉬었으니 다시 불러낼 때가 되었다. 브랜드의 상징이라는 본질적인 역할을 스우시에게 다시 맡기면서 우리는 새로운 브랜드 기준을 도입했다. 나는 크리에이티브 팀을 소집해 조직의 다른 사람들에게 변화의 신호를 보낼 최적의 방법을 논의했고 이는 금속성의 은색 소책자 형태로 결실을 맺었다. 표지에 스우시가 양각된 '브랜드 바이블'은 마케터와 디자이너만을 위한 것이 아니었다. 이 책은 회사의 모든 사람에게 배포되어 우리의 브랜드 마크가 얼마나 중요한지 알려주었다. 우리는 그 책을 통해 해야 할 것과 하지 말아야 할 것, 사용해야 할 때와 장소 등 스우시만을 위한 규칙을 제시했다. 우리가 떠올린 아이디어는 스우시를 신성한 영역으로 끌어올리는 것이었고 이 규칙들은 스우시를 보호하는 방법이었다. 우리는 그것을 '스우시의 귀환Swoosh Revival'으로 명명했다. 우리는 새로운(동시에 과거의) 로고를 세상에 내놓기 전, 글자가 없는 상징적 로고로 회귀하는 것을 비버튼 본사에서도 신나는 일로 받아들이게 하고 싶었다. 신경 쓰지 않아도 되는 세부 사항이란 존재하지 않는다는 것을 회사 전체에 다시 한번 알리는 작업이었다. 브랜딩의 중요성은 광고만큼이나 나이키의 문화에 깊이 각인될 예정이었다.

이 모든 것이 공연한 소동처럼 보일지도 모르겠다. 전통의 필기체 나이키 로고가 있든 없든, 스우시는 30년 동안 회사의 브랜드 마크가 아니었던가? 스우시 디자인을 보고 필 나이트는 이렇게 말했다고 한다. "마음에 쏙 들진 않지만 볼수록 좋아지는 것 같아." 캐럴린 데이비슨Carolyn Davidson(스우시의 디자이너 - 옮긴이)의 디자인만큼 단순하면서도 효과적인 상징을 로고로 쓰게 된 행운을 누린 브랜드는 많지 않다. 그런 종류의 행운을 당연하게 받아들여서는 안 된다. 나는 우리 팀을 향해 스우시를 보유하고 있다는 것을 감사히 여겨야 한다고 강조했다. 스우시는 모든 브랜드 마케터가 부러워하는 대상이었고 그 사실은 영원히 변하지 않을 것이다. 스우시가 세계에서 가장 인지도가 높은 브랜드 마크이고, 회사의 초창기부터 운동화의 옆면을 장식해 왔다는 것을 고려하면 스우시를 브랜드와 관련한 모든 것에 일상적으로 남기는 마무리 서명처럼 생각할 수도 있다. 하지만 1994년 이전에는 TV와 인쇄 매체, 광고판과 신발 상자까지 모든 마케팅 커뮤니케이션에 나이키 퓨추라 로고가 사용됐다. 그런데 대체 무슨 일이 있었기에 퓨추라는 사라진 걸까?

애거시 효과

　1994년 론 뒤마와 일군의 브랜드 리더들은 한 가지 아이디어를 떠올렸다. 그들은 6월에 윔블던 챔피언십을 지켜봤다. 앤드리 애거시가 백색의 나이키 테니스복을 입고 경기에 나섰다. 더 중요한 것은 애거시의 흰색 나이키 모자에 전면을 가로지르는 단순한 검은색 스우시만 있었다는 점이다. 퓨추라 활자가 없었다. 애거시의 모자에 대한 대중의 반응은 즉각적이었다. 비버튼 본사 내에서도 이 단순하고 우아한 로고에 대해 호평 일색이었다.

　"세계 무대에서 선수 모자에 있는 단순한 심벌이 입소문을 탔지. 내부 반응도 열렬했어. 결국 나이키는 이 단순한 디자인을 브랜드 상징으로 굳힐 방법을 생각했어." 뒤마가 내게 말했다.

　그러나 그것은 수년 후 우리가 했던 필기체 로고로부터의 전환 작업처럼 간단하지 않았다. 나이키의 브랜드 마크가 고객과 구축해 온 자산에서는 말할 것도 없고, 기업 브랜딩과 커뮤니케이션의 모든 영역에서 얼마나 사용되었는지를 먼저 파악해야 했기 때문이다. 뒤마와 그의 팀은 광고, 포장, 소매, 인쇄 매체 등을 포함해 새로운 스우시가 적용될 모든 영역을 확인하는 작업을 해야 했다. 가만히 있는 것을 굳이 뒤엎는 작업이었다.

　뒤마가 반드시 염두에 둬야 할 다른 고려 사항도 있었다. 사랑받는 브랜드 마크에서 절반을 없애는 일이었다. 긍정적이든 부정적이든 반응을 예상하지 않고는 할 수 없는 일이었다. 스우시만 등장하는 새로운 디자인은 나이키라는 브랜드에 대해서 무슨 '이야기'를 할 수 있나? 무엇이 달라졌나? 왜 그런 변화가 일어났나? 그것이 어떤 차이를 만들지도 모르는 채 그 결정을 옹호할 사람은 많지 않을 것이다. 작은 변화지만 혁명적인 차이였다.

뒤마는 임원진을 설득할 준비를 했다. 프레젠테이션은 회사 구내의 존 매켄로 빌딩에서 이루어졌다. 그는 커다란 포스터 보드로 회의실을 가득 채워 모든 응용 영역에 스우시만 들어간 마크가 적용된 시안을 보여줬다. 뒤마는 발표가 한 시간가량 걸렸다고 했다. 고위 간부들은 따로 입장을 밝히지는 않았지만 새로운 변화에 만족하는 것으로 보였다.

뒤마는 이렇게 회상했다. "나는 우리가 만들 것이 꽤 마음에 들었고 대단히 신선하다고 생각했지만 조금은 긴장했어. 세계적 기업의 브랜드 정체성을 하나의 심벌로 바꾸자는 제안이었으니까. 당시 전 세계 《포천Fortune》 500대 기업 중에 그런 변화를 단행한 회사는 없었을 거야. 나는 '좋다, 더 위대한 브랜드를 만들어보자' 이렇게 생각했던 것 같아."

바로 다음 날, 뒤마는 제안이 승인됐다는 전화를 받았다. 포커스 그룹 연구도, 소비자 설문도 없었다. 지도부는 단순한 디자인이 회사가 나아가야 할 방향이라고 느꼈다. 하지만 뒤마의 일은 그때부터가 시작이었다.

"당시로서는 그것이 내 경력에서 가장 규모가 큰 프로젝트였을 거야." 그가 말했다. "세부적인 문제들을 해결하는 데만 6개월은 걸렸으니까."

모든 나이키 포장과 제품에 새로운 디자인을 적용할 포괄적인 프로그램이 필요했다. 1996년 봄이 되어서야 스우시만 담은 브랜드 정체성을 전 세계에 공표했다. 소비자와 업계의 반응은 대단히 긍정적이었다. 뒤마는 이렇게 결론지었다. "상징적인 일이 일어난 거지. 이후에도 계속 긍정적인 영향을 미쳤다고 생각해."

그렇다. 로고를 바꾸는 것은 정말 큰일이었다. 하지만 여기서 중요한 사실은 우리가 나이키 로고를 바꿨다는 것, 이전의 로고로 돌아갔다가 다시 복귀했다는 것이 아니다. 왜 로고를 바꾸었는지 그 '이유'를 이해해야 한다. 애거시 모자의 스우시는 대대적인 기업 변신을 의도한 디자인이 아니었다. 하지만 그 조그맣고 단순한 스우시 로고는 우리와 세상에 놀라운 의미를 가져다주며 익숙한 것을 새롭게 보게 하는 영감이 되었다. 브랜드 로고로 처음 탄생해 결국 그 자체가 신성시되는, 바꾸겠다는 언급만으로도 이단으로 취급받는 존재가 되기까지의 여정을 거쳐온 스우시였다. 필 나이트가 스우시를 보고 "볼수록 좋아지는 것 같다"라고 말한 때로부터 뒤마가 자기 경력에서 가장 큰 프로젝트에 착수한 때까지 말이다. 1971년부터 1994년까지 세월을 거듭하는 동안 나이키는 자신의 정체성, 더 넓게는 자신의 로고를 브랜드 자산으로 만들 수 있었다.

브랜드를 돋보이게 하리라는 희망에서 시작된 멋진 심벌은 당신과 당신 팀에도 엄청난 자부심을 안겨줄 존재가 될 것이다. 제대로만 한다면 말이다. 이후에 그것은 고객들에게도 자부심을 느끼게 하고 브랜드에 속해 있다는 감정과 브랜드에 대한 믿음을 선사할 것이다. 그런 가치관과 목표가 없는 로고는 그림에 불과하다. 아무것도 대변하지 않는 로고는 아무런 의미가 없다.

처음의 직감을 믿어라

스우시의 귀환 말고도 브랜드 디자인 책임자로서 보낸 첫해에 나에게는 잊지 못할 순간이 또 있다. 우리는 완전히 새로운 디자인의 나이키 샥스Nike Shox 플랫폼을 준비하고 있었다. 샥스 운동화 발꿈치의 원형 기둥은 스프링과 비슷한 기능을 하면서 눌렀을 때 뒤꿈치의 충격을 1차로 흡수하는데, 이후 스프링이 활성화되면서 저장된 에너지를 방출한다. 그야말로 21세기형 신발이었다.

당시 제품 제작 책임자였던 마크 파커Mark Parker는 새로 출시하는 나이키 샥스의 혁신을 위해 브랜드 정체성을 확립해 달라고 요청했다. 새로운 운동화 라인인 만큼 혁신적인 로고를 디자인해야 한다는 뜻이었다. 로고 개발은 내가 원래 해오던 기본 업무였다. 새로 맡은 역할 때문에 그 일을 줄여야 했지만 말이다. 나는 크리에이티브 팀을 이끌고 있었고 거기에 힘을 실어줘야 했다. 그럼에도 불구하고 나는 마크의 주문을 토대로 로고를 스케치해 보고 메모도 해두었다. 머릿속으로 단순하게 그려본 낙서에 지나지 않는 수준이었다. 기본적 형태는 스프링이었고 위와 아래의 선 때문에 Z가 뒤집힌 것처럼 보이지만 S 자였다. 그리고는 노트를 덮고 곧 그것에 대해 잊어버렸다.

이 시기, 로고 개발에 상당한 자원을 쓰는 것은 드문 일이 아니었다. 전 세계 수백만 운동선수들의 발 위에서 발견할 브랜드 상징에 대한 대가치고는 그렇게 큰 투자도 아니었다. 나는 두 군데의 디자인 회사에 각각 의뢰했고 그들은 도합 80개의 샥스 로고 시안을 가져왔다. 많아 보이는가? 우리는 브랜딩에 관해서는 온갖 수단을 동원한다는 걸 기억하기 바란다. 그 많은 로고를 다 검토하고 수정도 해봤지만 뚜렷한 승자가 가려지지 않았다. 문득 내가 그린 스케치가 떠올랐고, 다시 그것을 꺼내 보았다. 노트에 끄적거린 그림이 무슨 의미가 있겠나 싶었지만 시안을 계속 살피는 과정에서 내가 스케치한 로고의 간결함이 계속 떠올랐다. 마침내 나는 내 스케치가 스케치 이상임을 스스로 인정했다. 다른 시안과 충분히 겨뤄볼 만했다. 나는 그것을 시안 사이에 끼워 넣었다. 이후 마크와 나는 모든 로고를 검토했고 두 사람 모두 내 로고로 되돌아왔다. 처음에 나는 너무 직접적이란 이유로 그 로고를 무시했었다. 디자인 회사를 두 군데나 동원했으니 분명 뒤집힌 Z보다는 더 나은 것을 만들 수 있으리라고 생각했다. 동시에 나는 왜 최고의 로고들이 최고로 인정받는지를 떠올렸다. 그것들은 단순하고, 시각적으로 뚜렷하며, 스토리를 전달한다. 마크는 나를 보며 내 디자인이 그렇다고 말했다.

이따금 먼 길을 돌아 원래 자리로 되돌아올 때가 있다. 처음의 직감이 옳았던 것이다. 그렇게 나의 뒤집힌 Z는 새로운 나이키 샥스의 로고가 됐다. 그 로고는 성공했다. 성공적인 심벌을 규정하는 세 개의 조건 모두를 충족시켰기 때문이었다. 혁신적인 요소를 반영했고(스프링), 혁신 자체에 관심을 갖게 하는 동적인 특성을 지녔으며(스프링이 튀어 오르는 듯한 모습), 표음적 요소를 포함하고 있었다(뒤집힌 Z는 실제로 '샥스Shox'의 S였다). 하나의 로고가 이 모든 조건을 충족시키는 경우는 많지 않다. 나이키에서의 로고 디자인을 마무리하는 작품으로 나쁘지 않았다.

우리의 일은 거기에서 끝나지 않았다. 다음으로 나이키 샥스의 혁신을 기억에 새길 슬로건을 만들어야 했다. 그렇게 '부웅Boing' 이 탄생했다. 완벽했다. 장난스럽고 단순한 묘사였다. 당연히 그것은 와이든앤드케네디에서 나왔다. 아쉬운 부분이라고는 없었다. 그해 여름 시드니올림픽에서 미국 남자 농구 팀의 빈스 카터Vince Carter가 나이키 샥스를 신는 동안 우리의 슬로건은 큰 활약을 했다. 덩크슛으로는 따라올 사람이 없는 카터였다. 프랑스 대표팀과의 경기에서 카터는 패스를 가로채고는 두 번 드리블 하고 공중으로 몸을 날렸다(부웅!). 그는 218센티미터가 넘는 프랑스 센터 프레더릭 와이스Frederic Weis의 머리 위로 날아오른 끝에 특유의 화려한 기술로 바스켓에 공을 꽂아 넣었다. 좋은 로고가 있었고 좋은 슬로건이 있었지만 세상의 어떤 마케팅도 코트에서 탄생한 그런 순간과는 겨룰 수가 없을 것이다.

알베르트 아인슈타인은 이렇게 말했다. "가능한 단순하게 만들어라. 그러나 너무 단순해서는 안 된다." 나는 로고 디자인에 대해 생각할 때마다 그 격언을 떠올린다. 나이키 샥스 로고의 단순함은 일순간의 갑작스러운 영감에서 비롯됐다. 사실 이런 말도 그 순간을 너무 높게 평가하는 것 같다. 나는 마크가 말하는 것을 듣고 가장 먼저 떠오른 것을 적어두었을 뿐이다. 영감보다도 직감이라는 말이 더 맞을 것이다. 더구나 나는 특출한 것을 만들려고 특별히 '노력'한 것도 아니었다. 그저 생각을 기록해 두고 잊어버렸을 뿐이다. 나에게는 그 로고를 복잡하게 만들고, 그에 대해 깊이 생각하고, 필요한 것보다 더 까다롭게 다듬어서 작품 자체를 망쳐버릴 시간이 없었다. 그것은 단순했다. 직감이었기 때문이다.

우리는 수년에 걸쳐 당신에게 '힘'을 주는, 혹은 당신을 '날아 오르게' 만드는 농구화 로고를 만들고자 우리의 재능을 발휘했다. 우리는 '맥스 에어Max Air'나 '줌 에어Zoom Air' 등 에어 완충재를 이 용하는 운동화의 로고를 만들었다. 우리는 '나이키 LA vs. 나이키 NYC'의 문화에 뿌리를 둔 도시 브랜딩은 물론이고 타이거 우즈나 세레나 윌리엄스 같은 탁월한 선수들의 정수를 응축한 브랜드 로 고도 디자인했다. 첫 시도에 성공하든 여러 방향에 집착하며 1년 을 보내든 중요한 것은 브랜드는 시각 중추, 즉 시각 언어 속 다른 모든 요소의 근거가 되는 기준에 전념해야 한다는 점이다.

혁신에 감정을 주입하라

나이키에서 신제품 출시는 곧, 소비자를 새로운 곳으로 데려갈 기회를 의미했다. 다가가기 쉬우면서도 동경의 대상이 되는 완벽하 게 실현된 본능의 세계로 말이다. 단순한 상품 이상의 의미를 부여 하거나 그것을 입고 경기를 뛰는 선수들이 우리에게 동기를 부여 하고 영감을 주게 하려면, 우리는 이런 혁신에 감정을 불어넣어야 한다. 비유적으로 말하자면, 액자 안에 넣을 그림은 상상과 은유로 가득하고, 구매하고 싶은 열망을 불러일으키며, 특별한 방식으로 상품의 이점을 전달하는 감정적 세계를 구축해야 한다. 액자 속 그림은 단순한 이미지가 아니다. 이것은 모두 스토리이며 각 스토리는 시간 속 순간의 구현인 동시에 나이키의 모든 것을 보여준다.

이미지를 통해서 대단히 많은 것을 전달할 수 있다. 나이키의 디자인 부문 전 부사장, 헤더 아뮤니-데이Heather Amuny-Dey가 말했듯이 "훌륭한 이미지는 가장 정교한 영화 세트와 같이 순간의 모든 것을 망라하는 힘을 가질 수 있다. 우리 인간은 범상치 않은 일을 하는 사람들을 시각적으로 접할 때 독특한 방식으로 반응한다."

우리는 아트 디렉션과 사진으로 브랜드의 페르소나를 형성하고 우리 선수와 제품의 스토리를 전달할 수 있다고 믿었다. 우리는 운동선수의 영웅적인 속성을 포착하는 사진작가 애니 레보비츠Annie Leibovitz, 활동성과 움직임을 포착하는 카를로스 세라오Carlos Serrao, 스포츠 안에 존재하는 영혼을 끌어내는 존 휴엣John Huet과 함께 작업했다. 이 재능 넘치는 협업자들의 눈을 통해 우리 브랜드의 다른 면모를 발견할 수 있었다. 그들은 그림, 즉 나이키가 브랜드를 세상에 알리기 위해 사용하는 이미지에 자신만의 시그니처를 담아냈다.

사진작가들은 대상의 깊은 곳에 있는 무언가가 드러날 때를 포착할 뿐 아니라 대상이 그 깊은 심연에까지 닿을 수 있도록 동기를 부여하는 힘든 과제를 수행하기도 한다. 보는 사람들이 감정으로 연결되는 마법의 순간, 진정성의 순간을 찾아야 하는 것이다. 이는 패서디나월드컵 트로피를 향해 가는 1999년 미국 여자 축구 대표팀의 여정에서 더 분명해졌다. 우리는 이미지를 중심으로 하는 전국적인 광고 캠페인을 만들어야 했다. 토너먼트 진출을 앞둔 그들의 기세를 생각하면 쉽지 않은 일이었다. 경기장에서, 매장에서, 그리고 그들과 같은 자리에 서고 싶어 하는 아이들의 침실 벽 위에서 나이키와 대표팀 사이의 파트너십을 알리는 사진을 만들어야 했던 것이다. 나는 오스트레일리아 출신의 사진작가 벤 와츠Ben Watts와의 협업을 택했다. 와츠는 다큐를 연상시키는 특유의 스타일을 가지고 있었다. 그는 거의 초인적인 에너지를 비축해 두었다가 모든 촬영에 쏟아부었다. 그런 에너지는 다른 사람에게도 전파되었다. 이 놀라운 선수들에게 활기를 불어넣으려면 우리에게 꼭 필요한 것이었다.

우리의 일(그리고 와츠가 맡은 책임)은 선수들 각자의 개성을 끌어내는 동시에 팀의 정체성을 개발하는 것이었다. 우리는 다섯 명의 선수들(브랜디 채스테인Brandi Chastain, 미아 햄Mia Hamm, 티샤 벤투리니Tisha Venturini, 티페니 밀브렛Tiffeny Milbrett, 브리아나 스커리Briana Scurry) 주변에서 며칠을 보냈다. 선수들마다 특유의 페르소나를 갖고 있을 뿐 아니라 팀 내에서 특정한 역할도 맡고 있었다. 우리는 이 두 가지 자질 모두를 보여줘야 했다. 훈련 시간을 중심으로 촬영했는데, 그 시간에는 선수들의 활기찬 에너지를 좀처럼 포착하기가 힘들었다. 그래서 와츠의 에너지가 필요했다. 그는 선수들에게 끊임없이 에너지를 불어넣었다. 우리는 단호하고도 강력한 미아의 결단력, 특유의 활력으로 팀을 이끄는 브랜디의 리더십, 그리고 실력에서 나오는 브리아나의 소리 없는 자신감을 포착했다. 그 모든 것을 각각의 사진에 담았다.

우리는 선수들과 함께 훈련을 하고, 밥을 먹고, 팬들을 만나고, 느긋하게 웃고 쉬는 사이사이의 순간을 기록해 각 선수의 이미지를 보완해 나갔다. 선수가 득점하는 장면보다는 덜 극적일지 몰라도, 대중에게는 경기장 밖의 모습까지 관찰할 수 있는 기회였다. 관객들은 미국 여자 축구 대표팀과 함께 '패서디나로 가는 길Road to Pasadena'에 올라 극적인 순간뿐만 아니라 일상적인 순간에도 동행했다. 이 팀이 미국 역사상 가장 훌륭한 팀으로 기억되고 있다는 점을 고려하면, 함께할 가치가 충분한 여정이었다.

그런데 이들과 함께한 프로젝트에는 그 이상의 것이 있었다. 우리는 진정성을 보았다. 이 업계에서는 대단히 찾기 힘든 것이다. 어떤 사람의 진짜 모습은 그 사람이 스스로를 드러내겠다고 결심했을 때에야 비로소 드러난다. 과거 오랫동안 여성 팀을 표현하는 것은 경기 사진, 선수들이 엄청난 기술과 영웅성을 보이는 순간뿐이었다. 우리의 목적은 선수들의 인간적인 모습을 보여주는 것이었다. 유니폼을 입고 있는 이들이 인간 그 자체로 존재하는 순간을 드러내고 싶었다. 우리는 시간과 자원, 재능을 모두 쏟아부어 이 뛰어난 선수들의 인간적인 측면을 널리 알리고 공감대를 형성해야 했다.

촬영을 함께했던 나이키의 작가, 데니 웬트Dennie Wendt는 이렇게 말했다. "촬영도, 게임도, 큰 성공을 거둔 데에는 그들 사이의 관계와 진정성이 큰 몫을 했어요. 마케팅으로는 느껴지지 않았어요. 덕분에 저도 그 선수들을 더 잘 알고 싶어 하는 아이들 사이에서 전달자가 되는 행운을 흠뻑 누렸습니다."

결국 그것이 우리의 목적이었다. 팬을, 특히 이 경탄스러운 선수들을 우러러보는 아이들을 그들의 영웅에게 좀 더 가까이 데려가는 것 말이다. 소비자에게 포착된 순간을 전달하고 그들의 감정을 일깨워 선수와 연결시키는 것, 그것이 바로 이미지의 힘이다.

당신은 다이아몬드인가?

바보 같다. 누가 이마 위에 타원 모양을 남겨놓고 머리카락을 다 밀어버리냐는 말이다. 나는 수십 년 동안 삭발을 해온 사람으로서 말하고 있는 것이다. 삭발에는 적절한 방법과 잘못된 방법이 있다. 2002년 월드컵 당시 지구상에서 가장 유명한 축구 선수였던 브라질의 호나우두는 잘못된 삭발의 예를 보여줬다. 처음에는 이상하게만 보이던 호나우두의 헤어스타일은 단순한 실수로 생긴 결과가 아니었다. 그는 사람들의 이목을 집중시키는 법을 알고 있었고, 더 중요하게는 실력으로 그것을 뒷받침할 수 있었다. 아니나 다를까 그는 토너먼트 득점왕으로 골든 부츠Golden Boot 상을 수상했다. 운동선수의 경우, 실력이 뒤따르지 않는 화려한 스타일은 덧없고 공허해 보인다. 실용성이라고는 조금도 없고 아름답기만 한 제품에 먼지만 쌓이듯이 말이다. 18년 동안 나이키라는 브랜드와 선수, 상품의 이미지를 이끌면서, 나는 선수의 성적과 우리의 아이디어까지도 이미지의 수혜자가 될 수 있다고 역설했다. 월드컵에서 호나우두가 삭발로 나타난 몇 년 후, 나이키 브랜드 커뮤니케이션 역사의 한 획을 그었던 엔리코 발레리Enrico Balleri는 그 점에 착안하여 '헤어스타일은 중요하다'라는 모토를 사용하기도 했다.

호나우두의 헤어스타일이 중요한 게 아니다. 중요한 것은 호나우두가 본인의 스타일로 전 세계를 놀라게 했던 그 일이 액자 속 '그림'을 채우는 또 다른 방법임을 이해하고 있었다는 점이다. 2006년 베를린월드컵 이후 축구를 이미지화하는 작업과 함께 축구 사업의 성장을 이끌어냈던 또 다른 방법은 최고의 축구 선수들과 그들의 시그니처 신발을 브랜드처럼 취급하는 것이었다. 크리에이티브 팀은 선수로서 또한 인간으로서 그들이 누구인가의 핵심에 다다르기 위해 별난 활동을 비롯해 여러 가지를 계획했다. 브랜드 정체성이 어떤 것이어야 하는지, 그들이 어떤 특성을 전달해야 하는지, 그들이 어떻게 느껴지고, 어떻게 들리며, 어떻게 보여야 하는지를 직접적으로 보여주어야 했다.

크리에이티브 팀은 그 과정을 원활히 진행하기 위해 '무드 보드Mood Board(특정 주제를 설명하기 위해 텍스트, 이미지, 개체 등을 결합해 보여주는 보드 - 옮긴이)'를 제작했다. 상대의 반응을 이끌어내서 그들을 특정한 실체와 연관 짓는 활동이었다. 예를 들어 보자. 축구장에서 당신은 스포츠카인가, 오토바이인가? 당신은 직선으로 빠르게 경기를 운영하는가 아니면 좌우로 움직이는가? 당신은 어떤 유형의 동물인가? 뱀? 독수리? 아니면… 호랑이? 모두 포식자이지만 저마다 다른 공격 방식을 갖고 있다. 당신은 어떤 방식으로 공격하는가? 당신은 다이아몬드처럼 예리한가, 아니면 그라피티 같은 강렬함을 띠고 있는가?

우리는 이런 활동을 보여주고 반응을 얻는다. 때로는 재미있고 때로는 전혀 다른 의견이 나오지만, 대체로 긍정적이고 유용한 반응들이었다. 대개의 선수들은 자신들이 어떤 사람인지, 우리의 활동이 어떤 의미를 지니는지 정확히 파악하고 대응한다. 하지만 이 활동의 핵심은 반응 유발, 그 자체에 있다. 크리스티아누 호날두 같은 선수는 예리하다. 그는 다이아몬드다. 이는 호날두의 시각적 페르소나를 단순하고, 세련되고, 섬세하게 유지해야 한다는 것을 의미한다. 크리에이티브 팀이 이런 식견과 대화를 선수의 시각적 페르소나와 신발에 반영함으로써 그들은 그저 한 명의 선수, 단순한 축구화를 넘어서게 되었다. 무드 보드는 선수의 속성을 충실하게 표현하면서 축구 브랜드 전체를 한 단계 발전시키는 데 도움이 되는 한편, 선수와 브랜드를 한층 더 확장하는 요소로도 작용했다. 다이아몬드, 우주여행, 슈퍼카의 요소들이 어우러져 호날두의 폭발적인 속도를 표현하는 정체성을 구축했다. 이것은 단순한 은유가 아니다. 여러 가지 은유적 이미지가 합쳐져 선수의 경기 스타일과 축구 브랜드를 정의하는 세계관이 탄생하는 것이다.

같은 야수, 다른 동물

코비 브라이언트를 어떻게 표현할 수 있을까? 굳이 무드 보드가 없어도 그를 은유하는 것이 무엇인지는 쉽게 알 수 있다. 나는 그의 시그니처 신발, 코비 VIIKobe VII뿐 아니라 그 자신의 브랜드 정체성을 디자인하는 작업에도 참여했다. 그는 영감을 찾으라는 잔소리를 할 필요가 없는 사람이었다. 코비는 이미 예술에서 많은 영감을 얻고 있었다. 그가 관심을 보이던 예술가 중 한 명은 멕시코의 초현실주의 화가 옥타비오 오캄포Octavio Ocampo였다. 오캄포는 변성

기법을 통해 착시를 유도하는 작품으로 유명하다. 작고 섬세한 이미지들을 합쳐서 더 큰 이미지를 만든다. 그림을 자세히 볼수록 더 많은 것이 보인다.

코비는 오캄포의 '그림 속 그림' 스타일에 완전히 매료되었다. 그는 오캄포의 작품이 경기에 임하는 자신의 자세와 사고방식, 그리고 사람들이 그런 자신의 모습을 인식하는 방식과도 관련이 있다고 말했다. 오캄포의 작품처럼 그의 경기는 보는 이에 따라 완전히 다른 방식으로 보일 수 있었다. 이런 통찰은 곧바로 '다른 동물, 같은 야수Different Animal, Same Beast'의 창안으로 이어졌다. 나이키와 브랜드 조던의 디자인 부사장이었던 데이비드 크리치David Creech는 코비를 상징하는 세 가지 역동적인 이미지를 만들었다. 첫눈에는 각각이 한 쌍의 운동화처럼 보이지만 더 자세히 보면 그것이 뱀, 표범, 백상아리의 머리임을 알 수 있다. 각각의 동물은 코비가 코트에서 가지는 사고방식과 경기 스타일을 은유한다. 블랙맘바Black Mamba로 시작된 것이 이제는 킬러 본능을 가진 다른 동물들, 게임이라는 상황을 장악하는 내면의 야수들을 아우르며 소비자로 하여금 '그림 속의 그림'으로 코비의 페르소나를 들여다보게 한다.

물론 소비자에게 코비 Ⅶ의 실질적인 장점도 알려줘야 했다. 나는 항상 크리에이티브 팀에 궁극적으로는 제품을, 이 경우에는 코비 Ⅶ를 사는 사람들의 니즈를 충족시켜야 한다는 것을 상기시켰다. 그것은 예나 지금이나 나이키 브랜드의 목표다. 어떻게 하면 코비 내면의 또 다른 자아가 나타내는 야수를 드러냄과 동시에 선수들이 제품을 착용함으로써 얻는 장점을 전달할 수 있을까? 이 신발을 신으면 맘바처럼 빠르고 강하게 공격할 수 있다고 말이다.

특유의 상상력으로 새로운 시도를 강하게 밀어붙인다는 면에서 코비를 넘어설 선수는 없다. 우리는 갤러리 장식을 위해 예술가 크리스토프 로버츠Christophe Roberts와 협력해 코비의 신발 상자를 재활용하여 실물 크기의 백상아리를 만들었다. 우리는 그의 신발들을 진짜 블랙맘바인 것처럼 테라리엄Terrarium(식물을 기르거나 뱀·거북 등을 넣어 기르는 데 쓰는 유리 용기 – 옮긴이)에 진열했다. 우리는 오캄포의 '그림 속 그림' 접근법으로 돌아가 코비의 상대 선수가 된 것처럼 어떻게 경험하느냐에 따라 여러 방식으로 읽을 수 있는 그의 브랜드를 표현하고 싶었다.

브랜드 정체성의 모든 부분에 깊은 의미를 녹여내려는 코비의 집착은 그의 로고에까지 확장됐다. 로고의 심벌은 일본의 사무라이에서 영감을 받은 듯한 여섯 가지 도형으로 이루어져 있다. 하지만 코비의 경우, 오캄포의 그림에서와 같이 심벌의 요소를 액면 그대로만 받아들여서는 안 된다. 코비가 《에스콰이어Esquire》에서 말했듯이, 이 로고는 칼집에 든 검을 나타낸다. "검은 타고난 재능입니다." 코비가 설명했다. "검집은 그것을 보관하는 역할을 하죠. 이 안에는 당신이 거쳐 가는 모든 것, 당신의 굳은살과 마음의 옹어리, 당신이 배우는 것들이 담겨 있습니다."[6] 이것이 블랙맘바의 정신이다.

자기 내면의 야수를 드러내는 데 주저함이 없었던 코비의 헌신은 우리에게 콘셉트 제작을 한결 수월하게 만들어주었다. 그는 한번 마음먹은 일에는 한결같이 임했다. 오히려 코비가 우리를 더 밀어붙였다. 그는 우리에게 호기심의 중요성을 가르친 스승이었으며, 동시에 스스로 발전하기 위해 학생이 되는 것도 마다하지 않았다.

나는 옷을 디자인할 때마다 영화를 만든다

지금까지 브랜딩에서 이미지가 하는 역할을 살펴보았다. 그런데 브랜드 정체성에 대해 이야기할 때는 환경(물리적 환경이든 디지털 환경이든)도 고려해야 한다. 모든 감각을 동원해 말 그대로 브랜드를 보고, 듣고, 느끼게 하는 방법은 바로 공간을 이용하는 것이다. 소비자들을 브랜드에 몰입시키는 데 이보다 더 좋은 방법은 없다.

이런 사례를 생각해 보자. 사람들로 붐비는 거리를 걷다가 당신은 깃발과 그림 액자, 오래된 트로피가 잔뜩 쌓인 상점의 쇼윈도 앞을 지나게 됐다. 어두운 나무 벽을 배경으로 한 이 광경은 영화의 한 장면처럼 보인다. 당신은 안으로 들어가 대학 경기의 우승기, 팀의 흑백사진, 쇼윈도 장식의 나무와 짝을 맞춘 가구들로 장식된 벽을 본다. 이 모든 요소가 마네킹이 입고 있는 옷 색깔과 대조를 이루면서 옷을 더욱 부각시킨다. 우아하지만 과하지 않다. 스타일을 정의할 뿐 특정한 시대에 국한되지 않는다. 시대를 초월하는 것이다. 그 공간을 계속 움직이면서, 당신은 고전적이고 전통적인 공간 속 장면들을(50년 전에도 좋아 보였을 것이고, 50년 후에도 좋아 보일 장면들을) 연이어 발견한다.

나는 어린 시절부터 '랄프 로렌'의 브랜드 스토리에 관심을 가져왔다. 로렌은 이렇게 말한 적이 있다. "나는 제품을 디자인하지 않는다. 꿈을 디자인한다." 랄프 로렌 매장을 걷고 있노라면 그 말이 절로 와닿는다. 미국의 우아한 여가를 표현하는 라이프 스타일에 절로 이끌린다. 판매되는 것이 옷이 아닌 야망이기에 그렇다. 기본이 되는 랄프 로렌의 폴로셔츠는 수십 년 동안(실제로 1975년부터) 변함이 없다. 거기에는 이유가 있다. 로렌은 이렇게 말한다. "나는 유행을 따르는 사람이 아니다. 나는 유행을 거부한다. 나는 오래가는 것, 시대를 초월하는 스타일에 관심이 있다." 폴로 선수 로고에서부터 매장 앞, 매장 내부, 옷 자체까지 랄프 로렌은 특유의 정체성에 집착하는 브랜드다. 꼭 영화에서 나올 법한 장면을 만든다. 매우 의도적인 전략이다.

"나는 옷을 디자인할 때마다 영화를 만든다."

브랜드가 파는 것은 랄프 로렌의 정체성이다. 각 장면의 아주 작은 부분에까지 주의를 기울이는 섬세함이 바로 조그만 넥타이 가게를 가장 인지도 높은 명품 브랜드로 성장시킨 이유다.

오바마 디자인

2010년 우리는 시애틀에서 글로벌 마케팅 회의를 진행했다. 나는 새롭게 구성된 글로벌 브랜드 크리에이티브 부문의 부사장으로 나이키의 브랜드 스토리와 정체성, 목소리와 경험을 책임지는 위치에 있었다. 당시 CMO였던 다비데 그라소Davide Grasso는 내게 나이키 브랜드의 창조적 에토스에 대한 발표를 요청했다. 그것은 고객에게 보여줄 브랜드의 다양한 특성을 개발하는 리더십 팀과 내가 함께 만든 결과물이었다. 내 발표 순서는 초청 연사 바로 다음이었는데도, 다비데는 내게 연사의 이름을 말해주려 하지 않았다. 그가 한껏 흥분한 것으로 보아 이 비밀 손님이 매우 특별한 사람이라는 것 정도는 짐작할 수 있었다.

매직 존슨Magic Johnson이 걸어 나왔다. 나의 예상을 뛰어넘는 손님이었다. 모두가 깜짝 놀랐다. 그는 1980년 NBA 결승 6차전에서

42득점이라는 기록을 세운 농구계의 전설이다. 부상당한 카림 압둘 자바Kareem Abdul Jabbar를 대신한 필라델피아와의 경기에서 매직은 전설이 되었다. 그날 밤 그는 모든 포지션을 소화했고 베이비 스카이 훅Baby Sky Hook으로 알려진 본인만의 기술을 발명했다. 카림이 부상을 당했을 때는 모두가 끝났다고 생각했지만 그는 그렇게 생각하지 않았다. 매직의 메시지는 명확했다. 가장 위험이 크고 확률적으로 불리할 때가 바로 최선을 다해야 하는 때다.

이런 메시지를 어떻게 적용하면 좋을까? 내게는 비장의 카드가 있었다. 브랜딩의 역할을 강조하기 위해 나는 2008년 오바마 대통령 선거 본부의 디자인 책임자 스콧 토머스Scott Thomas를 영입했다. 정치를 끌어들이는 것으로 비칠 수 있다는 점을 고려하면 위험한 조치이기는 했다. 하지만 나는 그가 스토리와 교훈에 집중시키는 방식으로 우리의 계획을 추진할 수 있으리라 생각했다.

대통령 선거에서 브랜딩이나 시각적 커뮤니케이션은 원래 그다지 중요한 역할이 아니었다. 이런 상황에서 오바마의 전략은 판도를 바꿔놓았다. 전체 캠페인의 핵심은 떠오르는 해에서 영감을 받은 듯한 오바마 로고였다. 흰색과 붉은색 깃발이 상징적인 푸른색 원의 밑부분을 채우고 있었다. 이렇게 상징적인 선거 로고는 그 이전에도 이후에도 없었다. 단지 로고가 뿜어내는 힘과 간결함 때문에 성공한 것은 아니었다. 각 청중의 요구에 맞춘 디자인에 해답이 있었다. 스콧과 그의 팀은 성격에 따라 12개로 나눈 그룹을 타깃으로 한 각각의 로고를 만들었고 미국 각 주에 맞는 또 다른 50개 버전을 만들었다.

스콧은 후보의 목소리와 어울릴 뿐 아니라 그것을 강조하고 증폭시키는 시각적인 언어에 대해 이야기했다. 그들은 색상, 글씨체, 그래픽 형태의 조합을 이용해 사람들에게 희망과 낙관, 믿음을 심어줘야 했다. 'OBAMA'08'이라는 단순한 문구의 로고보다는 후보 자신을 표현하도록 디자인했다. 스콧과 그의 팀은 오바마가 모든 계층의 사람들로부터 반향을 일으키는 이유를 이해하고 있었고, 자신들은 이런 보편적인 감정을 구현하는 아이콘을 제작해야 한다는 걸 파악하고 있었다. 그들의 생각대로만 된다면(그리고 후보 자신이 시각적 요소에 의미를 부여할 수 있다면), 지지자들의 감정을 깨우는 아이콘을 만들 수 있으리라 생각했다.

중요한 것은 전설적인 무언가를 만드는 데 필요한 기술과 헌신을 보여주는 일이었다. 그 무대가 경기장이든 대통령 선거든 말이다.

위대함으로 향하는 게임 페이스

선수들은 경기장에 들어설 때의 게임 페이스Game Face(결의에 찬

표정 – 옮긴이)에 대해 이야기한다. 집중력, 결단력, 추진력, 하나의 목
표 등을 향해 갈 때 얼굴은 내면의 여러 감정을 반영한다. 경기에
나설 준비가 되었고 어떤 것도 그들의 전진을 막을 수 없다는 집념,
그런 비장함이 표정으로 드러난다. 당신의 브랜드 정체성과 당신
이 세상에 보여주는 이미지는 당신의 게임 페이스다. 그것은 대중
이 당신을 볼 때 가장 먼저 보게 되는 것이다. 무대 뒤에서 열심히
준비하고 노력하고 경쟁에 집중한다고 해도 소비자에게 당신의 그
런 측면을 보여주지 않는다면 그들이 보게 되는 것은 집중하지 않
는 나태한 선수에 불과하다. 세상에 우리 자신을 어떻게 보여줄 것
인지는 정말 중요한 문제다. 세상이 우리 브랜드를 어떻게 보는가
가 우리 브랜드에 대한 그들의 애착을 결정한다. 강력한 애착은 처
음부터 만들어지지 않는다. 그런 애착은 시간이 흐름에 따라 강력
해진다. 물론 저절로 되는 것은 아니다. 기준에 부합하는 시각적 표
현, 즉 심벌이 있어야 한다. 소비자들은 어떤 방법으로든 당신 브랜
드와 소통할 때마다 그 기조를 느껴야 한다. 브랜드의 손길이 닿는
모든 것(모든 아웃풋, 모든 커뮤니케이션, 모든 제품)에 새겨지는 특유의 흔
적을 알아차릴 수 있어야 한다. 그러니 당신의 게임 페이스를 개발
하고 위대함의 수준까지 올라가라.

'위대함으로 향하는 게임 페이스'의 원칙

1. 단순한 로고, 그 이상

당신의 로고는 처음에는 그저 시각적인 시그니처로만 느껴질 것이다. 하지만 그것은 당신 브랜드의 미래 가치를 결정하는 가장 중요한 자산이다. 잘 만든 로고는 평생토록 고객의 애착과 욕망을 깨우는 무기가 된다. 로고를 만드는 일에 소홀하지 마라.

2. 그림과 액자

강력하고 식별 가능한 브랜드 액자를 만들어라. 하지만 액자가 그 안의 그림보다 돋보여서는 안 된다. 브랜드의 기반은 `당신이 말하고자 하는 스토리의 무대다. 액자가 강력할수록 스토리도 강력해진다.

3. 헤어스타일은 생각보다 중요하다

실력 없이 스타일만 요란하면 금세 들통이 나게 마련이다. 반면 본인만의 튀는 개성이 없다면 성과로 인정받을지언정 '초월적'일 수는 없다. 실력과 스타일이 서로 시너지를 일으키면 차별화가 가능해진다.

4. 그림 속 그림

브랜드의 이미지에는 깊이가 있어야 하고 새로운 것을 발견하는 재미가 있어야 한다. 여러 가지 의미가 층위를 이루게 만들어라. 그 속에 무엇이 있는지 알아보기 위해 가까이 다가올수록, 소비자와 브랜드의 유대는 깊어질 것이다.

5. 영화의 한 장면을 만들어라

소비자는 어떤 영화로 걸어 들어온 것일까? 그들은 어떤 장면의 일부가 된 것일까? 브랜드와 제품이 영화처럼 몰입감 있는 세상을 만들어 모든 감각을 사로잡는, 그리고 더 중요하게는 소비자가 주인공이 되는 스토리를 전달해야 한다.

6. 간결하게 만들어라

침묵은 때로 말보다 중요하다. 브랜드의 정체성을 형성해 가는 과정은 더하기와 빼기의 반복이다. 가장 중요한 것을 드러내고 나머지는 과감히 지워라.

7. 마지막 10퍼센트에 집착하라

가장 작은 부분까지 최고의 기준에 부합하게 하라. 자잘해 보이더라도 그런 세부적인 것 하나하나가 브랜드의 이야기를 드러낸다. 그 모든 요소에 브랜드가 깃들어 있기에 어느 것 하나도 소홀히 해선 안 된다. 시간이 흐를수록 품질에 대한 집착은 브랜드에 대한 소비자의 애착으로 되돌아올 것이다.

5장

기억되기를
꿈꾸다.

EMOTION
BY
DESIGN.

나이키 창립자 필 나이트와 무대에 서기 직전이었다. 그는 질문지를 훑어보고는 나를 돌아보며 춤을 많이 춰야 할 것 같다고 말했다. 내가 준비한 질문을 다 던져도 시간을 채우지 못할 것이라는 의미였다.

우리는 나이키 직원 수백 명의 박수를 받으며 무대에 올랐다. 이전에 몇 번 프레젠테이션을 하긴 했어도 이런 적은 처음이었다. 어마어마한 압박감에 식은땀까지 나기 시작했다. 창립자 필 나이트를 비롯해 광고기업 와이든앤드케네디의 공동 창업자 댄 와이든Dan Wieden, 1980년부터 나이키에 몸담아 온 나이키이노베이션Nike Innovation 사장 톰 클라크Tom Clarke 등의 거물들 앞에서 발표를 해야 했다.

2013년 댄이 만든 나이키의 '저스트 두 잇Just Do It' 슬로건이 25주년을 맞이했다. 글로벌 브랜드 크리에이티브 부사장인 내가 이 영광스러운 자리에서 해야 할 역할은 나이키의 역사와 브랜드의 성공을 견인해 온 거물급 인사들이 패널로 포진해 있는 이 토론장에서 45분간 진행을 하는 것이었다. 지난 25년 동안 나이키 광고에서 '저스트 두 잇'이 얼마나 큰 영향력을 발휘했는지 누구보다 잘 알기에 나는 이 시간의 의미를 되새기지 않을 수 없었다. 앞으로 나아갈 미래를 위해 브랜드의 역사가 얼마나 중요한지 나는 너무도 잘 알고 있었다. 이 순간, 무대에 서는 것이 다소 부담스러웠지만 한편으로는 설레기도 해서 만반의 준비를 했다. 시작을 몇 초 앞두고 필이 다시금 내게 말을 걸었다. 내 질문들이 크게 인상적이지 않다고 했다. 아무래도 준비는 망한 것 같다.

행사는 새로운 〈저스트 두 잇: 가능성Just Do It: Possibilities〉 광고의 공식적인 발표로 문을 열었다. 우리가 알 만한 유명 인사들이 총출동해 온갖 불가능한 한계에 맞서는 스토리를 담았다. 시청자들에게 한계에 도전하라는 메시지를 전달하는 것, 그 메시지로 하여금 사람들의 가슴을 뛰게 만드는 것, 우리의 로고를 볼 때나 카피를 마주할 때마다 그 감각을 일깨우는 것, 그것이 우리의 목표였다. 이 영상은 '저스트 두 잇'을 완벽하게 함축하고 있었다. '가능한 것' 그 이상에 도전하지 않는다면 '저스트 두 잇'이 무슨 소용이란 말인가? 이 영상은 새로운 세대의 시청자들에게도 유의미한 방식으로 '저스트 두 잇'의 유구한 스토리를 전달해야 했다. 많은 브랜드에서 새로움을 위해 오래된 슬로건이나 좌우명을 버린다. 하지만 그렇게 해서는 역사를 만들 수 없다. 반짝 효과를 낼 뿐이다. '저스트 두 잇'은 30년 이상 나이키 브랜드의 기반이었다. '저스트 두 잇'은 스우시와 함께 나이키의 동의어나 다름없었다. 나이키는 슬로건을 교체하는 대신 지속적인 투자를 통해 '저스트 두 잇'의 스토리 전달 방식을 재창조했다. 그 문장이 스우시만큼이나 상징적인 덕분에 전 연령대에서 호응을 받았다. 할아버지, 할머니부터 아이들까지 전부 '저스트 두 잇'을 알고 있는 것이다. 이것이 핵심이다.

영상이 끝나고 박수갈채가 터져 나왔다. 이어서 패널들에게 준비해 간 질문을 던졌다. 대화가 꽤나 심도 있게 진행된 까닭에 모든 질문을 탈탈 털어야 했다. 질문은 바닥이 났는데 절반 정도의 패널들이 순서를 기다리고 있었다.

다행히 나는 프로그램을 마무리하며 시청하고자 '저스트 두 잇'의 광고 모음 영상을 준비해 뒀다. 이 시점이 예상보다 빨리 찾아오긴 했지만, 덕분에 마지막 질문에 대해 생각할 시간을 벌 수 있었다. 첫 광고는 그 유명한 〈보는 안다Bo Knows〉였다. 이 광고는 크로스트레이닝이라는 스포츠를 세상에 처음 알렸으며 '저스트 두 잇'으로 끝나는 최초의 나이키 광고였다. 이 광고를 본 뒤, 필은 자신이 최고로 꼽는 몇 안 되는 광고 중 하나라고 말했다. 나 역시 마찬가지였다. 나는 열여덟 살 때 이 광고를 처음 보고 한동안 여기에 푹 빠져 살았던 기억이 있다. 〈보는 안다〉 광고는 내 어린 시절의 다른 어떤 나이키 광고보다 브랜드에 대한 강력한, 그리고 부서지지 않는 감정적 애착을 형성시켰다.

다음은 1992년의 〈찰나의 업보Instant Karma〉였다. 훈련 루틴을 밟고 있는 일반 사람들과 프로 선수들(특히 1992년 바르셀로나올림픽 금메달리스트 마이클 존슨)의 모습과 함께 존 레넌이 작곡한 동명의 노래가 흐른다. 이 광고가 성공한 것은 노래의 강력한 드럼 비트와 '우리는 모두 빛나We all shine on'라는 후렴구가 이미지와 딱 맞아떨어졌기 때문이다. 댄은 레넌의 아내 오노 요코小野洋子로부터 사용 승인을 얻기 위해 분투했던 과정을 이야기했다.

이것은 댄이 두 번째로 레넌의 곡을 사용한 나이키 광고였다. 첫 번째 광고는 비틀스The Beatles의 '레볼루션Revolution'을 사용한 동명의 광고로 1987년에 만들어졌다. 지금의 독자들은 그 첫 번째 광고가 30년이 흐른 지금 시점에서 보면 다소 귀여워 보이는 작은 파문을 일으켰다는 걸 기억하지 못할 것이다. '레볼루션' 이전까지는 원곡이 아닌 리메이크 버전을 사용하는 일종의 관례가 있었지만 나이키는 이런 전통을 과감히 깨뜨렸다. 그리고 지금까지 이어지는 새로운 트렌드를 시작했다. 〈찰나의 업보〉에 문제가 될 소지가 있었던 건 이 때문이다. 물론 그 문화는 5년 사이에 변화했고 〈찰나의 업보〉는 엄청난 성공작이 되었다.

'저스트 두 잇'의 순간들을 다시 되짚어 보았다. 25주년 기념 이후로도 8년이 지난 지금까지 이 광고들은 나이키가 영상 콘텐츠에 어떻게 브랜드의 가치관과 성격을 반영하는지 보여주고 있다. 이 영상들은 수십 년이 흐른 지금까지도 기억되고 있다. 그만큼 대중에게 강렬한 감정을 불러일으켰기 때문이다. 〈보는 안다〉는 프로 선수뿐만이 아니라 운동을 즐기는 모든 사람들에게 훈련의 새로운 관점을 알려주었다. 또한 여태껏 이어지는 슬로건의 역사적인 출발점이기도 하다. '저스트 두 잇'은 여러 차례 재창조되어 왔지만 캠페인의 중심에는 언제나 보 잭슨이 있었다. 〈찰나의 업보〉에서 존 레넌의 노래가 상징하는 과거는 현역 선수로 대표되는 현재로 연결되고, 음악과 스포츠는 적절하게 어우러지며 조화를 이룬다. 지금은 이런 장르들의 결합이 일상적으로 이루어지지만 당시에는 매우 독특한 시도였다. 음악과 스포츠는 프로든 아마추어든 선수들의 삶에서 떼려야 뗄 수 없는 요소였고 나이키는 그것들을 합쳐보자고 생각했던 것이다.

내가 '저스트 두 잇' 기념 행사에서 선보인 광고들은 세월의 시험을 견딘 것들이다. 역사가 그것의 가치를 증명했다. 나는 나이키 브랜드 스토리에서, 그리고 30년이 넘는 시간 동안 브랜드의 일부였던 슬로건에서 그 광고들이 갖는 중요성을 설명하고 싶었다.

패널들의 순서가 끝나고 나는 그들에게 마지막 질문을 던졌다.

"나이키 다음 세대 스토리텔러들에게 조언 한 말씀 부탁드립니다."
필의 대답이 가장 큰 공감을 얻었다. 그는 스토리텔러의 일을 골프에 비유해서 말했다. "브랜드의 스토리텔러는 여러 개의 골프채를 가지고 매 순간 쳐야 하는 샷을 적절한 골프채로 쳐야 합니다. 각각의 순간마다 다른 샷이 필요한 것이죠."

오랜 세월 브랜드의 목소리를 이루는 것은 이런 샷들의 총합이다. 언제나 목표는 하나다. 하지만 그 목표에 어떻게 다다를 것인지는 당신이 무엇을 선택하느냐에 달려 있다. 우리는 대중과 연결되기 위해 끊임없이 목소리를 낸다. 계속해서 더 나은 방법을 찾지만 궁극적인 해답에 도달할 수 있을까? 필의 말처럼 우리는 춤을 춰야 할 뻔했지만 결국 나는 좋은 답을 얻었다.

매체는 바뀌어도 본질은 변하지 않는다

당신의 브랜드는 당신의 이야기를 들려준다. 당신의 브랜드는 당신이 제품, 아이디어, 서비스를 세상에 표현하기 위해 선택한 방법이다. 하지만 스토리를 전하는 방식은 하나가 아니다. 당신의 브랜드는 단순히 하나의 아이디어나 개성으로 규정할 수 없기 때문이다. 좋은 이야기가 그렇듯이, 당신의 이야기도 다양한 요소와 예상 밖의 전개들로 이루어져 있다. 일반적인 이야기와 다른 점이 있다면, 당신의 브랜드 스토리는 영원히 끝나지 않는다는 것이다. 당신은 이야기를 멈추지 않는다. 세상에 무언가를 내놓을 때마다 당신은 브랜드의 서사를 전하고 있다. 인스타그램 게시물로도, 브랜드 웹사이트에서도 스토리를 전한다. 백화점의 쇼윈도, 행사, TV 광고, 소셜 미디어로 이어지는 캠페인은 모두 하나의 이야기로 끼워 맞춰진다.

단, 마음과 열정, 목표가 없다면 스토리는 좋은 브랜드를 만들지 못한다. 여기에서는 '사람'의 존재에 대해 생각하는 일이 꼭 필요하다. 우리 모두는 세상에 하나밖에 없는 독특하고 완전한 사람이다. 그리고 그 안을 깊이 들여다보면 개성과 신념, 힘, 심지어는 모순으로 가득한 모자이크를 발견하게 된다. 그 사람의 한 가지 면모를 안다고 해서 그 사람을 다 안다고 말할 수는 없지만, 어떤 사람을 안다는 건 그 사람의 전체까지는 아니어도 상당한 부분을 안다는 뜻이다. 그가 어디 출신이며, 어떤 일을 하는지, 좋아하는 것과 싫어하는 것은 무엇인지, 세상을 어떻게 보는지를 말이다. 당신의 주변 사람들을 떠올려보라. 그리고 당신이 그들의 스토리를 전할 수 있을지 스스로에게 물어보라.

나이키의 경우 모든 이야기는 운동선수로부터 시작된다. 운동선수는 나이키라는 브랜드의 근간이 되는 요소이고, 그 사실은 앞으로도 변하지 않을 것이다. 나이키가 선수들의 이야기를 전달하기 위해 수십 년간 선택해 온 방식은 그 또한 브랜드의 일부다. 그것이 브랜드의 개성과 가치관, 목표를 드러내 왔기 때문이다. 지난 세월 동안 이런 방식들이 극적으로 변했다고는 생각하지 않지만, 확장된 것만큼은 확실하다. 브랜드의 이야기를 전하는 방법과 장르는 다양하다. 위대한 이야기, 재미있는 이야기, 역경이나 실패의 이야기, 역경이나 실패를 딛고 일어선 이야기 등 정말 많은 이야기가 있다. 나이키는 온갖 장르와 매체를 탐구해 왔고 앞으로도 탐구를 멈추지 않을 것이다. 기술이 발달하면서 스토리텔링의 기술도 함께 변하고 있다. 끊임없이 변하는 환경 속에서 수백 수천 가지의 매체들이 소비자의 주의를 끌기 위해 노력한다. 이야기를 전달하는 방식에 정답은 없지만, 당신 브랜드에 꼭 맞는, 가장 적절한 답은 분명 있다.

브랜드가 정체성을 형성해나갈 때 사용할 수 있는 많은 매체가 있다. 그중에서도 특히 영상은 대중의 감정을 자극하는 가장 효과적인 방법이다. 가장 본능적인 목소리를 만들어내기 때문이다. 본능적이고도 강력한 메시지는 대중 심리의 밑바닥에 있는 감각을 깨운다. 때때로 움직임은 혁신의 장점을 보여줄 수 있는 최선의 방법이다. 경기력과 관련이 있을 때라면 더욱 그렇다. 영상은 36초라는 짧은 시간만으로도 시청자의 모든 감각을 사로잡는다. 우리 주변의 각종 스트리밍 서비스를 생각해 보면 지금이 영상을 활용한 스토리텔링의 황금기인 것만은 분명하다. 이 흐름을 반드시 활용해야만 한다.

TV 광고의 중요성과 역할이 변화했고 플랫폼과 채널은 늘어났지만 스토리텔링의 핵심 원리는 달라지지 않았다. 브랜드를 정의하는 방법, 당신의 브랜드를 세상과 공유하기 위해 선택하는 방식과는 상관없이, 최고의 스토리에는 한 가지 공통점이 있다. 인간의 상상을 자극하고 감정을 이끌어내는 것이다. 브랜드가 어떤 업계, 제품, 서비스를 대표하든 당신의 창조적 시나리오가 상상력에 불을 붙이고 감정을 자극하지 않는다면 방향을 다시 점검해 보아야 한다. 다음의 사례들에서 우리는 스토리 자체는 물론, 그 스토리를 말하는 방식과 말하는 공간, 말하는 이유를 통해 두 가지 목표를 어떻게 창의적으로 달성하는지 확인하게 될 것이다.

2010년 나이키 글로벌 브랜드 크리에이티브 부사장직을 맡았을 때, 마케팅 생태계는 큰 변화를 겪고 있었다. 나의 역할은 완전히 새로운 일을 도모하는 것이었고 새로 생긴 여러 기회를 동시에 잡기 위해 만들어진 자리였다. 2장에서 나는 각각 독립적으로 운영되었던 몇 개의 부서를 책임지게 되었다고 언급했다. 조직개편의 목적은 그들을 통합하는 것이었다. 팀들 사이의 시너지가 창의성을 폭발시키길 바랐다.

사실 조직 개편을 추진하는 또 다른 이유가 있었다. 그 당시 미디어 환경은 극심한 변화를 겪고 있었다. 나의 새로운 조직은 소비자와 직접적으로 관계 맺는 새로운 플랫폼의 부상과 시기를 같이 했다. 새로운 플랫폼에서 소비자에게 진정으로 다가가려면 각각의 팀이 창의력을 모아야 했다. 그 위에 새로운 브랜드 이미지를 그려나갈 것이기 때문이었다. 브랜드 스토리를 훨씬 더 일관적으로 전달하고 의미를 부여하라는 과제가 주어졌다. 진화하는 멀티미디어 환경에서 살아남기 위해서는 처음부터 단단한 협력이 필요했다.

첫날부터 나는 새로운 팀과 함께 2010년 마스터스대회 직전에 방영될 타이거 우즈의 새 광고 콘셉트를 평가했다. 콘셉트는 단순했다. 타이거가 흑백으로 녹화되고 있는 카메라를 똑바로 보면 작고한 그의 아버지 얼 우즈Earl Woods의 목소리가 들려온다. 얼은 책임감에 대해 얘기하면서 타이거에게 묻는다. "뭔가 배운 게 있니?" 그 영상은 타이거 브랜드가 전하는 첫 번째 메시지면서 타이거가 골프를 1년간 쉬고 복귀한 해에 가장 중요한 대회를 앞두고 송출되었다. 광고에 대한 대중의 반응은 정확히 갈렸다. 새로운 역할을 맡은 첫날부터 쉽지 않은 여정이었다. 하지만 당시 나와 우리 팀은 우여곡절을 거친 선수에 대한 브랜드의 지지를 분명히 보여줘야 한다고 생각했다.

피하지 말고 직면하라

2010년 르브론 제임스는 클리블랜드 캐벌리어스Cleveland Cavaliers를 떠나 크리스 보시Chris Bosh와 드웨인 웨이드Dwyane Wade가 있는 마이애미 히트Miami Heat행을 결정했다. '그 결정'(The Decision, 이후 이렇게 불리게 됐다)은 TV에서 처음 공개됐다. 이런 발표가 TV 프로그램을 통해 이루어진 것은 그때가 처음이었다. 신선하다고 반기는 사람도 있었지만 비난하는 사람도 많았다. 이 일이 있고 난 직후 우리는 비버튼의 나이키 캠퍼스에 모여 그의 브랜드 스토리를 어떻게 살려낼지 의논했다.

르브론은 그가 신뢰하는 동료 매버릭 카터Maverick Carter, 리치 폴Rich Paul, 랜디 밈스Randy Mims와 함께 도착했다. 이들은 지금도 그렇지만 당시에도 르브론과 떼려야 뗄 수 없는 사람들이었다. 그날 회의실에 고조된 에너지는 그 순간의 무게를 더욱 무겁게 만들었다. 나는 이적에 치중되어 있던 화제를 농구로 돌려야 한다고 얘기했다. 우리의 콘셉트는 르브론이 코트에서 보여주는 것에 집중해야 했다. 현실을 초월하는 재능과 노력, 그토록 많은 영감을 불러 일으키는 농구에 대한 열정 말이다. 우리 팀과 나는 이적을 둘러싼 논란과 잡음보다는 농구에 대한 르브론의 애정과 한 세대에 한 번 나올까 말까 한 그의 기술에 집중하는 영상을 만드는 것이 좋다고 생각했다.

르브론의 경기력에 집중함으로써 국민적인 관심을 이적에서 농구로 되돌릴 수 있다고 판단한 것이다.

하지만 르브론의 생각은 달랐다. 그는 우리의 콘셉트에 강하게 반대했다. 그 자리에 있던 모두가 굳어가는 표정을 숨길 수 없었다. 그는 비난을 피하는 대신 강력한 무언가로 응수하고 싶다고 했다. 그는 회의실에 모인 한 사람 한 사람의 얼굴을 보면서 그가 자신의 일을 하듯, 우리도 우리의 일을 해야 한다는 사실을 상기시켰다. 그가 어찌나 단호하게 말했는지, 모두가 차마 말을 잇지 못하고 있었다. 필 나이트는 르브론이 원한다면 나이키는 그렇게 할 것이라고 회의실에 있던 모든 사람에게 천명했다. 필의 의견은 명확했다. 우리는 아무것도 피하지 않기로 했다. 우리는 르브론에 대한 비난 여론에 정면 돌파하기로 결정했다. 필은 이것이야말로 우리가 해야 할 일임을 다시금 일깨우고 있었다.

르브론도 이 점을 잘 알고 있었으리라 생각한다. 그가 우리에게 요구하는 것은 우리가 우리 스스로에게, 그리고 다른 모든 사람에게 역설하는 것이었다. 운동선수가 원하는 바를 직설적으로 말하는 경우는 흔치 않았다. 하지만 르브론은 과연 르브론이었다. 그는 반격에 나설 준비가 되어 있었다.

문제는 르브론과 나이키, 어느 쪽의 진정성도 해치지 않고 그의 스토리를 전하는 가장 효과적인 방법을 찾는 일이었다. 완벽한 수완을 발휘해서 단번에 성공해 냈다고 말할 수 있다면 얼마나 좋을까. 하지만 나이키나 와이든앤드케네디처럼 뛰어난 크리에이티브 팀도 한 번의 시도만으로 성공에 이르는 경우는 거의 없다. 창작이란 그런 것이다.

그래도 우리에게는 라이언 오로크와 알베르토 폰테Alberto Ponte가 있었다. 두 사람은 서로의 장점을 높이 평가하지만 필요할 때는 반대 의견도 스스럼없이 주고받는 환상의 콤비였다. 이런 점은 그들의 확실한 경쟁력이었다. 두 사람은 항상 자신들을 비롯한 주변의 모든 사람을 쉬지 않고 밀어붙였다. 라이언은 스포츠를 사랑했고 그 안에서 재미와 유머를 발견해 내는 뛰어난 능력이 있었다. 알베르토는 인간사에 대한 비상한 이해력을 바탕으로 그의 폭넓은 국제적 시각을 버무려 작품에 깊은 의미를 부여했다. 그들 이외에 딱히 그 일을 맡기고 싶은 사람은 떠오르지 않았다.

크리에이티브 팀은 안티팬들이 말하는 르브론의 최악의 캐리커처를 활용해 초기 콘셉트를 만들었다. 그가 사람들의 눈을 피해서 하고 있다는 소문 속 모든 행동을 실제로 보여주는 것이다. 장난스러운 분위기로 비난의 우스꽝스러운 속성을 드러내려는 의도를 담았다. 그렇지만 이 아이디어는 제대로 된 '응답'이 아니라는 합의에 도달했다. 그 콘셉트는 비난을 풍자할 뿐이었지, 유머와 조롱만으로는 에피소드 전체가 가벼워 보일 수 있었다. 이 밖에 르브론을 향한 비난이 오히려 그의 추진력과 경쟁력을 높인다는 것을 암시하는 콘셉트도 있었다. 나는 그 아이디어가 '악동' 역할을 자처하는 일부 선수들에게는 효과가 있을지 모르지만 르브론의 경우는 아니라고 생각했다.

마침내 해답을 찾았을 때는 우리가 의식적으로 피하고 있던 르브론의 결정 자체가 바로 우리가 직시해야 할 대상이었음을 깨달은 순간이었다.

내가 어떻게 해야 해?

이전의 모든 콘셉트는 그의 결정을 중심으로 하되, 그것을 직접적으로 언급하지는 않으려고 노력했다. 어쩌면 그게 힌트였을까? 문득 르브론을 의자에 앉히고 비난하는 사람들을 향해 르브론이 직접 대답하게 하는 것이 우리가 찾는 답일지도 모르겠다는 생각이 들었다. 우리는 르브론에게 이 아이디어에 동의하는지 물었다. 그는 동의한다고 분명히 대답했다. 우리는 '그 결정'을 광고의 중심점에 놓고 논의를 시작했다.

이렇게 해서 라이언과 알베르토, 크리에이티브 팀은 〈내가 어떻게 해야 해?What Should I Do?〉를 만들었다. 광고가 시작되면 '그날'

입었던 것과 똑같은 셔츠를 입은 르브론이 의자에 앉아 있다. 시청자들이 '그 일'에 대한 반응임을 바로 알아차리도록 말이다. 르브론이 고개를 숙인다. 사과를 하려는 것일까? 곧이어 르브론은 말한다.

"내가 어떻게 해야 해?"

"실수였다고 해야 하나?"

"내가 전에도 이런 일을 했었다는 걸 다시 말해줘야 하나?"

그 말을 통해 시청자들은 알아차린다. 르브론은 사과를 하는 게 아니다. "내가 당신들이 하라는 대로 해야 하나?" 그가 카메라를 보며 묻는다. 바로 이것이다. 르브론은 누구를 위해서도 어떤 일을 할 필요가 없다.

그렇다고 해서 〈네가 어떻게 해야 해?〉가 웃음기를 싹 뺀, 진지하기만 한 콘텐츠는 아니었다. 유머는 항상 르브론의 일부였고 그가 소통하는 방식이었다. 그의 자기 비하적인 측면은 그를 친근하게 만들었다. 더구나 어려운 시기의 유머는 항상 옳다. 르브론은 또다시 묻는다. "문신을 없애라고?" 다음 컷은 의자에 앉은 그를 보여준다. 타투 아티스트가 그의 문신을 제거한다('처음 선택된 자Chosen 1'라는 그의 상징적인 문신은 그를 '처음 선택된 자'라고 부른 《스포츠 일러스트레이티드Sports Illustrated》 커버스토리에서 비롯되었다[7]). 이번에는 카우보이 복장을 한 르브론이 묻는다. "나보고 빌런이 되라는 건가?", "친구들의 말에 귀를 닫아야 하나?" 르브론의 진지한 물음에 〈마이애미 바이스Miami Vice〉에서 돈 존슨Don Johnson이 등장하는 한 장면을 패러디한 부분이 이어진다. 잠깐 침묵한 르브론은 이렇게 말한다. "그들은 내 친구들인데."

우스꽝스럽든, 극도로 진지하든 광고는 비판자들을 옹졸하고 오만한 자들로 묘사한다. 아이러니하게도 이 광고는 몇 개의 아주 짧은 순간을 제외하고는 농구 장면을 보여주지 않는다. 그럼으로써 대중의 비난이 스포츠와는 아무 관련이 없음을 역설한다. 광고는 르브론을 향한 비난이 너무나 반복적이며, 자격 없는 자들의 조소라는 평가를 내린다. 르브론은 마지막 질문으로 쐐기를 박는다. "난 그냥 사라져야 할까?" 이 선수의 말과 행동에 생계가 달려 있는 비판자들은 이렇게 외칠 것이다. "안 돼. 절대 안 돼!"

결국 〈내가 어떻게 해야 해?〉는 르브론이 우리에게 만들어 달라고 요구했던 것을 정확하게 구현해 냈다. 직설적이고, 강력하면서, 르브론의 진짜 모습을 보여준다. 당시 라이언은 내게 이렇게 말했다. "결국 우리의 혼란이 아이디어의 핵심이 됐어. '우린 어떻게 해야 해?'가 '내가 어떻게 해야 해?'가 된 거지." 광고는 르브론이 골대를 향해 공중을 가르며 날아가는 슬로모션 영상과 함께 "내가 당신들이 하라는 대로 해야 하나?"라는 구절을 반복하면서 마무리된다.

바이럴 영상들이 그러하듯, 〈내가 어떻게 해야 해?〉 광고는 당시의 어떤 비디오보다도 빠르게 확산되었다. 모든 주요 스포츠 매체가 이 광고를 뉴스처럼 다루었고, 동시에 꽤 많은 사람이 반감을 표하기도 했다. 〈사우스 파크South Park〉(미국의 애니메이션. 비속어와 광범위한 사회 풍자로 유명하다 - 옮긴이)에서도 이 광고를 패러디했다. 우리는 르브론을 비난하는 사람들의 입을 닫아버리려고 광고를 만든 것이 아니었다. 그럴 의도는 없었다. 그것은 그저 르브론의 대답이었고, 르브론을 향한 우리의 대답이었다. 내 편이 되어 줘. 내가 맞서 싸울 수 있게 도와줘. 내 목소리를 증폭시켜 줘! 그래서 우리는 그렇게 했다.

영감은 인간만이 줄 수 있다

나는 코비 브라이언트만큼 자신의 위대함을 삶의 다양한 측면으로 확장하는 사람을 본 적이 없다. 코비는 위대한 농구 선수로 기억될 것이다. 대부분의 사람들은 그렇게만 생각할지도 모른다. 하지만 나를 비롯해 그와 함께 일했던 수백 명의 사람에게 코비는 호기심과 상상력, 창의력의 표본이었다. 코비의 영향권에 들어온 뒤에도 위대함을 향한 그의 쉼 없는 행보를 인정하지 않을 사람이 있을까?

코트에서 코비의 페르소나는 블랙맘바였다. 정확한 3점 슛과 압도적인 수비로 상대 팀과 팬들의 꿈을 박살 내는 코트 위의 맹수였다. 나는 이런 면모를 누구보다 잘 안다. 코비는 2000년 웨스턴콘퍼런스Western Conference 결승 7차전에서 나의 본진인 트레일 블레이저스를 완파했기 때문이다. 그 고통은 영원히 사라지지 않을 것이다. 코비는 이미 최고였다. 어떤 대가를 치르더라도 이겨야 한다는 생각이 DNA에 새겨져 있는 사람이었다. 철저한 자제력과 추진력으로 필적할 만한 선수가 없었다. 자신에게 블랙맘바라는 별명을 붙인 것은 코비 자신이었다.

코비는 극도로 치명적인 이 아프리카산 뱀을 모델로 캐릭터를 형성했다. 그는 이 점을 나이키와 에이전시 크리에이티브 팀들에게 명백하게 드러냈다. 코비는 자신을 블랙맘바라고 칭하곤 했다. 그는 자신의 또 다른 자아가 지닌 사고방식을 이렇게 보여주었다. "블랙맘바는 친구가 없어요. 팀 동료일 뿐이죠.", "블랙맘바는 음악을 듣지 않아요. 산만해지기 때문이죠." 그는 흐트러지지 않기 위해 아주 사소한 부분도 다른 사람이 이기도록 내버려두지 않는다고 말하며 자신의 경쟁심을 표현했다. 분명 사업에는 좋지 않은 속성이었다.

코비와의 대화가 이어지면서 이런 강력한 목적의식이 핵심 주제가 되었으며, 다음과 같은 조언을 통해 더욱 강조되었다. "2안을 두지 마라. 빠져나갈 구멍을 만들지 마라." 가지고 있는 것을 전부 쏟아붓는 것, 그것이 바로 코비를 응원하든, 다른 누군가를 응원하든 NBA 팬들이 기대하는 것이다. 크리에이티브 팀들은 이 선수에게서 귀중한 통찰을 얻었고 이를 동력으로 당시 가장 인기 있고 상징적인 나이키 캠페인을 탄생시켰다.

대부분의 팬들이 알지 못하는 것이 있다. 코비는 블랙맘바 같은 성격에도 불구하고 자신을 낮추는 겸손과 유머를 갖추고 있었다. 그는 자신의 경쟁심을 감추어둘 줄 알았고, 이는 내가 함께 일해본 협력자 중에서 그를 최고로 꼽는 이유이기도 하다. 이런 면모 덕분에 우리의 창작 과정에도 그는 무리 없이 개입할 수 있었다.

콘셉트는 점점 구체화되어 가고 있었다. 블랙맘바 같 강렬함을 최대로 끌어올리고, 거기에서 웃음 포인트를 찾는 건 어떨까? 사람들이 잘 모르는 완전히 다른 모습을 보여주는 건?

2012년 1월 코비의 새로운 시그니처 농구화 코비 IX Kobe IX의 출시일에 맞춰 〈코비 시스템: 성공을 위한 성공 Kobe System: Success for the Successful〉 캠페인이 시작됐다. '도를 넘는 열정(?)으로 사람들을 당혹스럽게 만드는 열정맨' 콘셉트로 프로젝트를 진행했다. '성공을 위한 성공'이라는 제목은 진짜 성공이 아닌 그저 허울뿐인 성공에 대한 메시지를 전하려는 의도에서 지어졌다. 그럼에도 불구하고 코비의 세미나는 늘 성공한 사람들로 채워졌다. 코비의 말을 들을 필요가 없는 사람들로 말이다. 세리나 윌리엄스Serena Williams, 제리 라이스Jerry Rice, 코미디언 아지즈 안사리Aziz Ansari, 토니 로빈스Tony Robbins 등이 참석한 가운데 리처드 브랜슨Richard Branson이 무대 위에서 코비와 함께 그가 이룬 엄청난 업적에 대해 말하고 있었다.

브랜슨: "바다 밑바닥까지 갔었지."
코　비: "저도요."
브랜슨: "우주에도 갔었어."
코　비: "저도 마찬가지예요."
브랜슨: "난 이미 충분히 성공적인 삶을 살고 있는 것 같은데."
코　비: "천만에요."
[박수가 쏟아진다.]

마지막의 '천만에요You're welcome'는 일종의 문화적 밈으로 자리 잡았다. 나이키는 이미 여러 차례 밈을 생산해 온 전력이 있었다. '결승선은 없다There Is No Finish Line'와 '저스트 두 잇'이 그랬고, 마스 블래크먼Mars Blackmon(스파이크 리Spike Lee 감독의 〈그녀는 그것을 좋아해She's gotta have it〉에 나오는 가상의 캐릭터 - 옮긴이)의 '바로 운동화야Got to Be the Shoes'에 이어 코비의 '천만에요'가 추가되었다.

〈코비 시스템〉은 제2의 자아, 블랙맘바를 자랑하던 코비와 정반대의 모습을 보여주었다. 일부 영상에서는 농구가 언급조차 되지 않았기 때문에 〈코비 시스템〉 광고가 나이키와 무슨 연관이 있는지 의아하게 여기는 반응도 있었다. 우선 이 시리즈는 코비의 다른 특징을 표현한다. 캠페인 이전의 코비는 '코트 위의 블랙맘바'로 불리며 사나운 승부사로 유명했다. 하지만 이제 대중은 코비의 다른 모습, 특히 그의 유머러스한 면도 알게 되었다. 코트에서라면 찔러도 피 한 방울 나오지 않을 것 같은 사람이지만 코트 밖에서는 꽤나 소탈하고 심지어는 허술한 면모도 있던 것이다. 광고에는 코비가 농구 기술을 손수 전수해 주는 유용한 장면도 포함되어 있다. 이는 농구에 대한 재능과 애정을 다른 사람들과, 특히 어린 세대와 공유하고 싶어 한 코비의 의사에 따른 것이다. 코트 위에서라면 그는 언제나 블랙맘바겠지만, 코트 밖에서는 호기심과 창조적 협업의 무한한 역량을 보유한 사람이었다.

이 캠페인은 이처럼 완전한 그림으로 코비 브랜드의 세계관을 확장시켰다. 마찬가지로 거의 초인에 가까운 선수를 인간적인 관점에서 보여줌으로써 나이키라는 브랜드의 세계도 확장할 수 있었다. 스포츠 마케팅은 선수를 범접할 수 없는 존재로 만들어버리며 우상화에 가까워질 때가 많다. 이런 접근으로는 우상적 존재 이면의 인간, 더 넓게는 당신이나 나와 같은 사람들이 좋아하는 선수를 생각하면서 느끼는 감정적 유대를 찾을 수 없다. 우리는 그들을 숭배하고 싶은 게 아니다. 우리는 그들로부터 영감과 힘을 얻고 싶은 것이다. 우상은 그런 일을 할 수 없다. 인간만이 할 수 있다.

새로운 플랫폼, 새로운 시도

〈코비 시스템〉 캠페인은 콘텐츠 유포에 대한 혁신적인 접근법을 알린 사례이기도 하다. 당시 나이키 브랜드 커뮤니케이션 책임자인 엔리코 발레리와 와이든앤드케네디의 커뮤니케이션 기획 책임자인 댄 셰니악Dan Sheniak은 TV 광고 대신 짧은 콘텐츠로 하나의 세계관을 만드는 전략을 추진했다. 주요 광고에 출연한 유명 인사들이 코비와 함께 30초짜리 짧은 광고를 만들었다. 〈코비 시스템〉은 재미만 있는 것이 아니라 농구 지식도 담고 있어 유용하기까지 했다. 그의 진지함과 소탈함을 함께 드러낸 콘셉트의 변주였다. 우리는 매일 마스터 클래스와 유사한 레슨 영상을 만들었고 ESPN 〈스포츠 센터〉에는 주중에 매일 이 영상을 송출했다. 코비는 이 모든 콘텐츠 제작에 적극적으로 참여했다. 우리는 농구 시즌 내내 트위터에서 매일 반응형 콘텐츠를 만들어 시스템을 검증하고 작동시킬 팀도 만들었다. 이 모든 작업이 끝나자 사람들은 자발적으로 자신의 콘텐츠와 함께 "저는 코비 시스템에 참여하고 있습니다"라고 말하는 추천의 글을 올려 캠페인을 이어나갔다.

우리는 유튜브 같은 플랫폼을 이용해 브랜디드 콘텐츠를 스트리밍했다. 당시 TV 광고로는 할 수 없는 수준으로 많은 소비자를 끌어모았다. 업계의 다른 기업들이 따라잡기 전까지 말이다. 〈코비 시스템〉은 TV보다 타깃이 크게 줄었는데도 TV 캠페인과 맞먹는 성공을 거두었다. 그때도 지금도 나이키는 새로운 콘텐츠 플랫폼이 제공하는 기회를 십분 활용하고 있다. 우리는 새로운 디지털 영역을 통해 우리의 목소리가 도달할 범위를 확장함으로써 젊은 청중에게까지 다가갈 수 있었다.

당신의 위대함을 발견하라

나이키는 새로운 사람들을 스포츠의 세계로 끌어들이는 데 영향력을 사용해 왔다. 지금까지 스포츠가 모두를 위한 것이라는 메시지를 일관되게 주장했다. 이 메시지는 수십 가지의 프로젝트를 통해 전달되었지만 2012년 〈당신의 위대함을 발견하라Find Your Greatness〉 캠페인만큼 효과적이고 목적의식이 강했던 것은 없었다.

올림픽은 언제나 새로운 사람들에게 브랜드를 알리는 훌륭한 매개체였다. 2012년 런던올림픽도 그런 순간이었다. 우리 팀은 나이키 사명 선언의 그 한 줄에 집중했다. '몸이 있다면 당신은 운동선수다.' 결국 올림픽이란 인간의 운동 능력을 찬양하는 것이 아닌가? 올림픽에서는 전 인류가 함께 모여 스포츠에 대한 공통의 사랑을 향유한다. 올림픽이 인류 최고의 운동 신경을 보여주는 동안, 우리는 그 세계적 축제를 나이키의 사명을 알리는 데 활용하기로 했다. 위대함은 상대적인 개념이다. 우리 각각을 위대한 선수로 만드는 방법은 우리를 유일무이한 인간으로 만드는 일만큼이나 다양하다. 그렇게 탄생한 것이 〈당신의 위대함을 발견하라〉 캠페인이다. 당시까지 나이키가 해온 캠페인 중 가장 광범위하게 이루어진 캠페인이기도 하다.

런던은 어디에나 있다

준비 기간 동안 와이든앤드케네디의 알베르토 폰테는 런던이라는 지명을 쓰는 도시가 전 세계에 29곳 넘게 있다는 사실을 언급했다. 이 지극히 평범하고 사소한 사실이 우리에게는 열쇠가 됐다. 세상의 위대한 운동선수들이 영국 런던에서 경쟁하고 있다면, 전세계 다른 런던의 선수들은 무엇을 하고 있을까? 분명 그들은 자기 나름의 방식으로 위대함을 향해 달려가고 있을 것이다. 이런 통찰은 우리에게 어디서부터 캠페인을 시작해야 할지에 대한 완벽한 해답을 선사했다. 위대함은 누구에게나, 어디에나 있다는 것이 핵심 아이디어였다.

광고는 오하이오 런던의 급수탑에서 시작된다. 화면이 빠르게 전환되면서 시청자들은 다양한 연령대의 선수들이 자메이카 런던, 나이지리아 런던 등에서 다양한 스포츠를 즐기는 모습을, 때로는 한계를 뛰어넘어 불가능에 도전하는 모습을 보게 된다. 그 화면 위에 배우 톰 하디Tom Hardy의 목소리가 들린다.

"이곳에는 성대한 행사가 없습니다. 연설도, 밝은 조명도 없죠. 하지만 그들은 위대한 선수들입니다. 어째선지 우리는 위대함이 선택된 소수나 슈퍼스타들만의 것이라고 믿게 되었습니다. 사실 위대함은 우리 모두의 것입니다. 그렇다고 해서 기대치를 낮추라는 말이 아닙니다. 위대함은 우리 한 사람 한 사람의 기대를 높이는 것입니다. 위대함은 특별한 장소에만 있는 것이 아니며 특별한 한 사람에게만 있는 것이 아니기 때문입니다. 위대함은 그것을 발견하려 노력하는 사람이 있는 한 어디에나 있습니다."

올림픽 다이빙대 위에 서 있는 어린아이를 담은 장면에 캠페인 로고 '당신의 위대함을 발견하라'가 새겨지며 영상은 마무리된다. 이 소년은 머리를 긁적이며 고개를 젓는다. 뛰어내려야 할지 말아야 할지 확신이 서지 않는 것이 분명하다. 밑은 아득하다. 그러나 마침내 아이는 뛰어내린다.

높은 다이빙대에서 처음으로 뛰어내린다고 상상해 보라. 대부분의 사람이 그렇듯이 당신도 다이빙대 끝을 훔쳐보고는 도로 사다리를 타고 내려가고 싶을 것이다. 당신이 원치 않는다면 누구도 당신에게 뛰어내리라고 강요하지 않는다. 영상 속 소년 역시 누구의 강요도 받지 않았다. 그는 주체적으로 결정할 수 있었다. 그는 아직 두려움이 있는 상태에서 도약했다. 거절할 수 없는 내면의 목소리를 들었기 때문이다. 도약은 그에게 의미 있는 일이었다. 수면 위로 올라왔을 때의 자신은 전과 다를 것임을 알고 도약한 것이다. 그 도약은 끝이 아니다. 놀라운 무언가의 시작이다.

달리는 소년

한적한 시골길, 파리가 윙윙대며 날아다닌다. 숨이 막힐 듯, 열기와 습기로 가득한 공간. 이른 아침, 아니 이른 저녁인가? 저 멀리 혼자 달리는 사람이 있다. 달리는 사람이 카메라와 점점 가까워지면서 하디의 목소리가 들린다.

"위대함. 그것은 우리가 만들어가는 것입니다. 어째선지 우리는 위대함이 재능이라고, 선택된 소수의 것이라고 믿게 되었습니다. 천재나 슈퍼스타의 것이고 나머지 우리 같은 사람은 바라볼 수밖에 없다고 말입니다. 당신은 위대함이 몇몇 드문 DNA에서 비롯된 것이 아님을 잊고 있습니다. 그것은 귀하고 찾기 힘든 것이 아닙니다. 위대함은 숨 쉬는 것만큼이나 특별할 게 없습니다. 우리 모두가 할 수 있습니다. 우리 모두가 말입니다."

광고가 중반쯤에 이르면 시청자들은 달리고 있는 사람이 뚱뚱한 열두 살 소년이라는 것을 알아보게 된다. 그의 모습 위로 '당신의 위대함을 발견하라'는 마지막 문구가 떠오른다. 자랑하는 것처럼 들릴지도 모르지만, 소년이 등장했던 광고 〈달리는 사람The Jogger〉은 〈당신의 위대함을 발견하라〉 프로젝트의 요점을 완벽하게 표현하는 동시에 나이키 브랜드를 대중적으로 확장하는 뛰어난 스토리텔링이었다.

관건은 광고에 출연한 소년 네이선 소럴Nathan Sorrell이었다. 우리가 그를 어떻게 그려내는지가 대단히 중요했다. 대중의 마음속 깊은 감정을 건드릴 수도 있지만, 몰이해라는 비난을 받을 수도 있는 양날의 검이었다. 균형을 잡아야 했다. 의상에서부터 아트 디렉션, 장소, 음향 디자인까지 창작 과정에는 미묘한 차이를 만드는 수많은 결정이 따른다. 브랜드 정체성에 대해 이야기한 이전 장에서 언급했듯이, 치열한 창작 과정의 현장에서는 그 마지막 10퍼센트가 성패를 좌우하기 때문에 마지막까지 긴장의 끈을 놓을 수가 없다.

여담으로, 광고가 방영되고 8개월 후 〈투데이 쇼Today Show〉에 초대를 받은 네이선은 광고의 영향으로 32파운드(약 14.5킬로그램)를 감량했다고 전했다. 그는 과거를 회상하며 진행자에게 이렇게 말했다. "저 때의 제가 저랬다는 게 믿기지 않아요. 지금 이 모습이 바로 제 모습이에요."

정말 위대한 일이 아닌가!

브랜드로의 초대

〈당신의 위대함을 발견하라〉는 여러 가지 의미를 갖는다. 무엇보다 운동과는 거리가 먼 사람들, 스포츠를 좋아하지 않는 사람들을 향한 초대라는 점에서 의미가 크다. 우리가 하는 일 대부분이 위대한 선수들을 통해 대중에게 용기를 북돋아주고, 또 위대한 선수들을 시대의 아이콘으로 만드는 것이다. 하지만 전 세계 런던으로 향하는 나이키 광고의 경우 단 한 명의 슈퍼스타도 등장하지 않는다. 그저 저마다의 시합을 뛰고 있는 사람들이 등장할 뿐이다. 그들은 자전거를 타고 있거나 럭비나 야구 경기가 펼쳐지는 경기장 한 가운데에 있다. 당신이 마지막으로 운동을 한 때는 언제인가?

브랜드는 더 많은 사람을 자신의 세상으로 초대하는 창의적인 방법을 끊임없이 찾아야 한다. 이를 위해서는 문화에 대한 이해, 시대적 경향성에 대한 인식, 창의적인 구현을 맡을 예술가들이 필요하다. 그다음에 훨씬 더 어려운 부분이 남아 있다. 그런 문화적 특징이 스포츠와 교차하는 부분을 찾아 당신 브랜드에 별 관심이 없는 사람들까지 끌어들일 수 있어야 한다. 물론 이런 과정은 과거를 현재로 불러오고 여러 세대를 한데 모으는 등 본능적인 흐름을 역행하며 진행되기도 한다. 문화를 선도하려는 노력은 브랜드로 젊은 고객들을 초대하는 데 도움을 준다. 과거를 파고들고 향수를 자극하는 것은 나이 든 세대를 초대하는 데 도움을 준다. 이들이 함께 어우러지면 여러 세대를 끌어들일 수 있다.

나이키는 두 가지 방법에 모두 음악을 사용한다. 현대적인 배경에 옛 노래를 이용하는 것부터 옛 노래를 리믹싱하는 것, 떠오르는 스타 뮤지션을 통하는 방법 등, 와이든앤드케네디와의 제휴로 만들어진 나이키 광고는 항상 이미지와 사운드를 통해 스토리를 전달한다. 2002년 한·일월드컵 당시 광고에는 네덜란드 출신의 DJ JXL이 리믹스한 엘비스 프레슬리Elvis Presley의 '대화는 줄이고A Little Less Conversation'가 삽입됐다. 2007년 마이클 만Michael Mann이 감독한 나

이키 광고 〈아무 것도 남기지 마라Leave Nothing〉에서는 NFL 스타 쇼
니 메리먼Shawne Merriman과 스티븐 잭슨Steven Jackson이 공수를 주고받는
장면에서 영화 〈라스트 모히칸The Last of the Mohicans〉의 주제곡 '프로몬
토리Promontory'(갑(岬) – 옮긴이)가 연주됐다. 마지막으로 우리는 안드레
이 3000Andre 3000에게 비틀스의 '올 투게더 나우All Together Now' 커버를
부탁했다. 이 노래는 코비 브라이언트가 레이커스의 우승에 크게
기여한 NBA 결승 플레이오프 광고 음악으로 사용되었다.

　이런 광고가 사람들의 감정을 강하게 자극할 수 있었던 데는
분명한 이유가 있다. 음악은 다른 어떤 창조 매체들보다 우리의 감
정을 고취하고, 기억을 소환하고, 사람들을 한데 묶어주는 강력한
힘을 가지고 있기 때문이다.

이겨놓고 싸우는 법

　2015년 시카고 컵스는 예상보다 앞서 나가고 있었다. 컵스
의 구단이 월드 시리즈에 눈독을 들이고 있었고 보스턴 레드 삭스
Boston Red Sox를 우승으로 이끈 컵스의 사장 테오 엡스타인Theo Epstein
역시 컵스를 2017년이나 2018쯤엔 월드 시리즈에 진출시킨다는
목표로 팀을 키우고 있었기 때문이다. 그렇지만 미래를 내다보는

빌드업에도 컵스는 2015년 정규 시즌을 3위로 마무리하고 플레이오프 와일드카드Wild Card(리그 우승을 하지 못한 팀 중에서 가장 승률이 높은 구단에 주어지는 출전 자격 - 옮긴이)를 노려야 했다. 이후 그들은 와일드카드를 놓고 벌어진 대결에서 피츠버그 파이리츠Pittsburgh Pirates를 꺾고 준준결승에서 세인트루이스 카디널스St. Louis Cardinals와 맞붙어 3대 1로 승리했다. 2003년 이후 처음으로 내셔널 리그 챔피언십에 진출하게 된 것이다. 1945년부터 한 번도 우승하지 못했던 컵스는 이후 월드 시리즈에서 4승을 거뒀다.

나이키에서 이런 일생일대의 순간을 놓치는 것은 있을 수 없는 일이었다. 1908년 우승 이후로 컵스가 또다시 월드 시리즈 우승컵을 거머쥐는 일은 스포츠 역사에 길이 남을 위대한 사건 중 하나였다. 우리는 행동에 나섰고 가장 현실적인 가능성(물론 가능성이긴 했지만)을 기념하는 스토리를 만들었다. 광고의 내용은 단순했다. 컵스 유니폼을 입은 10대 소년이 동네 야구장의 투수 마운드로 걸음을 옮기며 혼잣말을 하고 있다. 외야 뒤로는 시카고의 스카이라인이 펼쳐진다. 윌리 넬슨Willie Nelson의 '퍼니 하우 타임 슬립스 어웨이Funny How Time Slips Away'가 흐르는 가운데 소년이 혼자 야구를 한다. 소년은 보이지 않는 타자에게 공을 던지고, 펜스 너머로 홈런을 치며, 보이지 않는 투수가 견제하는 가운데 3루로 도루하려고 한다. 소년이 왼쪽 깊숙이 안타를 치자 해리 케리Harry Carey의 외침이 들린다.

"뒤로! 바깥쪽일 수도 있어. 컵스가 이겼다! 컵스가 이겼다!" 소년이 홈에서 껑충껑충 뛰는 장면 위로 '언젠가는Goodbye someday'이라는 문구가 나타난다.

하지만 뉴욕 메츠New York Mets와의 경기 첫날은 '언젠가는'이 아니었다. 그 시즌도 아니었던 걸까? 뉴욕 메츠가 네 경기를 이겼다. 우리는 광고를 보류해야 했다. 어쩌면 영원히 내보낼 수 없을지도 모를 일이었다. 컵스가 월드 시리즈에서 우승한다는 것을 보장할 수 없었다. 다행히 그들은 바로 다음 해 월드 시리즈에서 우승을 거뒀다. 월드 시리즈 역사상 최고로 손꼽히는 7차전 중 컵스는 클리블랜드 인디언스Cleveland Indians를 꺾고 108년 만에 시카고에 우승컵을 안겼다. 계획보다 1년이 늦어지긴 했지만 우리는 스토리를 전할 준비가 되어 있었다.

〈당신의 위대함을 발견하라〉 캠페인과 마찬가지로 〈언젠가는Someday〉 캠페인도 슈퍼스타를 찬양하는 내용이 아니었다. 오랜 시간 기다려온 컵스 팬들에 대한 경의의 표시였다. 거기에서 더 나아가 이는 야구가 미국인들에게 어떤 의미인지 핵심을 포착한 광고였다. 누구나 마음속에는 어린아이가 살고 있다. 좋아하는 팀의 유니폼을 입고 그 팀이 우승할 날을 기다리는 아이 말이다.

브랜드가 목소리를 사용하는 '시기'는 어떤 말을 하는지, 어떻게 전달하는지만큼이나 중요하다. 〈언젠가는〉은 적기를 공략한 아주 좋은 사례다. 하지만 나는 더 중요한 문제를 강조하기 위해 그 사례를 가져왔다. 좋은 타이밍은 결국 준비에서 나온다. 〈내가 어떻게 해야 해?〉처럼 〈언젠가는〉은 우리 통제 밖에 있는 사건에 반응하는 방식이었다. 이것은 〈코비 시스템〉과는 확연히 다른 문제였다. 〈코비 시스템〉은 코비와의 대화, 브랜드로서 우리가 달성하려는 것을 살피는 데서 탄생한 창작물이다. 하지만 어떤 사건에 반응해야 한다면 먼저 어떻게 반응하고 싶은지부터 생각해 둬야 한다. 당신의 반응은 당신의 브랜드, 즉 하나의 조직으로서 가지는 가치와 비전에 대해 어떤 말을 하게 될까? 그 사건은 브랜드 특성과 어느 부분에서 교차할까? 마지막으로 그 사건의 진짜 의미는 무엇일까?

명예의 전당에 올라간 선수들을 중심으로 긴 세월에 걸친 컵스 팀의 역사를 촬영하며 시카고 컵스를 찬양하는 광고를 쉽게 내놓을 수도 있었다. 그렇게 하는 대신 우리는 징크스나 수년간의 실망에도 짓눌리지 않고 모두의 마음속에서 자신의 영웅들을 응원하는 어린 아이를 찬양했다. 그 아이는 한 세기하고도 8년 동안 컵스의 우승을 바랐던 모든 어린이들을 대변한다.

이 밖에도 조직이 내부적으로 갖추어야 할 준비도 있다. 어떤 사건에 단순히 반응만 하는 것이 아니라 브랜드의 성격을 확장하는 방식으로 반응하기 위한 절차와 구조를 마련해 두고 있는지 자문해 보아야 한다. 내가 2장에서 이야기한 나이키의 구조 개편은 컵스의 월드 시리즈 같은 사건에 효과적으로 대응하기 위한 조치였다. 이는 무엇인가를 빠르게 전환해 대응하는 것보다 훨씬 더 어려운 도전이다. 앞으로 다가올 미래를 기존의 다른 우선 사항보다 더 중요하게 여길 수 있느냐에 대한 문제다. 항상 '만약 …라면?'이라는 질문을 던져라. 그것이 바로 '이겨놓고 싸우는 법'이다.

기억되기를 꿈꾸다

브랜드 스토리텔러들이 작품을 통해 정말로 하려는 일은 무엇일까? 오로지 제품이나 서비스를 판매하기 위해 창작을 하는 것일까? 내가 이 장의 제목을 '기억되기를 꿈꾸다'로 정한 것은 전할 가치가 있는 스토리라면 잊혀서는 안 되기 때문이다. 우리는 그런 스토리가 우리와 우리가 살고 있는 세상에 대한 깊이 있는 통찰을 드러내 주길 원한다. 우리는 대중이 '무엇인가를 느끼게' 하는 방식으로 그들과 연결되길 원한다. 간단히 말해, 우리는 그것들이 기억되는 스토리기를 원한다. 우리의 존재가 역사 속으로 사라져도 우리의 작품은 계속 존재해야 한다. 젊은 세대가 고전 소설의 진가를 발견하듯이 브랜드의 스토리 역시 지속적으로 읽혀야 한다. 그런 글은 그것을 읽는 눈이 있는 한 절대 사라지지 않는다. 따라서 당신 역시 스토리를 가진 브랜드를 만들기 위해 노력해야 한다. 당신이 떠난 후에도 사람들과 연결될 스토리를 가진 브랜드로 말이다.

'기억되기 위한' 원칙

1. 당신 안의 진짜 모습을 드러내라

꽁꽁 감춰두지 말고 브랜드의 명확한 모습을 드러내라. 커튼을 걷어라. 청중이 당신의 개성을 볼 수 있다면 그들은 당신의 인간성에 반응할 것이다.

2. 한계 안에 가둬두지 마라

브랜드의 목소리가 멈춰서는 안 된다. 목소리는 끊임없이 변화하는 개성과 신념, 열정의 조합이어야 한다. 당신의 상대적인 특성을 드러내는 것은 변화를 보여주는 최고의 방법이다.

3. 리더십은 경청에서 나온다

들어라. 자신을 표현하는 수많은 방법을 갖게 될 것이다.

표현하기 전에 상대방의 말에 귀를 기울이고, 그들의 환경을 파악하고, 그들의 사명을 이해하고, 꿈을 이루기 위한 그들의 도전을 보라.

4. 사람들의 느낌을 자극하라

사람들이 우리에 대해서 어떻게 느끼는지보다 사람들이 자신이 정의하는 위대함에 도달하는 자신의 능력에 대해서 어떻게 느끼는지를 돌아볼 때 우리는 최고가 될 수 있다.

5. 피하지 말고 맞서라

창의성을 위해 싸워라. 그리고 그 길에 다양한 관점을 끌어들여라. 정말로 기억에 남는 스토리를 만들기 위해서는 만드는 과정에서 듣는 비판을 반갑게 받아들여야 한다.

6. 이겨놓고 싸워라

최고의 순간이 오기까지 마냥 기다려서는 안 된다. 최고의 결과를 예상하고 계획을 세워라. 그때가 임박했을 때 스토리가 준비되어 있게 하라.

6장

열정은
부끄러운 것이
아니다.

EMOTION
BY
DESIGN.

클래식이라면 영원히 이어질 거야

그런 뒤라면 나는 당신이 결코 가보지 못한

모든 곳에 있을 것이고 이전의 어떤 나보다 나아질 거야

- '클래식Classic(Better Than I've Ever Been)'

이 노래가 처음이자 마지막으로 라이브로 공연된 건 2006년 12월 뉴욕 고섬 홀Gotham Hall에서였다. 아티스트 라킴Rakim, 카녜이 웨스트Kanye West, 나스Nas, 케이알에스 원KRS-One은 조그마한 무대에 올랐다. 나이키가 기획한 특별 행사에 초청된 500여 명의 청중을 위한 공연이었다. 이들 중 한 사람만으로도 고담 홀을 몇 번이고 가득 채울 청중을 모을 수 있었지만 그들은 나이키의 기념일을 축하하기 위해 모두 그곳에 모여주었다. 한때 은행이었던 이곳은 쇼케이

스 현장으로 바뀌었다.

손님들은 거대한 흰색 운동화 상자를 지나 밝은 조명이 비치는 복도를 따라 걸어갔다. 복도 벽에는 한 운동화의 1700개 버전이 늘어서서 손님들을 플로어로 안내했다. 나이키 독점 행사였지만 MTV가 전설적인 아티스트들의 공연을 방송하기 위해 그 자리에 함께 있었다. 이들이 한데 모여 공연을 한 적은 이전에도 없었고 이후에도 없을 것이다. 청중도 그 점을 알고 있었다. 이런 운동화가 한자리에서 전시되는 일 역시 마찬가지였다. 그 전에도 없었고 앞으로도 없을 것이었다. 청중도 그 점을 확실히 알고 있었다. 이 유일함이 바로 행사의 백미였고 우리가 그 행사를 '원나잇온리1NightOnly'라고 부른 이유였다.

패트릭 유잉Patrick Ewing부터 라시드 월리스Rasheed Wallace, 스파이크 리까지 우리는 우리가 사랑하는 것, 우리가 존중하는 것, 우리가 최고라고 믿는 것을 찬양하기 위해 모였다.

이 모든 것이 어떤 운동화를 위해 벌인 일이라면 미친 소리처럼 들리겠지만 그것은 에어 포스 1Air Force 1, 역사상 가장 중요한 운동화의 힘이었다.

아이콘 창조의 시작

당시 나이키의 브랜드 디자인 책임자였던 나는 회사의 대표이자 에어 포스 1의 열렬한 추종자로서 청중과 함께 있었다. 1980년대에 10대를 보낸 대부분의 사람과 마찬가지로, 나이키와 나의 관계에서 농구는 빼놓을 수 없다. 나는 운동 신경이 있는 편이었지만 점프 슛은 평균 이하였다. 그래서 나의 우상들, 특히 당시 필라델피아 세븐티식서스Philadelphia 76ers의 센터였던 모제스 멀론Moses Malone을 따라 하는 데 몰두했다. 그 전 해인 1983년, 멀론은 식서스를 이끌고 NBA 챔피언 결정전에 올랐다. 그가 시즌 동안 신고 있던 운동화가 바로 붉은색과 흰색의 에어 포스였다.

물론 나도 에어 포스 1을 갖고 있었다. 부모님은 중고 에어 포스 1 하이탑을 사주셨는데 보자마자 사랑에 빠졌다. 그 운동화를 신을 때마다 끈을 묶고 끝을 잡아당기는 일종의 의식을 반복하면서 나는 높이 날아오르리라는 믿음을 다잡았다. 그렇게 농구에 대한 꿈은 점점 커져갔다. 망상이었을지도 모르지만 내 안에서는 그런 꿈들이 자라나고 있었다. 그러다 나는 곧 깨달았다. 에어 포스조차 내 점프 슛을 나아지게 할 수 없다는 것을. 그래도 나는 여전히 그 신발을 사랑했다. 그것은 나이키와 나 사이 감정적인 연결의 시작이었다. 물론 이건 나에게만 해당되는 일은 아닐 것이다.

나이키는 1982년에 에어 포스 1을 세상에 처음 내놓았다. 당시 나이키는 러닝화 전문 브랜드로 알려져 있었고 러닝화 디자인은 농구화 디자인과는 전혀 달랐다. 브루스 킬고어Bruce Kilgore가 첫 에어 포스 1이 될 운동화의 스케치를 시작했을 때 그가 영감을 얻기 위해 찾아본 것은 러닝화가 아닌 등산화였다. 러닝화는 단 하나의 움직임을 위해 만들어진 반면 등산화는 다양한 움직임에 맞는 유연성과 지지력을 염두에 두고 만들어졌기 때문이다. 코트에서 농구 선수의 움직임, 특히 피벗Pivot(한 발을 붙인 채 남은 한 발을 이리저리 돌려 방향을 바꾸는 것 - 옮긴이)은 다양한 동작은 물론이고 안정적인 지지를 필요로 했다. 개발 과정 내내 브루스는 '성능을 위한 디자인'을 하고자 고심했다. 이는 에어 포스 1이 오로지 농구 선수를 위해 만들어졌다는 것을 의미했다. 브루스는 농구화에 진심이었다. 브루스는 선수가 미끄러지지 않고 축 운동을 할 수 있는 새로운 순환식 밑창 패턴 등 농구를 중심으로 한 여러 혁신적인 디자인 기능을 만들었다. 어린 시절 내 기억 속 가장 인상적인 기능은 뒤꿈치의 공기 주머니였다. '이 시즌을 시작으로 공기는 상자에 담겨 판매될 것'이라는 에어 포스 1의 첫 번째 구호가 이 점을 강조하고 있었다. 이 구호가 등장한 포스터는 흰색 에어 포스 1 박스와 그 위에 놓인 농구공만을 보여주는 단순함으로 미스터리한 감각을 전달함과 동시에 농구에만 집중했다는 점을 드러낸다.

사람들이 흔히 말하듯이, 결과는 시도를 해야만 나온다. 에어 포스 1은 나이키 최초의 농구화가 아니다. 나이키는 앞서 1972년에 블레이저Blazer를 출시했었다. 그럼에도 농구 시장에서 나이키의 존재감은 미미했다. 나이키는 1982년 NBA 시즌을 시작으로 농구 시장이 커질 것을 알아챘다. 운동화를 대표할 여섯 명의 NBA 선수들이 선정됐다. 세븐티식서스의 멀론과 보비 존스Bobby Jones, 로스앤젤레스 레이커스의 마이클 쿠퍼Michael Cooper와 자말 윌크스Jamal Wilkes, 홈타운인 포틀랜드 트레일 블레이저스의 캘빈 나트Calvin Natt와 마이컬 톰프슨Mychal Thompson이 그들이었다. 그들은 '오리지널 식스Original Six'로 불렸고 에어 포스 1의 역사에 영원히 이름을 남기게 되었다. 흰색 비행복을 입고 검은 아스팔트 포장 위에 붉게 달아오른 하늘과 제트기를 배경으로 여섯 선수가 서 있다. 포스터 하단에는 에어 포스 1이라는 글자가 새겨져 있었다. 이 포스터가 얼마나 상징적이었느냐 하면 일본의 장난감 회사 메디콤Medicom에서 선수들의 액션 피규어를 만들었을 정도다.

이 포스터가 에어 포스 1에 대한 관심을 높인 것은 확실하지만 이 여섯 선수, 특히 1년 후 식서스를 챔피언 결정전으로 이끈 멀론의 코트 위 이미지를 능가하는 것은 없었다. 통상적인 마케팅이었다면 최근 그가 거둔 챔피언십 승리와 연결하여 그가 신은 에어 포스 1을 내보였을 것이다. 하지만 나이키는 그렇게 하지 않았다. 사실 나이키는 40년 동안 그 운동화를 포커싱한 광고를 단 하나도 만들지 않았다. 그럴 필요가 없었다. 광고를 만들었다면 그것은 대박 난 운동화 하나로 나이키가 농구 시장에 성공적으로 진입했다는 스토리였을 것이다. 1984년 이 운동화는 단종됐고 회사는 다음 농구화인 덩크Dunk의 디자인에 들어갔다. 당시에는 다들 그랬다. 에어 포스 1에 대한 수요가 여전히 높은데도 새로운 제품을 출시했다. 에어 포스 1은 그렇게 역사 속으로 사라질 뻔했다.

다행히 역사는 그렇게 흘러가지 않았다. 에어 포스 1에 대한 수요가 너무 높았던 나머지 유통업자들까지도 나이키에 재출시를 요구했다. 에어 포스 1 열풍이 불고 있었다. 의도한 것은 아니었지만 희소성이 그 열풍에 불을 붙였음에는 의심의 여지가 없었다. 특히 젊은이들 사이에서 에어 포스 1은 컨버스의 척 테일러Chuck Taylor 정도는 되어야 견줄 만했다. 유행처럼 이 운동화를 신는 젊은이들이 많아졌다. 그들은 필라델피아부터 뉴욕까지 95번 주간고속도로를 따라 자리한 도시 출신들이었다. 코트에서 거리로 자리를 옮긴 에어 포스 1는 농구 선수를 위한 운동화에 머물지 않았다. 그것은 하나의 아이콘이자 문화를 공유하는 심벌이었다. 1986년 나이키는 시장의 선택을 받아들여 에어 포스 2의 출시를 발표했다.

현재 에어 포스 1은 1700가지 버전이 존재한다. 색상과 재료 외에 아무것도 바뀌지 않은 운동화가 여전히 생산되고 있다. 광고를 단 한 번도 한 적이 없는 제품치고는 괜찮은 결과 아닌가?

위대한 유산

여러 세대에 걸쳐 운동선수와 운동화 애호가들이 이 운동화에 깊은 경의와 애정을 표하고 있다. 이 운동화를 처음 탄생시킨 팀은 에어 포스 1이 갖게 될 상징적인 위치나 문화적 영향력을 예상하지 못했다. 대체 무엇이 에어 포스 1을 그토록 특별하게 만들었을까? 어째서 40년이 지난 지금까지도 문화적 의미를 이어가는 것일까?

브랜드에는 문화적 아이콘을 만들어낼 힘이 있다. 아주 드물게 일어나는 일이긴 하지만 말이다. 아이콘을 만드는 데 대부분의 결정권은 브랜드가 아닌 소비자에게 있다. 브랜드는 소비자가 어떤 것에 아이콘의 영예를 허락할지 예상하지 못한다. 우리는 진정성 있는 통찰에서 출발하는, 역할이 분명한 제품과 스토리를 만들 뿐이다. 다른 것과 구분되는 혁신을 창조하고 대중과 깊게 연결되려면 여기서부터 시작해야 한다. 에어 포스 1의 역사를 조금 더 깊이 파고들면 운동화의 기능에 주목하는 것이 얼마나 중요한지 알 수 있다. 스토리텔링과 의도적인 포지셔닝을 통해 상품은 시장과 코트 위, 대중의 마음속에 자리 잡는다. 에어 포스 1은 여느 나이키 농구화처럼 특정 선수에 의존하지 않았다. 나이키가 스타일과 포지션이 다른 여섯 명의 선수들을 선택한 이유는 에어 포스 1이 모든 농구 선수를 위한 것임을 강조하기 위해서였다. 따라서 초반에는 스타 플레이어의 지원 없이 판매 성과를 올려야 했다. 하지만 결국 에어 포스 1은 테스터들이 운동화를 돌려주길 거부하면서 성능을 증명 했다. 그런 진정성 있는 포지셔닝은 멀론을 비롯한 프로 선수들이 본인 의사로 그 운동화를 사용하면서 강화됐다. 그들은 에어 포스 1을 신기만 한 것이 아니었다. 그걸 신고 경기에서 우승했다. 소비 자들은 기업 후원을 내보이는 공공연한 방식이 아니라 코트 위에 서의 투지를 통해 선수들이 보증하는 이 새로운 제품에 이끌렸다.

수년 동안 나이키는 이런 진정성이 자연스레 드러나게끔 했다. 무리하게 광고를 진행하지 않았기 때문에 오히려 운동화와 사람들 사이에 자연스러운 애착이 형성될 수 있었다고 생각한다. 나이키는 상술을 억제함으로써 에어 포스 1의 진정성을 더했고 이 때문에 에 어 포스 1은 거리에서도 선택 받았다.

이렇게 우리는 에어 포스 1의 25주년을 맞아 '원나잇온리'로 알려진 대규모 브랜드 행사를 열게 되었다. 이 행사는 새로운 에 어 포스 1의 출시를 맞아 개최됐다. 당시 브랜드 디자인 책임자였 던 내가 풀어야 할 문제는 명확했다. 어떻게 해야 에어 포스 1의 역 사와 기록을 훼손하지 않으면서 에어 포스 1이 얻은 영예로운 지위를 축하할 수 있을까? 당시 우리 팀의 크리에이티브 디렉터로서 에어 포스 1의 스토리텔링을 맡았던 마이클 셰이Michael Shea는 이 중요한 순간에 아주 적절한 비유를 사용했다. "우리는 에어 포스 1이 고전이 된 리바이스Levi's의 501 모델과 매우 흡사하게 여러 세대에 걸쳐 선택받는 아이콘이 되었다는 사실을 기억해야 했습니다."

하지만 에어 포스 1을 기념하고 축하한다는 아이디어는 대단히 많은 사람에게 대단히 큰 의미가 있는 신발을 마케팅하면서 나이키가 계속 지켜왔던 원칙을 스스로 깨뜨릴 여지가 있었다. 1982년 에어 포스 1이 출시된 이래 문화는 점차 변화했고 소비자들은 과도한 마케팅에 지쳐버렸다. 젊은 소비자들에겐 가장 적은 정보를 전달하는 것이 곧 가장 많은 정보를 전달하는 것이다. 로고를 어디에나 되는대로 갖다 붙이는 것이 애착을 떨어뜨리는 가장 확실한 방법이었으니 말이다. 에어 포스 1을 기념할 방법에 대해 극도로 신중하게 생각하고 주의를 기울이지 않는다면, 도리어 모든 일을 망칠 수도 있었다.

답은 신발에 있다

힙합 아티스트들을 섭외하기 전, MTV가 행사장에 카메라를 비롯해 온갖 장비를 들이기 전, 거대한 흰색 에어 포스 1 상자를 입구로 만드는 공사를 하기 전, 그전부터 운동화가 있었다. 우리가 무엇을 하기로 결정하든 운동화, 즉 온통 흰색인 클래식 에어 포스 1에 초점을 맞추어야 하는 것만은 분명했다. 우리의 초기 계획은 최대 규모의 에어 포스 1 컬렉션을 한자리에 전시하는 것이었다. 다른 모든 것은 태양 주위를 도는 행성처럼 중앙 진열대 주위를 공전한다는 계획이었다. 나이키 내 아카이브 부서는 에어 포스 1을 모으는 일을 전문적으로 해온 곳인데도 1700개 버전 모두를 갖고 있지는 않았다. 그래서 우리는 전 세계 운동화 수집가들에게 에어 포스 1 수집품을 대여해 줄 수 있는지 물었다. 차라리 어머니에게 아기를 빌려 달라고 부탁하는 편이 쉬웠을 것이다. 수집가들은 어떤 업체도 믿지 않았다. 나이키조차 말이다. 우리가 찾은 해법은 빌리는 시간을 하룻밤(원나잇온리)으로 제한하는 것이었다. 정말 다행히도 많은 수집가가 허락해 주었고 그렇게 전시의 모양새가 갖추어지기 시작했다.

　장소를 포함해 다른 요소들이 정해지면서 행사의 윤곽이 그려졌다. 고섬 홀은 사실 1981년에 문을 닫은 그리니치 저축은행 Greenwich Savings Bank이 입주해 있던 공간이었다. 건물 외관은 1920년대와 1930년대에 유행하던 고전 건축 양식으로 삼면에 코린트식 기둥이 서 있고 고대 로마 시대를 연상케 하는 돔형 지붕이 얹혀 있었다. 타원형 돔이 머리 위로 높게 솟아 있는 은행의 중앙 공간에는 구식 금고를 보호하는 창구가 있었다. 완벽했다. 우리는 에어 포스 1의 가치를 드러내기에 은행보다 더 나은 상징은 없다고 생각했다. 이 공간의 모든 요소가 에어 포스 1, 그 유산을 보호해야 할 당위성을 설명하는 일에 쓰일 것이다. 가격 때문에 귀한 것이 아니었다. 많은 이들의 애착 때문에 소중한 것이었다. 기억, 순간, 미래… 이런 것들이 에어 포스 1 한 켤레 한 켤레를 반짝이게 하는 이유였다. 우리는 중앙 공간 주변으로 반짝이는 하얀색 진열장을 만들었다. 함께 추억을 쌓아온 그 많은 사람들의 마음속에 보물로 간직된 1700종의 에어 포스 1을 전시하기 위함이었다.

물론 진열장에서만 운동화를 볼 수 있는 것은 아니었다. 사람들이 신고 있는 모습도 볼 수 있었다. 실제로 많은 사람들이 행사장에 자신의 에어 포스 1을 신고 왔다. 우리는 이것 역시 행사의 인기 요소가 되겠다고 생각했다. 에어 포스 1 애호가들은 서로의 소중한 운동화에 감탄할 것이다. 우리는 입구에 폴라로이드 카메라를 든 사진작가가 레드 카펫이 아닌 화이트 카펫을 따라 행사장에 들어가는 모든 사람을 포착할 수 있도록 무대를 만들었다. 행사에 참석한 손님들은 6피트(약 182.9센티미터) 높이의 둥근 무대로 올라가게 된다. (블루스가 1982년 디자인하는 데 많은 시간을 할애했던) 에어 포스 1 밑창의 피벗 포인트와 같은 모양으로 만들어진 무대였다. 사진작가는 얼굴이 아닌 무릎 아래 신발을 찍는다. 이후 손님들은 폴라로이드 사진에 서명을 하고 벽에 고정시킨다. 이렇게 서명된 폴라로이드 사진이 점점 늘어나면서 에어 포스 1이 한자리에 모인 갤러리가 만들어진다. 행사가 끝나고 우리는 사진을 도록으로 제작해 그 자리에 참석해 준 모든 게스트에게 보냈다. 우리는 아직까지도 SNS 프로필 사진으로 올라오는 이 사진들을 종종 발견하곤 한다.

기획 단계에서부터 우리는 이 행사의 목적을 계속 떠올려야만 했다. 유명인들이 참여하는 이벤트를 기획할 때면 그들을 중심으로 만들고 싶은 욕심이 생긴다. 물론 이런 방법이 적절할 때도 있다. 하지만 에어 포스 1의 경우, 그런 방식은 오히려 상징적인 의미에서 멀어지게 할 것이었다. 나는 초반에 진행했던 회의에서 "왜 사람들이 '원나잇온리'에 온다고 생각하는가?"라는 질문에 대한 대답으로 우리가 나눴던 대화를 기억한다. 그에 대한 반응으로 누군가는 "이 네 명의 힙합 아이콘들이 한꺼번에 무대에 오르는 모습은 어디에서도 다시 보지 못할 테니까"라고 대답했다. 인정한다. 그들의 음악을 들으면서 성장한 나 역시 작고 은밀한 공간에서 보게 될 희소한 그들의 공연이 매력적으로 느껴졌다. 그럼, 아티스트들은 왜 그곳에 오는 것일까? 그저 공연을 하기 위해서일까? 아니다. 아까 대답을 했던 사람이 또다시 말했다. "운동화 컬렉션 때문이죠!" 탄성이 터져 나오는 깨달음의 순간이었다. 언젠가 마스 블래크먼이 말했듯이, "그건 바로 운동화였다".

모든 공은 소비자로부터

'원나잇온리'는 에어 포스 1을 기념하는 나이키의 사업 중 일부에 불과하다. 2007년 우리는 완전히 새로운 농구 스타들이 등장하는 새로운 에어 포스 1 포스터를 내놓았다. 에어 포스 1 기념일의 아트 디렉션을 주도하던 레이 버츠는 내게 이렇게 말했다. "솔직히, '오리지널 식스' 에어 포스 1 포스터는 너무나 상징적이어서 그런 미감에서 완전히 벗어나는 것은 미친 짓이 될 겁니다. 우리의 목표는 원래 포스터에 현대적인 느낌을 불어넣는 것입니다. 그것이 오리지널에 누가 되지 않기를 바랄 뿐입니다." 포스터는 에어 포스 1의 광고가 아니라 나이키 바스켓볼Nike Basketball을 일으켜 세운 운동화를 상기시키는 하나의 상징이었다.

버츠와 그의 팀은 여섯 명이 아니라 숀 매리언Shawn Marion, 라시드 월리스, 스티브 내시Steve Nash, 아마레 스터드마이어Amare Stoudamire, 르브론 제임스, 코비 브라이언트, 크리스 폴Chris Paul, 폴 피어스Paul Pierce, 저메인 오닐Jermaine O'Neal, 토니 파커Tony Parker 이렇게 10명의 선수를 선정했다. 원래 포스터에서처럼 선수들은 흰 옷을 입고 아스팔트 위에 서 있다. 그들 뒤편으로는 태양이 밝게 빛나고 언덕과 공항 터미널의 윤곽이 보인다. 그 미감은 원전에 대한 경의로 충분할 만큼 비슷하다. 그러면서도 지평선과 아스팔트, 선수들 사이의 대조가 더욱 뚜렷하게 드러난다. 그것은 과거의 향수인 동시에 나이키 농구의 미래에 대한 위대한 한 걸음이기도 했다.

21세기의 에어 포스 1 기념일은 우리에게 문화적 아이콘을 찬양하고 기억할 기회를 주었다. '원나잇온리'에서부터 〈두 번째 시작Second coming〉, 운동화의 새로운 에디션까지 우리는 오리지널의 영향력을 인정하는 동시에 전혀 새로운 선수들과 소비자들에게 에어 포스 1을 소개했다. 이렇게 하는 데는 옳은 방법도 있고 그른 방법도 있다. 우리가 운동화를 기억한다는 핵심에서 벗어났더라면, '우리 모두의' 에어 포스 1이라는 가치를 깎아내렸을 것이다. 많은 면에서 에어 포스 1은 더 이상 나이키만의 것이 아니었다. 우리가 에어 포스 1이라는 유산을 나이키의 전유물로 취급했다면 우리는 제품에 대한 소비자의 애착을 약화시켰을 것이다. 버츠의 말대로, "우리는 에어 포스 1을 포르쉐 911Porsche 911에도 비유했습니다. 오랫동안 원래의 표현에 충실하면서도 진정성 있고 적절한 진화가 조심스럽게 일어날 수 있는 상징적 형태로 말입니다." 나이키는 애초에 에어 포스 1을 '거리'의 운동화로 만들지 않았다. 그렇게 만든 것은 소비자들이었다. 소비자들이 제품으로 우리 일의 범위와 권한 밖의 일을 한 것을 우리의 공으로 가로채서는 안 된다. 우리는 비켜서서 거리에서 어떤 일이 일어나는지 가만히 지켜볼 의무가 있다.

우리는 에어 포스 1을 성공시킨 나이키 팀의 진정성과 고객에게 권한을 위임하는 나이키의 전략을 분석하며 수십 년에 걸친 마케팅의 방법을 재정의하고 개발할 수 있었다. 레이가 말했듯이 무엇보다 "우리는 누구와 함께 춤을 추러 왔는지 결코 잊지 않았다". 우리가 어떤 일을 하든 초점은 운동화와 그것을 사랑하는 사람들에게 두어야 했다.

예술은 돈이 되지 않는다?

2006년경 방영된 HBO 시리즈 〈안투라지Entourage〉는 미국 내에서 가장 인기 많은 드라마 중 하나였다. 드라마는 할리우드를 배경으로 셀럽들이 가득한 에이전트 속에서 우여곡절을 헤쳐나가는 한 배우와 친구들의 이야기를 다룬다. 한 회차에서 배우 빈스Vince는 운동화 수집광 '스니커 헤드'인 친구 터틀Turtle에게 레이저 각인이 된 에어 포스 1 한 켤레를 선물한다. 로우탑 운동화에는 금색 테두리가 있고 앞 코에는 그의 이름이 새겨져 있다. 시청자들은 그것이 드라마를 위해 특별히 만들어진 것이라고 생각했을지 모른다. 나이키가 정말 신발이라기보다는 예술품에 가까운, 그토록 정교한 운동화를 만드는 데 시간과 자원을 썼을까? 그렇다. 그 운동화는 실제로 나이키에서 출시된 제품이었다. 사실 레이저 각인은 내 친구 마크 스미스Mark Smith의 작품이다. 그는 나이키 이노베이션 키친Innovation Kitchen의 크리에이티브 디렉터다.

사람들은 오래전부터 대량 생산 제품임에도 깊은 감정적 애착을 느끼는 제품을 개인화하기 위한 방편으로 운동화에 그림을 그려왔다. 그라피티 예술가들이 도심을 배경으로 그림을 그리듯 개인의 손길이 더해진 운동화는 일종의 예술품으로 재탄생한다. 최소한 소유자에게만은 의미 있는 것으로 변모한다. 달리 말해 개인화된 아이콘이 되는 것이다. '캔버스로서의 신발'은 레이저 각인이 된 운동화를 뒷받침하는 영감이었지만 사실 이야기는 그 몇 년 전으로 거슬러 올라간다.

2000년대 초, 마크는 우연히 이노베이션 키친에 있는 다른 나이키 팀원이 가죽을 자르기 위해 레이저로 실험하는 것을 보았다. 그는 가죽을 자르는 것이 아니라 가죽에 조각을 하는 용도로 레이저를 사용하는 아이디어를 떠올렸다. 그는 마오리족 문화에서 발견한 고대 전사의 가면에서 영감을 받아 몇 가지 실험적인 디자인을 시작했다. 곧 그는 예술가인 친구에게 연락해 자신의 작품을 보여주었고 그들 역시 레이저 기법에서 영감을 받아 어떤 일을 할 수 있는지 실험해 보고 싶어 한다는 것을 발견했다. 레이저 실험의 결과는 서핑 아트, 거리 그라피티, 켈트족의 상징 등 다양한 곳에서 영감을 받은 디자인으로 이어졌다. 마크와 예술가 친구들은 마치 역사를 기록하던 오래된 방법을 다시 발견하는 듯 보였다. 실제로도 재발견이라 할 만했다. 마크는 새로운 기법을 실험하면서 창의적 열정에 서서히 빠져들고 있었다.

이와 같은 맥락에서 우리는 2003년 '이노베이션 갤러리'를 만들었다. 가장 영향력 있는 도시의 창작 커뮤니티와 연계해 이전에 없었던 예술과 스포츠의 교차점을 탐구했다. 그것은 도시의 표면 아래로 들어가 예술가, DJ, 스타일리스트, 사진작가, 디자이너 등으로 구성된 창작 네트워크와 관계를 맺는 방법이었다. 한 '에너지 센터'는 베니스 해변의 오션 프론트 워크 523번지 전설적인 블루 하우스Blue House에 자리해 있었다. 1901년에 지어진 그곳은 도어스Doors의 짐 모리슨Jim Morrison을 비롯한 여러 유명 인사들이 모이는 곳이었다. 또 다른 곳은 소호 엘리자베스 거리에 있었다. 이곳은 LA나 뉴욕시의 대형 갤러리들과는 비교도 되지 않는 작은 공간이지만 우리의 목적에는 딱 맞아떨어지는 곳이었다.

미술관에서 아이디어를 얻은 것은 분명하다. 하지만 그렇다고 에너지 센터를 단순한 갤러리로 생각하면 오산이다. 거기에는 흰 벽도, 줄에 걸린 그림도, '만지지 마세요'라는 표지도 없다. 오로지 감각을 사로잡기 위한 체험 공간으로 고안되었다. 어떻게 보면 나이키 매장 역시 제품을 전시하는 공간이다. 소비자들은 여러 카테고리의 제품을 만지고 체험할 수 있었다. 하지만 그런 방식에는 명확한 한계가 있었다. 우리의 혁신과 아이디어를 담은 제품과 그 제품을 착용하고 경기에 임하는 선수들의 뒷이야기를 전할 뿐이었다. 에너지 센터는 그런 문제를 해결했다. 이로 인해 더 심도 있는 스토리텔링에 대한 가능성이 열렸다. 우리는 오롯이 한 명의 예술가에게 집중해서 전시를 열듯 특정한 주제에 온전히 몰입할 수 있도록 센터를 설계했다. 물론 이런 아이디어를 확장해 워크숍이나 심지어는 작은 콘서트까지도 포함시킬 수 있다. 하나의 주제에 특화된 혁신을 스토리텔링하는 방식으로 말이다. 1000제곱피트(약 92.9제곱미터, 약 28.1평) 안에서 이렇게나 많은 일을 할 수 있다는 게 놀랍지 않은가.

우리가 센터에서 개최한 전시에는 다음과 같은 것들이 있다.

리사이클링

나이키 제품을 텐트, 가구, 옷까지 완전히 새로운 형태로 재활용한 제품을 전시했다. 우리는 '지속 가능한' 혁신이 많은 브랜드의 초점이 되기 훨씬 이전부터 이에 대한 논의를 개발해 왔다.

속도 혁신의 계보

수년에 걸친 나이키 신발의 혁신 중에서도 특히 속도에 초점을 맞춘 공개 행사였다. 한쪽 벽을 따라 난 홈은 제트기의 공기 흡입구 모양을 띠고 있으며 보는 이들이 더 빠른 신발을 추구해 온 나이키의 역사를 이해하도록 연대표와 함께 해당 기술이 담긴 신발을 전시해 보여준다. 이 프로그램의 슬로건은 다음과 같다.

'시간 동작, 은유, 소리를 통해 들어보는 15개의 속도 이야기'

워커 아트센터에서 일해본 나는 에너지 센터의 디자인과 큐레이션 프로젝트를 이끌 준비가 되어 있었다. 나는 새로운 예술적 표현으로 나이키 브랜드의 특징을 공유한다는 아이디어에서 영감을 얻었다. 건축가, 작가, 아트 디렉터, 영화 프로듀서 등으로 이루어진 우리 팀은 방문객들에게 역동적인 스토리텔링으로 가득한 몰입형 공간에서 나이키의 혁신을 더 생생히 볼 수 있는 기회를 제공했다.

에너지 센터의 가장 좋은 부분 중 하나는 상업적인 문제에 얽매이지 않아도 된다는 점이었다. 우리의 목적은 제품을 파는 것이 아니었다. 나이키의 혁신에서 어떤 예술적인 표현이 나올 수 있는지, 그런 혁신이 스포츠 너머 우리가 사는 이 세상에 얼마나 기여할 수 있는지로 사람들에게 영감을 선사하는 것이었다.

이 공간은 그들이 운동장이나 코트와는 다른 차원의 나이키 월드를 탐색할 수 있는 공간이었다. 그것은 극히 일부만이 이해하는 세계였고, 그래서 애초에 대량 소비를 목적으로 하지 않았다. 그게 바로 규모가 작은 이유였다. 다양한 방면으로 창작 커뮤니티에 봉사하는 것은 양쪽 해안에 하나씩 있는 두 곳의 에너지 센터로도 충분했다.

여기서는 신발이 곧 캔버스다. 가죽 캔버스에 문신을 새겨 메시지를 전달하는 것이다. 갤러리에서 아티스트를 초청해 그들의 작품을 갤러리 특유의 창의적 방식으로 보여주는 것처럼, 우리는 마크에게 자신의 언어로 마음껏 표현할 공간을 내주고 싶었다. 다른 세계의 문화를 표현하는 마크의 신발 컬렉션을 보여주자는 아이디어가 나왔다.

전시된 신발의 혀 부분에 마크가 레이저로 불꽃을 각인했다. 한 점에 집중된 불꽃의 힘을 상징하는 것이었다. 또한 마크는 나이키 코르테즈Nike Cortez와 함께 에어 포스 1 뒤축에 미소를 새겨 넣는 등 몇 가지 다른 작업도 했다. 마크는 이렇게 말했다. "저는 재미있는 새 기술을 통해 세상에 미소를 보내고 있습니다."

커뮤니티의 반응은 엄청났다. 사람들은 레이저 각인에 뜨거운 관심을 쏟아내기 시작했다. 레이저 각인 운동화가 대중의 큰 공감을 얻은 덕에 우리는 한정판 제품을 내놓기로 결정했다. 한정판 제품 중 하나가 〈안투라지〉에 등장했다. 우리는 레이저 각인으로 특별한 신발과 특별한 운동선수에 대한 스토리를 전할 수 있음을 깨달았다. 마크는 전 세계를 여행하며 다양한 청중 앞에서 자신의 기술을 이야기하고 시연할 예정이었다. 마이클 조던의 엄청난 성화로 그 기법을 활용한 에어 조던 XXAir Jordan XX이 탄생하기도 했다. 마크는 발에서부터 발목까지 감싸는 부분에 조던의 농구 인생에서 중요한 순간들을 표현하는 도해 콜라주를 삽입했다. 조던이 부를 이룬 뒤 구입한 스포츠카 이미지는 물론, 위에 'pops'라는 글자가 적힌 도구상자(도구에 조예가 깊었던 조던의 아버지를 나타내는 것이었다) 등이 새겨졌다. 이 신발의 주인이 될 사람들은 신을 때마다 지금의 조던을 있게 한 코트 안팎의 요소들을 보며 조던과 더 친밀해질 것이다.

많은 사람이 에어 조던 XX를 '레이저 각인' 신발의 정점으로 생각하지만 내 생각은 다르다. 마크는 자기가 맡은 일 외에도 운동선수나 유명인들을 위한 레이저 각인 운동화를 기꺼이 만들어주었다. 때는 마침 2015년이었고 버락 오바마 대통령이 나이키 캠퍼스를 방문했다. 마크와 팀원들은 이 44대 미국 대통령에게 맞춤형 에어 포스 1을 선사했다. 숫자 44가 레이저로 각인되어 있었다.

레이저 각인은 마크가 자신의 호기심과 상상력을 풀어내고자 선택한 방법이었다. '프로세스 밖의 프로세스'로 나이키의 지원을 받아 에너지 센터에서 선보인 덕분에 이 기법은 사회적으로 큰 공감을 얻었다. 이런 레이저 혁신은 입소문을 타며 TV쇼는 물론 뉴욕시와 로스앤젤레스의 예술 커뮤니티까지 확산되었다. 그러고는 마이클 조던을 위한 경기용 운동화에 적용되었으며 마침내 미국 대통령에게까지 이르게 되었다. 이렇게 또 하나의 제품이 문화적 아이콘으로 자리 잡았다. 훨씬 더 깊고 개인화된 캔버스가 됨으로써 말이다.

디자인의 민주화

나는 팀을 이끌고 런던 새빌 거리Savile Row의 수제 양복점으로 향했다. 서비스, 기술, 개인화, 스타일 등 이곳을 세계적인 명소로 만든 요소들을 팀원들이 직접 경험했으면 하는 마음에서였다. 이런 양복점에서는 1밀리미터까지도 허투루 재단하지 않는 꼼꼼함을 발견할 수 있다. 재단사가 치수를 잴 때 거치는 모든 과정은 재단, 가봉, 소재, 실, 단추, 그 밖에 다른 모든 요소가 한 벌의 옷을 통해 당신의 몸과 당신의 성격을 완벽하게 드러내도록 고안된 것이다. 새빌 거리에서 양복을 맞출 때는 단순히 옷감에 대한 돈을 지불하는 것이 아니다. 당신은 한때 왕족에게만 허락되었던 서비스에 돈을 지불하는 것이다. 그날 양복을 맞추지는 못했지만, 맞춤형 물건을 만들 때는 높은 수준의 서비스가 중요하다는 아주 기본적인 사실을 다시 한번 확인했다.

자신만의 전통을 개발하기 위해서 꼭 몇백 년의 역사가 필요한 것은 아니다. 상상하지 못한 새로운 영감을 찾기 위해 계속해서 '자신으로부터 벗어날' 방법을 찾으면 된다. 2장에서 언급했듯이 호기심은 모든 창조적인 일에 없어서는 안 될 요소다. 우리 팀과 내가 그곳에서 찾으려던 것은 '양복 대신 운동화를 개인화하는 방향으로 런던의 맞춤 양복 시스템을 도입할 수 있을까?'에 대한 해답이었다.

당시 업계에서 맞춤형 운동화는 새로운 일이 아니었다. 1999년 나이키는 자사 웹사이트를 통해 나이키아이디NIkeiD 사업을 출시했다. 원하는 재료와 색상을 골라 자기만의 스타일로 운동화를 만드는 재미를 고객에게 선사한 것이다. 이 서비스의 인기 덕분에 이름이나 별명을 비롯해 운동화 뒤꿈치 부분에 넣을 수 있는 슬로건까지 개인화의 다양한 선택지가 만들어졌다. 우리는 몇 년에 걸쳐 이 사업을 운영하면서 소비자가 마음대로 할 수 있는 변수가 적을수록 효용이 높다는 사실을 깨달았다. 소비자가 내릴 수 있는 결정에 제한을 두어야 만족감이 높아졌던 것이다. 원하는 것이라면 무엇이든 디자인할 수 있는 빈 캔버스를 바라는 사람도 있을 것이다. 하지만 대부분의 경우 약간의 지침과 함께 약간의 선택지가 주어지기를 원한다.

나이키아이디 브랜드 디자인 팀을 이끄는 초기만 해도, 우리의 일은 브랜드 상징, 스토리텔링, 사용자 경험을 만드는 데 집중되어 있었다. 하지만 서비스의 범위가 넓어지고 인기가 높아지면서, 우리는 나이키아이디에서의 창작 기회가 단순한 디지털 플랫폼보다 훨씬 크다는 사실을 깨달았다. 그렇게 우리는 물리적인 환경에서 최고의 개인화 서비스가 어떤 모습이고 어떤 느낌인지 연구하기 시작했다. 우리는 런던의 수제 양복점을 방문했고 (품질, 서비스를 포함해 종종 간과되곤 하지만 공간 사이에서 믿기 힘들 정도로 놀라운 균형을 이루고 있는) 최고의 레스토랑도 조사했다. 최고의 레스토랑에는 최고의 서비스와 최고의 음식만 있는 것이 아니다. 그곳에는 어떤 '느낌'이 있다. 건물, 인테리어, 분위기, 음악, 조명, 이 모든 것이 고객에게 음식과 서비스를 즐기는 완벽한 환경을 제공한다. 우리는 여러 도시를 여행하면서 포시즌스Four Seasons와 리츠 칼튼Ritz Carlton 리조트의 리더들이 서비스에 어떻게 접근하고 직원에게 어떻게 전문가의 자격을 부여하는지를 배웠다. 그 외에도 세계 최고의 포장 디자인을 모아 참고했다(식당과 달리 우리 소비자들은 제품을 현장에서 소비하지 않고 박스에 담긴 상태로 건네받는다). 애플이든, 티파니든, 도쿄 최고의 부티크 상점이든 직원들이 제품을 박스에 담는 과정과 소비자가 박스를 여는 데에는 의례적인 요소가 존재한다. 그들의 노하우를 선별하여 최고를 택하고 나머지는 과감히 버렸다.

2005년 나이키아이디를 진행했던 경험과 여행을 통해 배운 것을 발휘할 시간이 왔다. 우리의 첫 번째 스튜디오는 에너지 센터로 사용했던 뉴욕 엘리자베스 거리에 위치했다. 다른 많은 브랜드가 혁신의 과정에서 그래 왔듯, 우리는 콘셉트를 실시간으로 테스트했다. 그 콘셉트는 개인적이면서 인간적인 감성을 지닌 경험을 디지털 부문에서는 최초의 예약 전용 서비스로 제공한다는 것이었다. 디자인 컨설턴트들은 새빌 거리의 재단사들처럼 마지막 세부 사항까지 클라이언트와 함께 맞춤 제작했다. 런던의 양복점 모델은 전 세계 어디에서나 볼 수 있는 맞춤양복점으로 퍼져나갔지만 그걸 신발에 적용하겠다고 생각한 사람은 아무도 없었다. 어느 정도 인기를 끌겠다는 자신은 있었지만 6주간의 팝업 매장이 전 세계의 맞춤형 스튜디오로까지 성장하리라고는 생각지 못했다. 우리는 엘리자베스 거리에서 많은 것을 배웠고 여기서 얻은 교훈을 다음 사업의 기반으로 활용했다. 우리는 나이키아이디를 통해 일원화된 개인화 서비스를 제공하면서도 매장별로 특색을 갖추길 바랐다. 예를 들어, 2007년 우리는 런던 나이키타운의 중심부에 2층짜리 운동화 맞춤 제작 체험장을 열었다. 전면이 유리로 된 네모난 '어항' 구조는 플래그십 스토어에 들어온 쇼핑객들에게 '맞춤 연구소Customization Lab' 내의 상황을 고스란히 보여줄 의도로 디자인된 것이다. 유리벽에는 독특한 디자인의 나이키 운동화, 예술 작품으로서의 신발 수백 점을 전시할 수 있는 진열장이 있다.

소호Soho, 머서 스트리트Mercer Street 21번지의 비스포크Bespoke(맞춤생산) 나이키아이디 스튜디오는 맞춤화가 어디까지 발전할 수 있는지, 얼마나 많은 사람들이 이 놀라운 경험을 하기 위해 적지 않은 돈을 기꺼이 지불하는지를 보여주는 대표적인 사례라고 할 수 있다. 이 매장은 2008년 나이키의 고가 제품을 위한 작은 프리미엄 부티크로 문을 열었다. 매장 뒤의 비스포크 스튜디오는 독창적인 신발을 만들기 위한 1 대 1 디자인 수업을 연다. 고객은 디자인 컨설턴트와 함께 최대 800달러 선에서 기본 재료, 오버레이, 안감, 스티치, 신발창 색상, 신발 끈, 끈 장식 등 신발의 31개 부분을 맞춤 제작할 수 있다. 또한 82개(에어 포스 1이 론칭한 해)의 프리미엄 소재와 색상을 선택할 수 있다. 물론 그 외에도 1000개가 넘는 종류의 가죽이 준비되어 있다. 이것은 디지털 웹사이트 서비스가 일방적으로 콘텐츠를 제공하고, 원치도 않는 팝업을 띄우는 식의 서비스와는 차원이 달랐다. 창작의 모든 여정에서 디자인 전문가와 직접 동행하는 완벽한 맞춤 제작이었다.

사소한 스케치에서 시작된 일이 전 세계 나이키 플래그십의 심장이 되었다. 엘리자베스 거리에서 문을 연 이래 불과 몇 년 만에, 주요 도시에서 당신이 걸어갈 수 있는 나이키 소유의 모든 공간에는 나이키아이디 스튜디오가 등장했다(애석하게도 한국에서는 아직 서비스되지 않고 있다). 운동화 한 켤레의 가격으로는 결코 저렴하다고 할 수 없기 때문에 이런 과정을 두고 '민주화'라고 부르는 것이 이상하게 들릴지 모르겠다. 나는 어디서나, 모든 사람이 이 독특한 디자인 기회를 경험할 수 있다고 말하려는 게 아니다. 나는 디자인 자체의 민주화, 즉 고객에게 운동화 디자이너가 될 기회를 제공하는 방법에 대해 이야기하는 것이다. 자신만의 독특한 운동화를 만들어가는 맞춤화의 모든 측면은 나이키와의 역사 속 어느 한 순간으로 거슬러 올라간다. 소비자는 저마다 브랜드와 연결된다고 느끼는 지점이 다르다. 어떤 요소 대신 다른 요소를 선택한다는 건 그것으로 우리 브랜드와 이어진다는 뜻일 것이다. 예를 들어 뉴욕시의 소호 비스포크 스튜디오에서는 소비자들이 자신의 맞춤형 에어 포스 1에 코끼리 혹은 사파리 테마의 프린트를 선택할 수 있다. 왜 하필 사파리인가? 1987년 팅커 햇필드가 자연에서 나타나는 이 두 가지 디자인을 그의 나이키 에어 사파리Nike Air Safari 러닝화와 나이키 에어 어설트Nike Air Assault 농구화에 사용했기 때문이다. 전통이 된, 그리고 이제는 소비자의 기억 속에서 자연스레 떠오르는 이 문양을 이제는 누구나 이용할 수 있다. 그것이 디자인 민주화의 핵심이다. 디자인 민주화는 당신을 브랜드의 한가운데로 초대한다. 이미 존재하는 것을 이전에 보지 못한 버전으로 재탄생시키면서 당신이 만드는 것이 곧 나이키의 역사에 남을 유산이 되는 것이다.

역사로 기억되다

'앞으로 등장하는 이야기는 사실 운동화에 대한 것이 아니다. 그
보다는 운동화가 이끌어온 삶, 운동화가 존재해 온 장소, 그것이
결코 공유하지 않았던 이야기, 그것이 신겨 있던 발, 그 이름의
유래가 된 슈퍼스타들, 그것이 만들어낸 트렌드, 그것이 아프게
한 마음, 그것이 포용할 미래에 대한 것이다.'

스쿠프 잭슨Scoop Jackson은 『솔(Sole, 신발 밑창, 유일한, 단독의 - 옮긴이)
프로바이더: 나이키 농구 30년의 기록Sole Provider: 30 Years of Nike Basketball』
의 도입부에 위와 같이 적고 있다. 내가 나이키 브랜드 디자인 책
임자가 되었을 때, 우리의 주요 프로젝트 중 하나는 이 책을 만드
는 것이었다. 이것은 분명 관습에 반하는 일이었다. 마케팅 예산을
사용해서 광고를 찍거나 행사를 여는 대신, 우리는 책을 만드는 데
집중했다. 왜일까? 우리는 어째서 신발 얘기로 나이키 농구의 발자
취를 돌아보는 책을 만들어보자는 아이디어를 떠올렸을까? 다음의
질문을 통해 이 질문에 대답해 보자.

'우리는 왜 역사를 기록하는가?' 과거의 이야기, 우리가 어디에서 비롯되었는지에 대한 이야기, 한 시대와 사건, 삶을 이루는 순간들이 너무나 중요하기 때문이다. 결국 우리가 나이키 농구에 대한 책을 쓰기로 결정한 것은 나이키의 역사를 돌아보았을 때, 그것이 가장 중요하다고 생각했기 때문이다. 단지 우리뿐만이 아니라 이런 순간들에, 이런 이야기에 영향을 받는 다른 수백만의 사람들에게도 말이다. 『솔 프로바이더』의 아트 디렉션을 이끌었던 레이 버츠가 당시 저널리스트였던 스쿠프를 공저자로 선택한 데는 이유가 있었다. 스쿠프는 이런 책이 인기 있는 신발의 멋진 사진으로 채워진 마케팅 책자가 되어서는 효과를 낼 수 없다는 걸 깊이 이해하고 있었다. 그 책은 운동화에 담긴 '이야기'를 조명하는 것이어야 했다. 그 책은 역사에 대한 것이어야 했다.

처음 목표는 지난 30여 년 동안의 제품과 캠페인으로 나이키 농구 마케팅의 역사를 들려주는 것이었다. 시장이 다소 좁은 '운동화 수집광'들을 위한 책이 되겠지만 한편으로 이 책을 나이키의 다채로운 유산, 곧 막대한 책임이 따르는 유산으로 미래의 마케팅에 어떻게 접근해야 할지에 대한 지침으로 만들 수 있겠다는 확신이 들었다. 기록보관소를 샅샅이 뒤져 20년 전에 만든 운동화의 히스토리를 찾아내는 대신, 책 한 권을 펼쳐 보기만 하면 되는 것이다. 따라서 『솔 프로바이더』는 역사책이며, 문화에 대한 책이고, 트렌드를 조망하는 잡지이자, 아름답게 요약된 지침서다.

이야기는 1972년, 나이키가 블레이저로 농구계에 진출한 때로 거슬러 올라간다. 조지 '아이스맨' 거빈George 'Iceman' Gervin은 연한 청색 운동복을 입고 두 개의 흰 농구공을 손바닥에 들고서는, 푸른색 스우시가 그려진 흰 색의 블레이저를 자랑스럽게 보이고 있다. 사실 1982년부터 25년 동안 에어 포스 1이 단순히 거리의 신발일 뿐 아니라 코트의 필수품으로 부활하는 데는 라시드 월리스가 미친 영향이 상당하다. 자신의 빈티지 에어 포스 1을 뽐내는 시드Sheed(라시드를 일컫는 말이다)의 사진 위에 스쿠프는 이런 글을 남겼다. "이 복고적인 물건이 미처 복고가 되기도 전에, 라시드 월리스는 복고풍의 분위기를 자아내고 있었다. 더럽든, 깔끔하든, 낡았든, 독창적이든, 혹은 특허를 받은 가죽이든. 그는 오늘날까지도 그런 것에 전혀 개의치 않고 경의를 표한다."

또, 이 책의 독자들은 에어 조던의 역사를 추적하면서 조던 XI이 양말에서 영감을 받았음을 알게 된다.

"신발끈이 전혀 없는 이 디자인은 최대의 편안함을 주는 맞춤형 핏을 위한 것이다. 발을 안정적으로 고정하기 위해 최첨단의 주문형 고정 장치가 만들어졌다. 이 모든 것은 조던이 특허 가죽을 사용하자는 의견을 제시하면서 달라졌다. 그는 턱시도에 신을 수 있는 세련된 농구화를 만들면 멋질 것이라고 생각했다."

심지어 포장까지 열광적인 반응을 얻었다. '신발 저장소A Shoe's Humidor'에서는 공장에서 매장으로, 매장에서 고객에게로 한 켤레의 신발을 전달하는 단순한 케이스가 나이키를 모으고 간직하는 수집 광들을 위한 일종의 보물 상자가 되기까지, 나이키 신발 박스의 역사를 추적한다. "운동화 수집광들이 운동화를 수집하는 이유보다 더 중요한 문제는 그 일을 '어떻게' 하느냐다. 그들은 어떻게 그렇게 많은 신발을 오랫동안 깔끔하고 새것같이 유지하는가? 신발 상자에 집어넣는 것이다."

『솔 프로바이더』는 총 650가지 신발을 소개하는데, 레이는 특히 '신발 업계를 정의하고, 형성하고, 인도하는 데 도움을 주었던' 열두 개의 신발에 초점을 맞추었다. 에어 포스 1이나 에어 조던과 같이 수십 년간 인기가 이어져 온 문화적 영향력이 있는 신발은 고객과의 역사에서 날실을 이루는 자신만의 독특한 스토리를 전달한다.

"우리는 이런 제품들이 없었다면 신발 업계 문화가 지금의 규모에 이르지 못했을 것이라 생각한다." 레이의 말이다. 모든 운동화가 나름의 상징과 지위를 갖고 있지만, 이 12개의 운동화는 업계와 문화의 진화를 가장 잘 드러내는 이정표이며 이음매를 거의 남기지 않고 하나의 운동화에서 다른 운동화로 흘러 들어가는 교차점이다.

이 책을 통해 길을 안내하는 우리 작업의 목표는 '과거와 미래'에 대해 이야기하는 것이었다. 예를 들어『솔 프로바이더』의 표지에는 오래된 나이키 블레이저가 빈스 카터가 신었던 나이키 샥스와 한 쌍의 운동화처럼 짝을 맞춰 신발 상자에 담겨 있다. 이 이미지는 과거와 미래를 보여준다. 마치 건축가의 청사진처럼 책 전체에서 드러나는 신발 디자인의 계통도를 표현하는 동시에 과거의 이미지와 나란히 있는 새 이미지의 대조까지 드러낸다. 우리는 운동화 수집광을 비롯한 여러 독자들이 스스로 멋진 것에서 더 멋진 것으로 이어지는 우리 이야기의 일부가 되게끔 과거와 현재 사이의 매끄러운 연결을 만들어내고 싶었다.

『솔 프로바이더』는 문화와 스포츠가 교차하는 한가운데서 사람들과 소통해 온 나이키의 역사를 보여주는 프레젠테이션이었다. 문화의 한 영역에서 새로운 아이콘이 등장해 문화가 바뀔 동안 대중이 나이키와 공유한 역사, 그들이 참여해 만들어낸 역사를 찬양하는 책이었다. 우리가 공유하는 열정과 이야기에 집중하는 책을 만들고자 했다. 나이키와 나이키의 제품을 사랑하는 사람들이 함께 이 이야기를 썼다. 우리에게는 나이키와 함께 이 여정에 동참해 온 사람들, 그 과정에서 우리가 선택했던, 우리를 선택했던 사람들 모두를 위해 한곳으로 이야기를 모을 힘이 있었다.

레이와 스쿠프는 30년에 걸친 스토리텔링의 계보를 한 권에 담았다. 미래 세대 나이키 크리에이터에게는 지침이 되는 귀중한 자료가 될 책이었다. 그들은 미래를 디자인하면서 과거를 바라볼 수 있게 될 것이다. 강박적인 운동화 수집광에서부터 낡은 운동화에 큰 애착을 느끼는 사람들까지, 문화의 한 단면을 형성하는 데 자신들이 기여한 바를 연대순으로 기록한 책을 헌정했다. 모든 브랜드가 전달하려는 자신의 이야기는 사실 자신의 것이 아니다. 오랜 시간에 걸쳐 구전되어 온 전래동화처럼 하나의 이야기가 잘 전달되면 그 이야기는 창작자 본인은 정의하기 어려운 거대한 문화의 흐름에 동화된다. 다음 세대로 전해지면서 이야기는 다르게 변형되고 당신의 생각보다 훨씬 큰 유산이 된다. 그런 이야기를 전달하라. 당신의 역사를 공유하라. 그 유산을 당신의 이야기를 듣고 싶어 하는 청중에게 돌려주어라.

신발의 탄생일을 기념하다

박스 모양의 건물이 주변 몇 마일 밖까지 등대처럼 빛난다. 마치 벽 자체가 생기로 진동하는 듯 모든 표면에서 빛이 폭발한다. 사진들이 건물 옆면을 타고 흐르다가 서서히 초점을 맞춘다. 이곳은, 혹은 이것은 많은 사람들이 체험하기 위해 줄을 서서 기다리는 건물인 동시에 운동화 상자다. 그것은 스니커즈SNKRS 상자이자, 쌍방향적 체험을 제공하는 집 크기의 건물이다. 이날 건물 내부에는 베일에 싸인 에어 맥스 0이 전시되고 있었다. 에어 맥스 0은 디자인계의 전설, 팅커 햇필드가 1980년대 중반 탄생시켰으나 당시에 생산하기에는 너무 진보적이라는 평가를 받은 에어 맥스의 원형이다. 이 스케치는 계속 보관되다가 1987년에야 그 디자인에 영감을 받은 에어 맥스 1을 탄생시켰다. 내부에서는 방문객들이 에어 맥스의 메카로 입장해 이전에 본 적이 없는 완벽하게 렌더링 된 에어 맥스 0을 바라보고 있다. 또한 그들은 팅커를 직접 만나 자신만의 에어 맥스를 사서 맞춤 제작을 의뢰하기도 하고, 신발에 대한 자신의 열정을 다른 사람들과 공유하기도 한다. 나이키 스니커즈 박스는 다양한 나이키 신발과 관련한 거의 모든 상황에서 사용될 수 있지만, 오늘은 그중에서도 가장 특별한 2015년 3월 26일, 바로 에어 맥스 데이Air Max Day였다. 이 점을 고려해 박스의 외관을 에어 맥스 1 박스처럼 보이게 만들었다.

단 하나의 신발에 하루를 온전히 할애했다고? 대체 왜? 1987년 3월 26일, 나이키는 에어 맥스 1을 출시했다. 이 신발에는 대단히 혁신적인 특징이 있다. 그중 가장 유명한 것은 '에어 백 윈도Air Bag Window'다. 햇필드는 신발의 공기와 스프링 기술을 강조한 이 혁신이 '내부에서 외부로' 지어진 파리 퐁피두센터 건물에서 비롯되었다고 말했다. 당시 나이키의 담당 팀이 에어 맥스 첫 광고의 배경음악으로 비틀스의 노래 '레볼루션'을 사용했다는 사실이 절묘하지 않은가? 35년 후에도 에어 맥스는 가장 상징적인 운동화로 남아 있고, 여전히 나이키 생산 라인의 주요 품목인 것을 고려하면 크리에이티브 팀의 선곡이 탁월했다고 할 수 있겠다.

2014년 나이키는 27년 전 처음 출시된 에어 맥스에 대한 경의의 표시로 새로운 버전의 에어 맥스를 발표했다. 새로운 운동화의 혀 부분에는 에어 맥스가 태어난 날인 '3.26'이 프린트되어 있었다. 우리는 신발의 탄생일을 기념하는 새로운 버전의 신발을 내놓는 것에 그치지 않았다. 내 동료 지노 피사노티는 이렇게 회상한다. "우리의 목표는 패션 브랜드들이 패션 위크에 모이는 것과 같이 모든 운동화 커뮤니티가 한데 모이는 날, 그런 순간을 만드는 것이었다."

에어 포스 1과 마찬가지로 우리는 에어 맥스가 에어 포스 1처럼 나이키의 소유를 뛰어넘는 존재로 성장했고 소비자들에게는 이미 그들의 소유물로 받아들여지고 있다는 것을 알고 있었다. 에어 포스 1의 25주년을 기념했을 때처럼 우리는 에어 맥스를 문화의 아이콘으로 만들어준 사람들에게 감사 인사를 전하고 싶었다. 사무실에서는 패션 위크를 벤치마킹한 아이디어들이 자유롭게 공유되었다. 이때는 아직 '단 하루'라는 아이디어는 고려되지 않을 때였다.

이후 지노는 나이키 DNA 팀의 책임자인 릭 섀넌Rick Shannon을

만나러 갔다. 릭은 지노에게 에어 맥스의 출시를 알리는 보도자료
를 보여주었다.

날짜: 1987년 3월 36일.
가장 강력한 '순간'은 무엇일까? 단 하루! 어떤 것을 일주일 내
내 기념하지는 않는다. 하루 동안 요란하게 떠벌리는 것이 보통
이다. 새해 첫날. 밸런타인데이. 생일. 어버이날.

밸런타인데이와 어버이날의 중요도는 화훼업자나 축하 카드
업계에 의해 만들어진 것이다. 얼마나 뛰어난 아이디어인가? 대부
분의 위대한 아이디어들이 그러하듯 에어 맥스 데이는 '나이키가
세계적으로 통용되는 명절을 만든다면 어떨까?'라는 질문에서 시
작됐다. 다른 명절과 마찬가지로 이 신발을 문화의 아이콘으로 만
든 이들에게 그것을 기념할 이유와 마땅한 명분을 주어야겠다는
생각이 형성되기 시작했다.

'단 하루'라는 콘셉트에 맞춰 운동화 출시일도 그날에 맞추면
됐다. 그뿐 아니라 소셜 미디어를 통하면 사람들을 집결시킬 수 있
다는 걸 깨달았다. 특별한 순간에 이르는 기대감을 차곡차곡 모으
는 이런 기획은 우리가 전에는 해보지 못했던 방식으로 소비자를
끌어들일 것이다. 에어 맥스를 중심으로 하는 커뮤니티는 이미 존

재했다. 우리는 그것을 따로 만들 필요가 없었다. 우리가 해야 할 일은 그들에게 한데 모일 계기를 만들어주는 것이었다. 그들은 이미 충분히 열정적이었다. 에어 맥스 데이는 그런 열정을 특정한 목적을 위해 활용하는 방법일 뿐이었다.

무엇보다 특정 장소에 얽매이지 않기로 했다. 행사를 위해 장소를 정할 수는 있지만, 그날의 기억은 사람들이 서로 에어 맥스에 대한 이미지와 영상, 기억을 공유할 때처럼 디지털로 존재할 것이었다. 나이키는 플랫폼을 제공했을지 모르지만 결국 에어 맥스 데이는 커뮤니티에 의해 움직이는 소비자 중심의 아이디어였다.

2014년 첫 에어 맥스 데이는 이후에 진행했던 것과 비교하면 다소 촌스러운 느낌도 있었다. 당시 우리가 새로운 버전의 에어 맥스 1을 출시했을 때, 그것은 사실 운동화 혀에 있는 '3.26'이라는 글자와 같은 몇 가지 수정을 제외하면 원작품의 정확한 복제품에 가까웠다. 나이키는 뉴욕, LA, 상하이에서 행사를 개최하고 인스타그램에 사진을 게재했다. 신발 상자들로 둘러싸인 에어 맥스 1 한 쌍의 뒷모습을 찍은 다소 단순한 이 사진은 곧 나이키 역사상 가장 많은 '좋아요'를 받은 사진이 되었다. 나이키는 커뮤니티에 행사에 참석해서 이 새로운 명절을 축하해 달라고 요청했고 커뮤니티는 그 요청에 기꺼이 응했다. 지금 보면 어설픈 부분도 분명 있었지만 우리의 첫 명절은 무사히 지나갔다. 이렇게 나이키는 기념일을 만들었다.

나이키와 함께 넓은 의미의 협력사, 커뮤니티들이 에어 맥스 데이를 위해 만들어준 특별한 행사는 여기에 다 나열하기 힘들 정도로 매우 많았다. 가장 기억에 남는 몇 가지를 요약해 보면 이 명절이 단순히 운동화의 탄생을 기념하는 날에서 어떻게 세계적인 현상으로 성장했는지 확실히 알 수 있을 것이다.

도쿄 랜드스케이프 가든Tokyo's Landscape Garden

2017년 에어 맥스의 30주년 기념일, 일본의 인테리어 디자인 업체 원더월Wonderwall은 도쿄 국립 박물관Tokyo's National Museum 안에 에어 맥스 운동화로 가득한 순백의 정원을 만들었다. '에어 맥스의 계보'라는 이름의 이 정원은 보통 나선 패턴으로 이루어지는 일본식 암석정원의 돌을 수년 동안 출시된 에어 맥스 버전으로 대체했다.

우주로 간 운동화

2017년 나이키의 디지털 에이전시 협력사인 스페이스150Spece150는 새로운 베이퍼맥스Vapormax 운동화 하나를 기상 관측 기구에 부착해 우주로 보냈다. 정말이다. 시청자들은 고프로GoPro 카메라를 통해 베이퍼맥스가 11만 7550피트(약 35.8킬로미터) 상공으로 올라간 뒤 기상 관측 풍선이 폭파한 후 낙하산을 타고 내려오는 것을 지켜보았다. 아이디어를 고안한 스페이스150의 크리에이티브 디렉터 네드 램퍼트Ned Lampert는 이렇게 설명했다.

"우리는 나이키에서 정말로 많은 영감을 받습니다. 이 역시 기술에 대한 그들의 접근법, 문화에 대한 접근법, 한계에 도전하는 시도에서 영감을 얻은 것입니다. 우리는 이것이 세계에서 가장 가벼운 신발임을 알리는 가장 완벽한 방법이라고 생각했습니다."[8]

에어의 주인

2016년 나이키는 〈에어의 주인Masters of Air〉이라는 영상을 제작했다. 세계에서 에어 맥스를 가장 많이 보유하고 있는 수집가 9명을 보여주는 영상이었다. 이 영상은 암스테르담, 베이징, 파리, 런던, 프라하, 도쿄, 라스베이거스, 멕시코시티, 베를린 등 세계 곳곳에 살고 있는 수집가들의 이야기를 들려줬다. 아이스박스Icebox라는 이름으로 통하는 베를린의 수집가는 4000족의 운동화를 보유하고 있는데 그중 절반이 에어 맥스다.

나이키 스니커즈 박스

앞서 언급했듯이 LA에서 있었던 2015년 에어 맥스 데이 행사의 하이라이트는 집 크기의 디지털 신발 상자였다. 최신 LED 스크린 기술로 이음새 없이 뒤덮인 이 박스 외벽에 영상과 이미지가 상영되면 마치 상자가 살아서 숨을 쉬는 듯 보인다. 우리는 다른 에어 맥스 데이에도 스니커즈 박스를 만들었다. 미리 예약한 시간에 맞춰 상자에 들어가면 고객들은 이 신발의 예전 버전과 새로운 버전을 구입할 수 있을 뿐 아니라 선수들과 에어 맥스 디자이너까지도 만날 수 있었다. 2016년에는 〈에어의 주인〉에 등장한 수집가들과 이야기를 나눌 기회가 주어졌다.

2014년 처음 시작된 이후 에어 맥스 데이의 영향력은 8년 동안 점점 강해졌다. 브랜드가 좀처럼 추진하기 힘든 방식이었음에도 에어 맥스 데이는 하나의 문화로 자리 잡았다. 브랜드와 트렌드가 잘 어우러진 아이템이었기 때문이라고 생각한다.

첫째로, 에어 맥스 데이는 커뮤니티를 축제의 중심에 둔다. 나이키의 역할은 자신의 열정을 직접 혹은 디지털 채널을 통해 분출하고, 다른 사람과 공유하게 만드는 것이다. 밸런타인데이나 어버이날처럼 에어 맥스 데이는 고객들에게 그들이 사랑하는 대상을 찬양하고 기념할 이유를 부여한다. 하지만 이런 커뮤니티 중심 접근법에 기여하는 또 다른 요소가 있다. 에어 맥스 데이는 팬들이 그들의 열정을 자신만의 방식으로 표현하도록 고무한다. 나이키는 사람들에게 자신들의 공감과 찬탄을 보여줄 도구와 영감을 선사한 뒤에 한발 물러선다.

에어 맥스 데이의 중심에 있는 또 다른 신조는 사람들에게 투표권을 주는 것이다. 매년 열성 지지자들이 소중한 한 표를 행사함으로써 다음 에어 맥스 버전의 방향을 결정할 수 있다. 말 그대로 나이키 창작 과정의 일부가 되는 경험을 선사하는 것이다. 멜버른부터 로스앤젤레스까지 세계 여러 도시에 걸쳐 소비자들의 반응을 보여줄 쌍방향 시스템이 만들어졌다. 처음의 인쇄 매체 광고에서 '나이키 에어는 신발이 아니다'라고 선언했듯이 과거부터 현재까지 에어 맥스 데이는 단순히 신발에 대한 것이 아니다. 에어 맥스 데이는 에어 맥스에 대한 지지와 사랑을 보내주는 커뮤니티들의 놀라운 창의성과 자기표현을 기념하고 축하하기 위한 날인 것이다. 이것은 에어 맥스 운동화만이 담고 있는 의미이기도 하다.

나이키가 에어 맥스 데이를 잘못된 길로 이끌 여지도 분명히 있다. 기념하려고 하는 바를 오히려 훼손할 수 있는 위험도 존재한다. 하지만 나이키는 언제나 제품과 그 제품을 위해 모인 커뮤니티를 중심에 둠으로써 그들에게 에어 맥스 데이를 그들의 날로 만들도록 권한을 넘겨주었다. 결국 에어 맥스 데이가 다른 데 의존하지 않고도 성공적인 기념일이 될 수 있었던 이유는, 나이키가 사람들을 그들이 너무나 사랑하는 바로 '그것'과 연결했기 때문이다. 우리의 기념일은 커뮤니티의 팬들이 제품에 대한 공통의 애정을 서로 축하할 수 있는 날이다.

좀 더 넓은 시각에서 보면, 그리고 나이키 마케팅의 전체 역사를 돌아보면, 우리가 차곡차곡 쌓아왔던 최고의 역량을 이 하루에 모두 쏟아부었다는 것을 알 수 있다. 나는 에어 맥스 데이가 나이키 브랜드 마케팅 활동 중 가장 순수하고, 이상적인 형태로 브랜드를 빛내는 순간이라고 늘 생각했다. 우리는 나이키, 나이키의 사람들, 나이키의 디자인, 나이키의 이야기, 나이키의 운동화 중 최고의 것을 일생일대의 경험에 녹여 넣었다. 에어 맥스 데이는 우리가 모든 열정을 불사른 운동화 상자였던 것이다.

쿨함을 자랑하지 마라

모든 브랜드는 자신만의 아이콘을 만들고자 한다. 자신만의 리바이스 501을, 자신만의 포드 머스탱을, 자신만의 에어 포스 1을 만들길 원한다. 그것은 제품이 이를 수 있는 최고의 경지다. 그렇지만 처음부터 그것을 목표로 한다면 100%의 확률로 실패하게 될 것이다. 진정성, 개성, 강력한 자아상과 목적의식이 아니면 무엇을 쿨하다고 할 수 있을까? '쿨함'을 추구하는 트렌드가 있다. 하지만 무작정 트렌드를 따라 해서는 아이콘을 만들 수 없다. 트렌드를 선도해야만 만들 수 있다. 트렌드를 따라가는 것은 내가 아닌 다른 어떤 것이 되기 위해 노력하고 있다는 뜻이다. 고객들은 이미 알고 있다. 브랜드는 무엇이 아이콘이 되는지 결정하지 못한다. 그것은 고객이 하는 일이다.

쿨함의 심벌이라고 할 수 있는 아이콘을 보유한 행운의 브랜드에는 그것을 존중하고 보호할 책임이 있다. 에어 포스 1은 수년 동안 수많은 에디션으로 나왔지만 그것은 모두 같은 신발이다. 그것은 모제스 멀론을 NBA 결승전으로 데려간 (그리고 나로 하여금 언젠가 프로 농구선수가 될 것이라 믿게 만든) 최초의 에어 포스 1과 같은 목적을 추구한다.

하지만 대개의 브랜드는 자신만의 에어 포스 1를 갖지 못한다. 많은 브랜드들이 관련성을 유지하면서 문화적 담론에 계속 오르내리는 것이 대단히 어려운 일임을 발견한다. 이 때문에 일부 브랜드는 최신 트렌드나 인플루언서, 소셜 플랫폼의 뒤꽁무니만 쫓는다. 너무나 많은 브랜드가 다른 모든 브랜드가 이미 하고 있는 일에 매달리면서 진정성과 감정을 자극하는 힘은 턱없이 부족한 제품만을 양산한다. 멋진 것만 좇다가는 그것을 영영 붙잡지 못할 것이다.

문화적 아이콘은 브랜드가 자신의 정체성과 목적의식에서 진정성을 잃어버리지 않을 때 형성되기 시작한다. 그렇게 하면 당신이 좇지 않아도 트렌드가 당신을 따를 것이다.

'쿨함이 아닌 진정성을 추구하는' 원칙

1. 진정성이 문화가 되게 하라

당신의 유산을 활용하라. 당신이 여기에 있는 것은 당신의 사명 때문이다. 따라서 우선은 당신이 사랑받는 이유를 기억해야 한다. 진정성은 당신이 만들어낼 수 없는 것이기에 보호해야 한다. 진정성은 최신 트렌드가 사라지고 난 후에도 오래도록 남을 것이다.

2. 하나의 사고방식에 갇혀 있지 마라

당신의 브랜드와 가치관을 공유할 수 있다면 다른 문화적 흐름을 수용하는 데 주저하지 마라. 미술과 음악 등 세상과의 교차를 통해 새로운 고객을 당신의 브랜드로 초대할 수 있고, 결국에는 더 큰 영향력을 발휘할 수 있다.

3. 커뮤니티와 함께 창조하라

브랜드는 혼자 힘으로 아이콘을 만드는 것이 아니다. 당신의 성공은 당신만큼이나 소비자의 덕이 크다. 그러니 그들에게 보상해야 한다. 그들에게 자신들의 열정을 세상과 공유할 도구와 시간을 마음껏 펼쳐 보일 캔버스를 제공함으로써 친밀한 관계를 형성하라.

7장

스파크를
일으키다.

EMOTION
BY
DESIGN.

"세상은 꼼짝도 하지 않는다. 세상은 틀에 박혀 있다. 오늘 우리는 교통 체증에 묶여 있는 대신 로스앤젤레스 사람들을 설득해 '움직이기'를 선택하게 할 것이다. 좋아, 출발!"

코미디언 케빈 하트가 신발 끈을 묶고 트럭 뒤에 오른다. 트럭 뒤는 유리 상자 같은 모습이고 그 안에는 트레드밀이 있다. 케빈이 달리기 시작하면 트럭은 로스앤젤레스를 가로질러 혼잡한 러시아워의 고속도로로 진입한다. 트럭 뒤에서 달리고 있는 케빈이 운전자들과 행인들에게 소리친다. 실은 야유에 더 가깝다.

"당신들은 교통 체증에 갇혀 아무것도 못하고 있네요." 케빈이 운전자들에게 말한다. "저는 무언가를 하는 훈련을 받고 있어요." 할 일이 있는 사람에게는 다소 가혹하게 들릴 수도 있지만, 케빈은 원래 그런 사람이다. 유리 상자 안 트레드밀에서 케빈 하트는 힘차게 달리고 있다. "밖에서 볼 때도 내 생각만큼 내가 멋져 보이나요?" 그가 도로 위 사람들에게 묻는다.

여느 때처럼 꽉 막힌 고속도로 위, 운전자들이 지나가며 경적을 울린다. 케빈은 그들 옆을 지나가면서 손을 흔들고는 이렇게 묻는다. "여러분은 나에게 보내는 환호로 경적을 울리는 건가요? 아니면 제가 길을 막았기 때문에 경적을 울리는 건가요?" 둘 다 그럴 듯한 소리로 들린다.

무슨 일인지 모르는 상태라면 이 상황이 그저 이상하게만 보일 것이다. 아마 케빈은 새로운 영화나 새로운 코미디를 홍보하고 있는 것이리라. 하지만 아니다. 케빈은 '하고 있다'고 말하는 일을 하고 있었다. 사람들을 움직이게 하려고 노력하는 것이다. 일어나라. 달려라.

그런데 잠깐, 케빈 하트라고? 그렇다. 배우이자 코미디언이면서 피트니스, 특히 달리기에 대한 열정으로는 누구에게도 뒤지지 않는 케빈 하트 말이다. 일단 그 이야기는 잠시 뒤로 미뤄두자. 케빈의 '곡예'(그렇게 부르고 싶다면 말이다)는 완전히 새로워진 나이키 리액트Nike React 혁신과 맞물려 2018년 4월 열리는 나이키의 "고 LA 10KGo LA 10K"를 홍보하기 위한 것이다.

트럭이 고속도로를 따라 달리는 동안, 케빈도 계속 달린다. 자동차 운전자들의 표정은 웃는 얼굴에서 혼란스러워하는 모습까지 다양하다. 대부분의 사람은 전화기를 꺼내 들고 이전에 한 번도 보지 못한, 아마 앞으로도 다시 보지 못할 진귀한 광경을 포착하기 바쁘다. 길 옆에서는 외출복을 입은 한 남자가 트럭에서 케빈이 소리치는 것을 지켜보다가 달리기 시작한다. 누군가가 〈움직이기를 선택하라Choose Go〉는 메시지를 받은 것이다.

"하루치 유산소 운동으로 충분해."

운동을 위한 운동

케빈과 나이키의 협력은 LA 레이스로만 끝나지 않았다. 그는 2017년 출시된 애플 워치 나이키+의 홍보 광고에도 참여했다. 나이키는 스포츠 영역 너머의 창조적 인재들과 협력해 다문화적 자극을 더함으로써 기존 고객 너머에까지 반향을 일으켰던 빛나는 역사를 가지고 있다.

그 처음은 스파이크 리였다. 그는 마스 블래크먼으로 분해 마이클 조던 옆에 선 채 "바로 운동화야"라고 말한다. 데니스 호퍼Dennis Hopper가 출연한 1993년의 광고도 있다. 그는 버펄로 빌스Buffalo Bills의 라인배커Linebacker(상대팀 선수들에게 태클을 걸며 방어하는 수비수 - 옮긴이) 브루스 스미스Bruce Smith의 거대한 운동화 한 짝을 들고 냄새를 맡는 아주 별난 심판으로 등장한다. 그들은 단순한 카메오가 아니었다. 나이키가 전달하려는 스토리를 독특한 방식으로 살려내기에 선택되었다. 그렇다면 이제 나이키는 왜 케빈 하트와 함께 일하게 되었는지 알아보자.

2015년 우리는 달리기에 대해서 진정성 있게 이야기할 수 있는 사람, 말 그대로 운동을 위한 운동Movement about Movement을 시작할 사람을 찾기 시작했다. 그때 찾은 사람이 케빈 하트였다. 영화와 스탠드업 코미디를 통해서만 케빈을 아는 사람들에게는 이 선택이 의아하게 느껴질 것이다. 그는 프로 선수도 아니었다. 하지만 그것이 바로 그를 선택한 이유였다. 나이키의 비전은 스포츠뿐 아니라 다른 세계 사람들에게도 향하기 때문이었다. 달리기 선수들은 이미 달리고 있다. 우리가 다가가야 하는 사람들은 소파에 앉아 있는 사람들이다. 케빈을 보고 채널을 돌리지 않을 사람들 말이다. 웃음을 전염시키는 케빈의 개성과 익살스러움이 청중을 일어나 앉게 하고, 웃게 하고, 바라건대 달리게 할 것이다. 이렇듯 삶에 운동을 끌어들이기 위해서는 영향력이 있되 달리기에 대해서도 진정성이 있는 파트너가 필요했다.

케빈이 이 두 가지 조건에 완벽하게 부합한다는 걸 어떻게 알았을까? 이 조건을 증명해 주었던 많은 이야기 중 하나를 소개해 볼까 한다. 2015년 6월, 보스턴 공연 전날 밤 케빈은 트윗을 올렸다. "보스턴 사람들, 일어나서 나와 함께 달려요! 매사추세츠 브라이튼 체스트넛힐 거리 367 경계에서 만납시다 … (중략) … 라일리 레크리에이션 센터 옆이요." 다음 날 약속 장소에는 300명의 보스턴 사람들이 케빈 하트와 함께 달리기 위해 나와 있었다. 그는 이후로도 5개월 동안 총 13개 도시를 돌면서 사람들과 달리기를 이어갔다. 필라델피아에서만 6500명이 케빈과 함께 형제애의 도시 한복판을 달렸다. 그는 록키 발보아Rocky Balboa(영화 〈록키〉의 주인공 – 옮긴이)가 처음 달렸던 필라델피아 박물관 앞 계단 꼭대기에서 끝나는 상징적인 코스를 따라 달렸다. 댈러스에서는 이미 코스를 완주한 케빈이 달리기에 합류한 과체중 남성을 발견하고 다시 돌아와 그와 함께 완주하는 일도 있었다.[9]

보스턴에서의 달리기에 대해 케빈은 이렇게 말했다. "솔직히 즉흥적인 결정이었습니다. 사람들에게 운동에 대한 동기를 줄 수 있는 멋진 방법이 될 것 같다고 생각했죠."

하지만 우리는 조금 더 깊이 파고들면서 케빈이 계속 달리기를 해온 사람은 아니라는 사실을 알게 됐다. 그는 몇 년 전 건강에 대한 진지한 고민 끝에 달리기를 선택했던 것이다. 하지만 그의 몸은 그가 마음먹은 대로 따라주지 않았다. 그는 달리기를 잘하지 못했다. 규칙적으로 운동하는 루틴을 만드는 데 애를 쓰고 있었다. 그러다 갑자기 모든 것이 달라졌다. 늦게 배운 도둑이 날 새는 줄 모른다고, 어느새 루틴의 수준을 넘어서 달리기에 중독되기에 이르렀다. 케빈은 플랫폼(당시 그의 트위터 팔로워 수는 2000만 명이 넘었다)을 이용해 달리기를 향한 애정을 다른 사람들과 공유하며 그들 역시 하루빨리 달리기를 시작하길 바라고 있었다.

질문으로 다시 돌아가 보자. 우리는 왜 케빈 하트가 운동을 위한 운동을 시작하는 완벽한 대사라고 판단했을까? 일단 시작했기 때문이었다.

우리에게 필요한 사람

케빈이 나이키 캠퍼스에 왔던 때가 생각난다. 회의 참석차 온 것이었다. 나는 이노베이션 건물 로비의 보안 검색대를 통과하고 있었다. 케빈은 바로 뒤에 있었다. 나머지 팀원들이 마저 검색대를 통과하는 동안 케빈에게 짤막하게 내 소개를 했다. 우리가 처음 만나는 자리였음에도 케빈은 주저 없이 세상을 움직이게 하려는 그의 야심을 털어놓기 시작했다. 가식이라고는 전혀 없었다. 그는 희극적인 분위기를 물씬 풍기는 사람이었지만 그 순간만큼은 달리기에 대한 열정으로 가득했다. 몇 초 전에 만난 사람 앞에서 말이다.

그의 비전에 귀를 기울이며 케빈의 구체적인 계획에 깊은 인상을 받았다. 그는 자신이 하고 싶은 것이 무엇인지 정확히 알고 있었다. 그것은 판에 박힌 기획이 아니었다. 재능 있는 사람에게 아이디어를 가지고 설득하는 일은 나 같은 사람들, 브랜드 마케터나 크리에이터가 하는 일이다. 하지만 이 경우는 아니었다. 케빈은 자신의 주도로 서비스가 충분하게 공급되지 못한 지역사회에 건강한 라이프스타일을 끌어들일 계획을 세우고 있었다.

나는 인간으로서나 코미디언으로서나 케빈을 존경하고 있었다. 하지만 그의 비전은 내 존경의 마음을 새로운 경지로 올려놓았다. 그가 너무나 자연스럽게 웃음을 유발했기 때문에 폭소로 말을 잇지 못할 뻔했다. 몇 분 후 프레젠테이션을 해야 하는 사람이 케빈이 아닌 나인 상황이 다소 당황스러웠지만 말이다.

팀원들이 회의실에 모였고 나는 겨우 정신을 차려 케빈을 설득하기 위한 발표를 시작했다. 나이키 브랜드의 개관, 우리의 목표와 사명, 가치관을 설명했다. 통상적인 일이었지만 우리 일의 모든 초점을 스포츠와 운동하는 사람들을 생각하는 혁신에 둔다는 점을 명확히 할 수 있었다. 이후 의류 혁신 책임자 자넷 니콜Janett Nichol이 나왔고, 마케팅 수석 책임자 달라 본Darla Vaughn이 그 뒤를 이었다. 발표자들 각각이 나이키 마케팅과 혁신의 역사를 되짚어 보는 가운데, 나는 케빈이 놀란 표정을 짓고 있는 것을 알아차렸다. 프레젠테이션이 끝나자 그는 나이키 엔터테인먼트 마케팅 책임자인 팸 매코널Pam McConnell에게 몸을 기울이고는 모든 발표자가 흑인인 브랜드와 홍보 회의를 가져본 적이 없다고 언급했다.

우리는 주위를 돌아보고는 이내 케빈의 말이 맞는다는 사실을 깨달았다. 그날 회의실에 있던 모든 사람이 흑인이었다. 의도한 것은 아니었다. 그와의 협력 사업에 책임을 지고 있는 그룹을 흑인 리더들이 이끌고 있기에 벌어진 자연스러운 상황이었다. 그럼에도 불구하고 그것은 분명한 사실이었고 케빈이 그 사실을 바로 알아차렸다는 것은 다양성의 가치를 소중히 여기는 나이키와 내게 큰 의미로 다가왔다. 작은 일이었고 회의의 요점도 아니었다. 하지만 나로서는 결코 잊을 수 없는 일이었다.

회의를 마치고 우리는 점심 식사를 위해 미아 햄Mia Hamm 빌딩으로 걸어갔다. 우리는 케빈을 위해 깜짝 손님을 모셨다. 식사를 마친 필 나이트가 걸어 들어왔다. 케빈은 활짝 웃고 있었다. 필은 케빈이 거둔 모든 성공적인 사업을 크게 칭찬했고 케빈은 그에게 큰 영감을 주었던 나이트를 열렬하게 맞이했다. 의례적인 인사 후 케빈은 즉흥 연기를 시작했다. 그는 자신이 나이키 스포츠 연구소Nike Sports Research Lab가 보유한 모든 선수의 기록을 깨뜨렸다고 선언했다. 그 목록에는 온갖 스포츠 분야의 세계 기록 보유자와 챔피언이 있었다. 불가능한 일이었다. 하지만 케빈의 화법이나 진지함 때문에 우리는 미친 듯이 웃을 수밖에 없었다. 짧은 순간이었지만 케빈 하트가 우리만큼이나 협력을 기대하고 있음을 느낄 수 있었다.

우리의 선택은 완벽했다. 두고두고 기억에 남을, 너무나도 유쾌한 협업의 시작이었다. 한 가지 에피소드를 더 소개한다면 내가 무슨 뜻으로 이렇게 말하는지를 바로 알 수 있을 것이다.

2016년 1월 케빈은 지미 팰런Jimmy Fallon이 진행하는 〈투나잇쇼 The Tonight Show〉에 게스트로 출연했다. 케빈은 붉은색 나이키 티셔츠와 허슬 하트Hustle Hart 나이키 크로스트레이닝화를 착용한 채 등장했다. 지미는 케빈에게 신발에 대해 물었다. 케빈은 자신이 그 신발을 얼마나 좋아하는지 말로는 차마 다 표현하지 못하는 듯했다. "얼마나 좋은지 모르실 거예요." 그는 청중을 향해 소리친 뒤 책상 위로 뛰어 올라가 "건강이 재산", "노력을 멈추지 마" 등 나이키가 그 신발에 새겨놓은 글귀들을 쏟아냈다. 그는 그것이 신발 이상이며 '자신 안에 운동선수가 있다는 것을 이해하지 못하는 사람들과 운동선수 사이의 간격을 메우기 위해' 디자인된 신발이라고 이야기했다.

그것이 우리에게 어떤 느낌을 줬는지 말로 표현할 수 있을까? 우리가 〈운동을 위한 운동〉을 시작할 완벽한 동맹을 맺게 되었다는 이야기를 했던가? 과연 그렇지 않은가? 케빈 하트는 정확히 우리에게 필요한 사람이었다.

혁신이 불러올 놀라운 일에 대하여

까만 배경에 노란색 글자가 나타난다. "10월, 케빈 하트는 애플 워치 나이키+를 받았다." 영상은 차에 앉아 검은색 박스를 들고 있는 케빈을 보여준다. "최초의 애플 워치 나이키+를 보여드리려 합니다. 세상에! 달리기가 훨씬 쉬워졌어요."

케빈은 계속해서 새로운 시계에 대한 칭찬을 쏟아내지만, 정작 시청자들은 새로운 기기에 대해 별다른 이야기를 듣지 못한다. 케빈은 기능에 대해 이야기하지 않는다. 그는 기기에 적용된 IT 기술에 대해 언급하지 않는다. 그가 말하는 것은 '달리기가 훨씬 쉬워졌다'는 것이 전부다. 화면이 검은색으로 바뀌고 다시 글자가 나타난다.

"다음 날, 그가 사라졌다. 몇 개월 뒤 제작진이 집에서 700마일 (약 1126.5킬로미터) 떨어진 곳에서 그를 발견했다."

이후 나타난 케빈은 수염이 덥수룩한 상태로 사막을 달리고 있다. 그는 유목민처럼 노지에서 잠을 자며 몇 개월 동안이나 달리기를 멈추지 않았다. "전에는 달리기가 참 힘든 일이었죠." 우리는 케빈의 목소리를 듣는다. "하지만 일어나서 내면의 작은 목소리에 귀를 기울이면서 상황은 달라졌어요. 늘 같은 질문이었죠. 오늘도 우리 달릴까?"

시청자들은 케빈을 움직이는 '작은 목소리'가 매일 아침 알람시계처럼 웅웅거리며 그를 깨우는 그의 애플 워치 나이키+임을 알게 된다. 작은 화면에 "오늘도 우리 달릴까?"라는 질문이 떠오른다.

"그래서 내가 뭘 시작했는지 알아?" 케빈이 묻는다. "그 질문에 대답하기 시작했지." 케빈이 이른 아침 텐트에서 나와 팔을 들고 떠오르는 해를 맞이하며 외친다. "그래!"

"그래서 이제" 그는 늑대 옆에서도 달리고 있다. "그래서 나는 지금 달리고 있어. 나는 달린다."

나이키의 〈계속 달리는 남자The Man Who Kept Running〉 영상은 2017년 애플 나이키 워치+의 출시와 함께 공개됐다. 그 시계는 스포츠와 모바일의 혁신 전문가, 애플과 나이키가 이룬 큰 도약이었다. 하지만 이것은 두 브랜드의 첫 번째 협업이 아니었다. 2006년 두 회사는 나이키 운동화에 장착시켜 아이팟과 연결하는 러닝 트래커Running Tracker 나이키+를 출시한 적이 있다. 12년 후 우리는 다시 만나 또 다른 도약을 이뤄냈다. 디지털 하드웨어 기술은 그사이 눈에 띄게 발전했다. 이 프로젝트에서 내 역할은 브랜드 정체성과 감정 디자인에만 제한되지 않았다. 나는 CMO로서 마케팅 분야의 모든 팀을 이끌고 있었다.

새로운 혁신을 세상에 소개할 때 최초의 목표는 그 혁신으로 우리가 누리게 될 혜택을 직관적으로 전달하는 것이다. 나이키에는 고객과 신발 사이, 감정의 연결을 만들어낸 역사가 있었다. 나이키 에어가 대중문화에서 차지하는 상징적 지위를 생각해 보라. '에어백으로 인한 운동신경의 향상'이라는 원래 의미를 훨씬 뛰어넘지 않는가. 이번에는 신발이 아닌 디지털 제품에 감정적 애착을 만들어야 했다. 눈에 보이는 혁신은 직관적으로 기능을 전달하는 한편(가벼운 조깅화는 더 빨리 달릴 수 있게 해준다), 디지털 혁신의 혜택은 그만큼 확연하지 않다. 디자인의 경우에는 특히 더 그렇다.

디지털 혁신은 여러 기능으로 이어지고 그 각각의 기능은 저마다의 독특한 편리성을 제공하기에 상황은 더욱 복잡해졌다. 우리는 지침을 얻고자 '디지털 서비스 스토리텔링'의 대가인 애플과 구글을 관찰했다. 아이러니하게도 이들 디지털 브랜드가 탄생시킨 스토리텔링은 나이키의 마케팅 전술을 차용한 것이었다. 모방이 가장 진심 어린 칭찬이라면, 이제는 나이키에서 칭찬을 돌려줄 때였다. 구글과 애플의 제품 출시에서 돋보이는 부분은 구체적인 기술적 기능을 강조하기보다 혁신이 가능하게 할 놀라운 일에 초점을 맞춘다는 점이었다.

우리는 이 시계의 놀라운 기능에 초점을 맞추고 싶은 유혹을 참아내고 일상을 특별하게 만드는 스토리텔링을 전제로 삼아야 했다. 소비자는 이 제품을 왜 사려고 할까? 한마디로 표현하면 동기였다. 모든 복잡한 기능은 애플 워치 나이키+를 차고 달리는 사람에게 달리기를 이전보다 재미있는 경험으로 만들어줄 동기를 부여하고자 존재하는 것이었다. 달리기를 주저하는 사람들에게 가장 필요한 것은 무엇일까? 동기다. 소비자들이 기술의 이런 기능을 이해하도록 돕는 것이 우리 창작자들이 할 일이었다.

달리기는 그 나름의 어려움이 있는 활동이다. 경쟁이 동기 부여 요소인 여타의 스포츠와 달리 달리기는 혼자 하는 운동이다. 길 위에서 혼자 스스로가 부여하는 동기 외에는 앞으로 나아가게 만드는 것이 딱히 없는 활동인 것이다. 많은 사람이 다른 운동을 선택하거나 달리기를 지속하지 못하는 것도 충분히 이해가 가는 일이다. 간단히 말해, 달리기는 동기를 유지하기가 어렵다. 그렇다면 어떻게 흥미를 유발해야 할까? 애플 워치 나이키+가 달리기를 하는 사람들, 달리기를 하려는 사람들에게 계속 달릴 수 있게 동기를 부여하리라는 걸 어떻게 보여줘야 할까?

그 질문에 대해 우리가 내놓은 답은 〈배니싱Vanishing〉이라는 이름의 단편 영화 시리즈였다. 나이키가 와이든앤드케네디와의 합작으로 제작하고, 유타주 모아브Moab에서 야외 촬영을 했던 〈계속 달리는 남자〉 등 〈배니싱〉 시리즈의 모든 영상은 스테이시 월Stacy Wall이 감독했다. 스테이시는 수년 동안 여러 나이키 광고의 각본을 쓰고 감독해 왔으며 우리가 스토리텔링에 적용하는 목소리와 기준에 대해 명확히 이해하고 있었다. 스테이시의 가장 큰 공헌은 케빈이 연기의 많은 부분을 즉흥적으로 하게 한 것이다. 케빈과 같은 연기자에게는 대본이 따로 필요하지 않다. 큰 틀만 정해주고 물러서 있으면 족하다. 함께 작업하는 작가들 역시 내공이 있는 만큼 케빈이 자유롭게 연기할 수 있는 여지를 남겨놓고 달리기에 대한 '진심'을 오직 그만이 할 수 있는 방식으로 대중에게 보여준다면 성공은 저절로 따라오리라고 믿었다. 나이키 모델로서뿐 아니라 한때 달리기를 멀리했다가 다시 달릴 동기를 발견했던 사람으로서, 거기에서 더 나아가 그런 동기를 다른 사람에게 전파해 온 사람으로서 이야기하는 진심 말이다.

〈계속 달리는 남자〉 광고 시리즈에서 케빈 하트는 애플 워치 나이키+를 받은 후 달리기에 대한 동기를 얻고, 동물들과 이야기를 나누고 더위와 외로움 속에서 싸우다가 몇 개월 후 촬영 스태프에 의해 사막에서 발견되는 자신을 연기한다. 장면이 이어지면서 케빈은 조금씩 달리기에 집착하는 사람으로 변해갔다. 케빈은 장면마다 흥분의 강도를 조금씩 더 높여가면서 미치광이와 정상인을 오가는 완벽한 연기를 보여줬다. 또한 케빈은 회의실에서부터 증폭되기 시작한 우리의 기대를 저버리지 않았다. 그만의 독특한 아이디어를 프로젝트로 끌어왔다. 시청자들은 덥수룩하게 자란 케빈의 수염이

가짜라고 생각했을 것이다. 그렇지 않다. 그는 진짜로 수염을 길렀다. 수염을 기르자는 아이디어는 그가 제안했다.

이 시리즈의 각 영상은 기기가 연동된 사람이라면 누구나와 속도, 거리, 기록 등을 겨뤄볼 수 있는 애플 워치 나이키+의 동기 부여 기능을 강조한다. 이런 것들을 엔지니어로서가 아니라(엔지니어들이여 기분 나쁘게 듣지 마라) 마치 이 새로운 기기를 산 지 얼마 되지 않은 친구가 자랑하듯 소통하는 것이 비결이다. 〈계속 달리는 남자〉에서 볼 수 있듯이, 시청자들은 시계가 어떻게 작동하는지 전혀 알지 못한다. 그들은 그저 시계가 하는 일을 지켜볼 뿐이다. 광고 시작 부분에 케빈이 하는 말, "달리기가 훨씬 쉬워졌다." 이거야말로 달리기를 시도하려는 모든 사람이 듣고 싶어 하는 말이다.

이 물건은 어떤 일을 하는가? 달리기를 훨씬 쉽게 만들어준다! 물건은 이렇게 팔아야 하는 것이다.

스파크를 일으키다

케빈과 나이키의 협업은 애플 워치 나이키+에서 끝나지 않았다. 우리는 그의 목소리로 동기를 부여하도록 오디오 가이드 시리즈를 제작했다. 일어나려고 용을 쓰고 있을 때, 자기의 최고 기록을 경신하려고 서서히 속도를 높여갈 때 케빈의 목소리가 들리는 것을, 심박수가 올라가는 사이 폭소가 터져나오는 장면을 상상해 보라. 이후에는 앞서 언급한 〈움직이기를 선택하라〉 캠페인을 진행했다. 2018년 진행된 이 캠페인은 새로운 나이키 리액트 혁신과 결부되어 있었다. 〈움직이기를 선택하라〉는 지금까지 가장 광범위하게 이루어진 세계적 마케팅 캠페인이었다. 케빈이 트럭 뒤에서 달리는 영상이 재미있기는 했지만, 케빈뿐 아니라 시몬 바일스Simone Biles, 오델 베컴 주니어Odell Beckham Jr., 심지어는 사이언스 가이Science Guy와 빌 나이Bill Nye까지 출연하는 거의 2분 길이의 상업 광고 〈움직이기로 선택하라〉 옆에서는 소박해 보일 지경이었다.

영화는 세상이 자전축 중심의 회전을 멈췄다는 설정에서 출발한다. 뉴스에서는 이를 두고 '스토포칼립스Stopocalypse'(중단이라는 의미의 stop과 종말이라는 의미의 apocalypse를 합친 말 — 옮긴이)라고 말한다. 다시 지구를 돌리려면 모든 사람이 달리기를 시작해야 한다. 미국부터 중국까지 전 세계에 걸쳐 사람들이 집에서 뛰쳐나와 전 인류적 달리기에 동참한다. 어느 순간 밀려든 엄청난 군중이 혼자 다른 길로 달리고 있는 케빈과 마주친다. 케빈이 길을 멈추고 "다들 왜 이 방향으로 가는 거지?"라고 말하며 무리를 따른다.

한 앵커는 이렇게 말한다. "이 놀라운 시도가 지구를 다시 움직일 마지막 기회인 것 같습니다." 계획이 효과를 내기 시작하고 지구는 다시 돌기 시작한다. 그러다가 뉴스에서 "모두가 잘못된 방향으로 달리고 있다!"라는 속보를 낸다. 군중이 멈추고 180도를 돌아서 다시 달리기 시작한다.

마지막 장면에서 케빈은 사람들이 자신을 지나쳐 가는 가운데 괴로워하며 "내가 그랬잖아! 내가 맞았다니까!"라고 말한다.

케빈과 나이키의 협력 관계는 여러 면에서 획기적이었다. 첫째, 그것은 모든 유형의 운동선수에게 도움을 주고 영감을 주어야 한다는 자연스러운 공통의 열정을 기반으로 했다. 케빈은 달리기를 시작한 후 다른 사람도 자신과 같은 기쁨을 누리기를 원했다. 달리기 대사로서의 케빈은 사람들이 일어나 앉아 귀를 기울이게 하는 촉매제였다. 둘째, 케빈과 나이키 사이의 연결 고리는 애플 워치 나이키+였다. 나이키와 케빈 모두가 비전을 달성하도록 도와주는 일종의 도구였던 것이다. 마지막으로 케빈의 개인적인 스토리와 소셜 미디어를 통한 활동은 그의 목소리에 진정성을 더해주었다. 케빈은 동기 부여의 달인이었다. 그는 동기가 필요하다는 것이 무슨 의미인지 정확히 아는 사람이었다. 그는 어떤 이야기를 들어야 삶을 바꾸게 되는지 알고 있었다. 단 한 번의 달리기를 위한 동기가 아닌 달리는 삶을 위한 동기가 필요했다. 그리고 이것이야말로 이 뛰어난 재능과 추진력을 가진 남자와 나이키 사이 파트너십의 근본적인 목표였다. 그가 한 일을 다른 사람들도 해내도록 고무하는 일 말이다. 케빈의 목소리를 통해 〈운동을 위한 운동〉이 시작됐다. 애플 워치 나이키+가 그 운동에 힘을 실어 주었다. 이 모든 것이 합쳐져 제품을 판매하는 것 이상의 엄청난 일이 벌어졌다. 브랜드가 상품 마케팅으로 인간의 잠재력을 깨우는 모습을 목도하게 된 것이다.

이제 우리의 혁신이 새로이 바람을 일으킨, 내가 참여했던 또 다른 놀라운 일에 대해서도 이야기해 보려 한다.

전 인류를 위한 달리기

애플 워치 나이키+ 캠페인은 '움직임'을 만들기 위한 것이었다. 9년 전 애플 워치가 부착되지 않은 나이키+가 문자 그대로의 의미에서 '움직임'을 만드는 데 사용됐다. 2007년 비버튼에서처럼 전 세계가 같은 날 한 번에 같은 경주에 나선다고 생각해 보라. 몇 년 전만 해도 완전히 불가능한 일이었다. 가능한 기술을 모두 동원해도 그런 규모의 행사는 불가능했다. 행여 나이키가 그런 행사를 기획했다 해도, 주자들은 같은 경주에 참여하고 있다는 느낌을 전혀 받지 못했을 것이다. 마드리드에 있는 주자와 멜버른에 있는 주자가 무슨 상관이 있겠는가? 하지만 이제는 기술로 전 세계 사람들을 하나로 이어줄 수 있다. 물론 엄청난 인내와 노력이 필요할 것이다.

그런데 '만약…?'

이 '만약…?'이라는 물음이 나이키+ 휴먼 레이스Nike+ Human Race
의 시발점이 되었다. 휴먼 레이스는 LA, 뉴욕, 런던, 마드리드, 파
리, 이스탄불, 멜버른, 상하이, 상파울루, 밴쿠버 등 25개 도시를 아
우르는 행사였다. 모든 지역의 행사가 베이징올림픽 일주일 후인
2008년 8월 31일, 같은 날 열릴 예정이었다. 이들 도시에서는 레이
스 이후에 모비Moby, 카네이 웨스트, 벤 하퍼Ben Harper, 폴 아웃 보이Fall
Out Boy, 켈리 롤런드Kelly Rowland 등 당대 최고의 아티스트들이 출연하
는 콘서트가 이어졌다.

이 모든 혁신이 나이키+에서 비롯했다. 그 때문에 나이키가 세
계 최대의 달리기 행사를 개최하기 위해서는 나이키+의 힘이 절실
하게 필요했다.

움직임의 시작

2000년대 초 나이키는 MP3 플레이어를 내놓은 적이 있었다
(당시 시장 최고 수준이었다고 단언할 수 있다). 우리에게는 달리기를 기록
할 수 있는 온라인 사이트도 있었다. 유일한 문제는 어떤 것도 (최소
한 대중에게는) 인기가 그리 많지 않았다는 것이었다. 아마추어보다는

프로에게 더 적합한 제품이었고 그런 이유로 인기를 얻지는 못했다. 우리는 사람들이 신발은 나이키 러닝화를 신고, 팔에는 아이팟 나노iPod Nano를 차고 달린다는 걸 알게 되었다.

우리는 달리기를 하는 보통 사람들이 멋진 기술에는 그다지 신경을 쓰지 않는다는 것도 알게 됐다. 그들은 근사한 기능 탓에 더 비싸기만 한 나이키 MP3 플레이어를 사지 않을 것이었다. 그들은 아이팟을 살 것이다. 이미 아이튠을 갖고 있으며 더 편하게 음악을 들으며 달릴 수 있기 때문이다. 달리기의 주된 문제는 지루하고, 외롭고, 시작하기는 힘든 데다 지속하기는 더더욱 힘들다는 것이다. 그들과 연결되는 제품을 디자인하려면, 그들을 만나려면, 그들이 있는 곳으로 가야 했다.

앞서 말했듯이 나이키는 이미 MP3 플레이어와 온라인 로그에 대한 경험을 갖고 있었다. 이후 누군가가 애플에 새로운 시도를 제안했고 2006년 애플과 나이키의 파트너십이 체결되었다. 오리지널 나이키+는 신발 속에 감지기를 두고 아이팟을 인터페이스로 활용해 당신이 얼마나 멀리, 빠르게 달렸는지를 추적한다. 이용자는 달리기 경로에 플레이리스트를 통합시켜 특정 구역을 지날 때는 특정한 노래가 자동으로 재생되게 할 수도 있다. 물론 핵심은 나이키+가 달리기를 하는 사람, 더 자세하게는 달린 후에 그것을 기록할 시간은 없지만 알아서 기록해 주는 기술이 동기를 부여해주길 원하는 사람을 타깃으로 정했다는 것이다. 그들은 실시간으로 자신이 발전해 가는 모습을 확인할 수 있고 힘을 주는 노래로 추진력을 얻을 수 있었다.

이 에피소드에는 흥미로운 여담이 있다. 제품에 대한 접근법을 두고 일부에서 초기 저항이 있었다. 눈에 띄는 점은 이 제품의 시장성에 대해 확신을 갖지 못한 사람들이 평생 달리기를 해온 사람들이었다는 것이다. 그들에게 동기 부여는 문제가 되지 않았다. 음악을 들으면서 달리면 숨소리를 듣지 못한다. 저널에 달리기 결과를 기록하는 것은 신성한 의식이었다. 그들은 나이키+가 달리기에 진지하게 임하는 사람들을 위한 것이 아니라고 주장했다. 과연 달리기를 신봉하는 사람들의 반응이었다.

지금의 소셜 미디어 세계에서는 그리 머지 않은 과거에 그런 시대가 있었다는 것을 잊어버리기 쉽다. 우리가 나이키+를 시작했던 시대가 바로 그랬다. '앱Apps'이 메인 코스 전에 주문하는 '애피타이저Appetizer'를 가리키던 때 말이다. 우리가 따를 만한 선례를 찾을 수 없었다. 이제 막 발생기에 접어든 디지털 플랫폼을 이용해 우리의 길을 직접 개척해 가야 했다. 지금은 '소비자 승인'의 문제가 중요한 이슈가 되었지만 당시에는 규정을 승인해 줄 그 '소비자'조차 찾을 수 없었다. '소비자 반응'이라고는 전무했다. 많은 사람에게 인터넷은 여전히 노트북을 열었을 때나 들어가 보는 것이었다. 그런데 갑자기 천지개벽 수준의 도약이 일어났다. 인터넷이 모든 기기에 내장되었다. 이런 수준의 개인 정보 수집을 두고 소비자들은 어떤 반응을 보일까? 기술에 정통한 소비자가 아니라면 나이키+가 처음 만나는 플랫폼이 될 것이었다. 반면 디지털 기술업계 사람들은 나이키+ 러닝Nike+ Running을 통해 달리기를 보다 쉽게 접할 것이다. 나이키+ 러닝 초기 커뮤니티에 사람들이 직접 기록하던 것을 스포츠에 적용했다. 간단히 말해 착용형 운동 기기 자체를 우리가 처음 시작하는 상황이었다.

이렇듯 부담이 큰 환경에서 나는 제품 출시와 캠페인을 위한 브랜딩이며 패키징, 아트 디렉션을 담당하는 팀들을 모두 이끌어야 했다. 나이키의 기준은 언제나 높았다. 더구나 기준이 높기로 유명한 또 다른 브랜드, 애플과 손을 잡은 상태였다. 스티브 잡스가 제품의 모든 측면에 직접 관여했기에 한 치의 실수도 용납될 수 없었다. 히로키 아사이는 애플 브랜드의 시각 커뮤니케이션 책임자로 디자인 팀의 브랜드 대 브랜드 공유 과정에서 알게 된 사람이었다. 그는 헤드라인의 글자 간격에서부터 로고의 배치, 제품 사진의 구성에 이르기까지 디테일에 잡스가 엄청나게 집착했던 에피소드를 들려줬다. 그에게 '사소한' 디테일이란 존재하지 않았다. 그가 브랜딩에 천재적인 재능이 있다는 걸 생각하면 놀랄 일도 아니었다. 나는 거의 15년 전 나이키에서 인턴십 과정을 거치는 동안 멘토인 존 노먼으로부터 엄밀함에 대해 철저히 교육받았다고 생각하고 있었다. 그러나 이것은 완전히 다른 수준의 집착이었다.

우리 팀과 나는 이 새로운 콘셉트를 위해 먼저 브랜드 정체성부터 구축해야 했다. 처음부터 우리는 단순하게 스우시 옆에 '+' 표시를 더해 이 디지털 플랫폼이 나이키에 더해진 추가적인 요소를 드러낸다는 아이디어를 갖고 있었다. 우리는 '플러스'라는 단어를 사용하는 등 몇 가지 선택지를 살펴보았다. 단어보다는 기호가 낫겠다는 판단하에 크기부터 접근성, 높이, 세부 장식 등을 실험했다. 100개 이상의 서로 다른 선택지가 제시됐다. 최종 승자는 가장자리를 약간 둥글린 플러스 표시였다. 그때 우리는 알지 못했다. 우리가 오늘날까지 이어지고 있는 디지털 브랜딩의 트렌드를 막 열었다는 것을 말이다. 디즈니부터 월마트까지 다양한 브랜드들이 디지털 멤버십 서비스를 표시하기 위해 플러스 심벌을 덧붙였다. 우리가 최초였다. 감히 스우시에 변형을 가한 몇 안 되는 시도 중 하나이기도 했다. 우리는 전혀 새로운 것을 만들고 있었다. 나이키이면서도 '향상된' 나이키였다. 스우시에 지나친 부담을 주지 않으면서도 그 영향력을 감소시키지 않고 그 부분을 나타낼 수 있는 방법은 무엇일까를 고민하다 찾은 해답이었다.

또 다른 과제는 두 브랜드 사이의 협력을 나타내면서 두 제품이 하나의 완전한 제품으로 융합되는 이미지를 디자인하는 일이었다. 그런 노력의 결과물에 우리는 내부적으로 '나비Butterfly'라는 이름을 붙였다. 두 개의 나이키 러닝화가 밑창을 맞대고 수직으로 서 있다. 신발의 중앙에는 은색 아이팟 나노가 있고 거기에 연결된 이어폰 줄이 두 제품을 한꺼번에 둘둘 감고 있다. '나비'라는 이름처럼 두 제품은 하나의 생명체처럼 서로가, 그리고 이용자와 매끄럽게 상호작용한다.

제품의 시작 이미지를 만드는 데도 어려움이 있었다. 생각보다 더 어려운 일이었다. 감지기는 신발 안에 들어 있었고, 아이팟 나노의 경우 화면에서 아이팟을 강조하면 사람이 보이지 않을 터였다. 그래서 우리는 제품을 사용하는 사람에게 집중하기로 했다. 제품 자체는 보여주지 않았다. 대신 우리는 달리는 사람의 이미지와 아이팟 화면에 나타나는 속도, 거리 등의 디지털 지표를 겹쳐 놓았다. 그것은 사람과 제품이라는 두 가지 우선 사항 모두를 하나의 이미지에 담는 완벽한 방법이었다. 또한 이는 좋은 선례가 되었다. 이와 동일하게 펠로톤Peloton, 스트라바Strava, 소울 사이클Soul Cycle과 같은 오늘날의 브랜드들이 선수의 개인 피트니스 데이터를 그들의 이미지 위에 겹침으로써 시각적으로 소통하는 방법을 사용하고 있기 때문이다. 여기서도 나이키가 최초였다.

나이키와 애플의 만남

출시 행사 전날 밤, 팀원들은 뉴욕 첼시 부두 위를 달리고 있었다. 마지막 순간의 초초한 마음을 없애기 위해서라고 말할 수 있다면 좋겠지만 그건 아니었다. 시간이 많지 않았기 때문에 우리는 모든 시제품이 광고처럼 흠 없이 작동하도록 완벽을 기해야 했다. 우리는 혁명적인 기술을 막 보여줄 참이었고 그 결과는 우리가 열심히 떠들었던 내용과 일치해야 했다. 100명에 달하는 기자들이 제품 시연을 위해 참여할 것이고, 한두 개만 작동하지 않아도 그 얘기가 다음 날 헤드라인을 장식할 것은 불 보듯 뻔한 일이었다.

관건은 나이키+ 러닝을 기자들에게 설명하는 일이었다. 우리는 시연 장소를 만들었다. 매체 관계자들이 직접 체험해 볼 수 있는 곳이었다. 아직은 그것에 대해서 설명할 말이 세상에 존재하지 않았기 때문이다. 모든 게 새로웠다. 신발 안과 밑창에 감지기가 있고 감지기는 당신의 아이팟과 동기화해야 한다. 친구를 추가할 수도 있고 새로운 챌린지를 프로그래밍할 수도 있다. 신나는 음악을 틀어 의욕을 더 높일 수도 있다. 모두 새로운 것이었고 매체에 믿음을 줄 수 있는 유일한 방법은 명확한 효과를 보여주는 것이었다. 그날 기자를 만난 모든 사람에게 미래가 가까이 도래했음이 알려져야 했다.

2006년 5월 24일, 이날은 뉴욕의 날씨가 충분히 추워질 수 있는 날이었다. 그 가능성을 비껴가지 못하고 날씨는 무진장 추웠다. 첼시 부두의 시설은 모두 실내에 있었지만 난방이 안 되었고 우리 팀은 날씨에 맞는 옷도, 달리기에 적합한 옷도 입고 있지 않았다. 새벽 2시 30분, 팀원들은 작업복을 입은 채 첼시 부두 주위를 달리고 있었다. 팀원들은 한 바퀴를 뛸 때마다 성과 피드백을 위해, 이후에는 음악을 틀어보기 위해 아이팟의 버튼을 누르고 있었다. 모든 시연 제품은 나무랄 데 없이 작동하고 있었다. 이전에 존재하지 않았던 기술을 만들어내기 위해 함께 뭉쳤던 애플과 나이키 팀 모두에게 마법 같은 순간이었다. 진정으로 놀라운 협업이었다. 다들 같은 마음이었는지 하나둘씩 눈에 눈물이 고이기 시작했다.

하지만 아직 갈 길이 멀었다. 시연 제품들은 잘 작동했지만 해결해야 할 다른 장애물들이 있었다. 첼시 부두에서 열리는 출시 행사는 슈퍼볼과 다름없는 사건이었다. 언론과 전문가들을 대상으로 그들의 여러 니즈를 충족시키는 공간을 만들어야 했다. 제품을 소개할 무대와 나이키+를 체험할 수 있는 제품 시연 구역, 나이키 영업팀을 만나 구매를 예약하는 공간이 필요했다. 가장 큰 무대는 거대한 원형 극장으로 각 브랜드의 CEO들이 등장해 대화를 나누며 나이키+ 콘셉트를 보여주는 자리였다.

이 프로젝트의 마케팅 디렉터 리키 잉글버그Ricky Engleberg는 이렇게 말했다. "언론 행사의 리허설을 보는 것은 내가 상상한 1992년 드림팀의 연습 장면 같았습니다. 대본 속의 비유가 통할지 아닐지에 대한 스티브 잡스의 피드백을 듣는 것부터, 우리가 행사에 초대했던 사람들이 이런 혁신을 처음으로 시도해 보고 놀라는 반응을 보는 것까지 그것은 정말 일생에 한 번뿐인 경험이었습니다."

디테일을 목숨처럼 생각한다는 그 유명한 잡스의 집착도 경험했다. 애플의 수장은 공동 브랜딩에 있어 스우시가 나타나는 곳 어디에나 애플의 로고가 반드시 같은 크기로 바로 옆에 있어야 한다고 선전포고를 했다. 나는 팀원들에게 그의 지침을 따르라는 지시를 내렸다. 그런데 문제가 생기고 말았다. 기자들을 위해 깔아놓은 수많은 책상에는 스우시만 표시되어 있었다. 리허설 날 이 사실을 알게 된 잡스는 행사가 시작되기 전에는 고쳐놓아야 한다고 말했다. 예외는 없었다. 책상마다 놓인 세 개의 아이맥iMac에 애플의 로고가 박혀 있다는 사실도 소용없었다. 나는 팀원들을 불러 브랜딩을 애플-스우시 콤보로 바꿔야 한다고 이야기했다. 그것도 론칭 행사가 시작되기 전까지 말이다. 48시간 안에 비닐로 애플-스우시 로고를 40개 만들고 행사 전날 밤 책상을 다시 칠해야 했다. 직접 달리면서 시연 제품을 테스트하는 사람들 외에 기자들의 책상을 바꾸는 또 다른 팀이 있어야 했다. 하지만 결과는 그럴 만한 가치가 있었다는 것을 보여줬다. 애플과 스우시가 나란히 있는 모습이 지닌 시각적인 힘으로 그곳에 모인 모든 사람들, 특히 언론에 두 브랜드가 함께 최선을 이끌어 냈다는 점을 전달할 수 있었다.

막이 올랐다. 밤을 새운 직원들은 차별화를 만들어 냈고 출시 행사는 짜릿한 성공을 거두었다. 우리가 7만 5000평방피트(약 6967.7제곱미터, 약 2107.7평) 첼시 부두에서 보여준 브랜드 파워는 바라던 효과를 냈고 미디어의 반응은 예상을 넘어섰다. 우리 팀의 아트 디렉터 스콧 덴턴 카듀Scott Denton Cardew는 며칠 밤을 꼬박 새우며 행사를 준비했다. 행사가 시작되고 마침내 그의 역할을 다하고 나자 그는 영국식 아침 식사에 위스키를 마시고 다음으로 기네스Guinness까지 몇 잔을 들이켰다. 성대한 아침 식사를 마친 그는 일주일 내리 잠만 잤다.

아이팟과 연결된 나이키+는 웨어러블 운동의 시작뿐 아니라 서로 매끄럽게 상호작용하는 커넥티드 기기의 시대를 열었다. 소비자들은 처음으로 의료 전문가나 트레이너의 도움 없이 개인의 건강과 피트니스 지표(속도, 거리, 소모 칼로리 등)를 볼 수 있게 되었다. 시간이 흘러 아이팟은 아이폰으로 대체되었고 출시 후 불과 1년 만에 소비자와 데이터 사이의 통합은 더 향상됐다. 2012년까지 700만 사용자가 나이키+ 커뮤니티에 가입했다.

2008년 나이키+의 성공으로 우리는 인류 역사상 가장 큰 규모로 레이스를 펼칠 수 있는 기술이 존재한다는 확신을 얻었다. 공식

레이스 행사에 참여하는 도시에서라면 나이키 사이트에 등록해서 자신의 성과를 추적하고 전 세계의 다른 모든 사람과 자신의 기록을 비교해 볼 수 있다. 하지만(이제 핵심이다) 이제 앱으로 서비스를 제공하는 나이키+는 해당 도시에 살지 않는 사람들도 후원 도시나 인근 도시에서 레이스에 참가하고 자신의 성과를 다른 사람들과 함께 공유하게 할 수 있다.

24시간이 지나자 100만 명의 주자들이 총 80만 2242마일(약 1291083.4킬로미터), 즉 지구 32바퀴를 달렸다. 이 주자들 대부분이 행사가 열리는 주요 도시 출신이었다. 우리는 도시에 사는 커뮤니티 회원들이 집에서 나와 트랙으로 들어서기까지의 과정에 마케팅의 모든 노력을 집중시켰다. 레이스 후에 디지털 순위표를 보고 매슈 매코너헤이Matthew McConaughey보다 못했다는 사실에 크게 실망했던 것이 기억난다. 휴먼 레이스의 성공에 이어 2015년, 우리는 8월 27일을 신기록의 날Fastest Day Ever로 만들겠다는 계획을 세웠다. 우리는 전 세계 모든 사람에게 그날 1마일(약 1.6킬로)의 신기록을 세우라는 임무를 부여했다. 우리는 나이키+ 데이터와 구글 스트리트뷰Google Street View를 이용해 그들이 어디에 있든 그들의 조깅 경로에 대한 개인화된 영상을 보낼 수 있었다. 이 모든 것은 엘리트 선수가 아닌, 달리기를 해보려 하지만 신발 끈을 묶기 위해서 마지막 한 조각의 동기가 필요한 사람들을 겨냥한 우리의 비전 덕분에 가능했다. 기술은 주자들이 실시간으로 개인화된 데이터를 받아 볼 수 있게 할 뿐 아니라 전 세계의 다른 사람들과 연결함으로써 달리기를 중심으로 운동을 조직하는 도구의 역할을 했다. 달리기는 여전히 혼자만의 싸움이다. 하지만 우리의 일부가 된다면 당신은 더 이상 외롭지 않을 것이다.

혁명을 시작합시다

플러피 펭귄스Fluffy Penguins라는 사용자의 2012년 유튜브 영상에는 이런 댓글이 달려 있다. "이것은 걸작일 수도 후원금을 탈취하는 과정일 수도 있다."

플러피 펭귄스 씨, 둘 다일 수도 있지 않나요? 〈매 순간을 소중히Make it Count〉라는 제목을 가진 문제의 영상은 누군가의 손이 나이키+ 퓨엘밴드Nike+ FuelBand의 박스를 여는 것으로 시작된다. 제품은 타원형의 홈에 들어 있다. 타원의 중심에는 "삶은 스포츠다. 매 순간을 소중히."라는 글이 적혀 있다. 손이 퓨엘밴드를 꺼내 잠깐 쥐어본다. 이후 어떤 남자가 문에서 달려 나온다. 그는 달리고 있다. 그는 인도로 재빨리 달려 나가 화면에서 사라진다. 이내 검은 화면에 다음의 글이 나타난다.

"나이키는 '매 순간을 소중히'가 어떤 의미인지에 대한 영상을 만들어 달라고 요청했다." 영화 〈스타워즈〉처럼 긴 자막이 올라간다. "그들의 영상을 만드는 대신, 예산 전부를 내 친구 맥스와 여행을 다니는 데 써버렸다. 우리는 돈이 떨어질 때까지 놀러 다녔다. 열흘이 걸렸다."

말로는 도저히 제대로 설명하기 힘든 영상의 나머지 4분은 영상 제작자 케이시 네이스탯Casey Neistat이 맥스와 함께 전 세계를 여행하는 장면을 보여준다. 그들은 뉴욕에서 시작해 파리로 날아간다. 파리에서 카이로로 향한 이후 장면에서는 런던, 요하네스버그, 잠비아, 나이로비, 로마, 도하(케이시가 카메라를 보며 "도하로 돌아왔다"고 말한다), 방콕, 그리고 다른 몇몇 도시들이 보인다. 영상에는 이 모든 장소에서 케이시가 사무실 문을 열고 나와 계속 프레임의 한쪽 끝에서 다른 쪽 끝으로 달리는 것이 보인다. 그는 멈추지 않고 계속해서 달린다. 계속 움직인다. 또한 그는 아무 곳에서나 뒤로 공중제비를 넘고, 믿을 수 없을 만큼 높은 곳에서 물로 뛰어들고, 물구나무서기를 한다. 이후 돈이 떨어진 케이시는 나갔던 반대 방향으로 도로 돌아와 문으로 들어간다.

케이시의 여행 내내 화면에는 인용문이 등장한다. 모두가 공통의 주제를 담고 있는 것들이다.

"삶은 대담한 모험이거나 아무 것도 아니다."

- 헬렌 켈러

"표를 사고 배에 올라라."

- 헌터 S. 톰슨Hunter S. Thompson

"인생은 한 번뿐이지만 제대로 산다면 한 번이면 족하다."

- 메이 웨스트Mae West

"무엇이든 시도하라."

- 프랭클린 D. 루스벨트

"나는 결코 미래에 대해서 걱정하지 않는다.

미래는 곧 오고 말 것이므로."

- 알베르트 아인슈타인

"두려운 일을 매일 한 가지씩 하라."

- 엘리너 루스벨트Eleanor Roosevelt

"모든 규칙을 따랐더라면 나는 어디에도 가지 못했을 거예요."

-매릴린 먼로

"행동은 우선순위를 말해준다."

-간디

이 영상의 놀라운 점은 시청자들이 보는 광경이 실제 상황이라는 것이다. 케이시는 돈과 우리의 업무 지침서를 건네받고는 떠나버렸다. 그는 아무도 예상하지 못한 일을 했고, 퓨엘밴드를 차고 아무런 계획도 없이 전 세계를 돌아다니는 프로젝트를 가지고 돌아왔다. 그는 그것을 전달하며 이렇게 말했다. "다 됐어요. 여기 있습니다."

영상에 픽션이라고는 없었다. 다소 인위적인 부분이 있다면 영상 곳곳에 넣은 인용문 정도였다. 인용문이 하나 더 필요했고 그는 나이키에 조언을 구했다. 나이키가 제시한 유일한 조건은 저작권 없이 이용할 수 있어야 한다는 것이었다. 100년 이상 된 인용문이라면 안전할 것이다. 이 말에 케이시는 에이브러햄 링컨을 생각했고 이런 인용문을 찾아냈다. "중요한 것은 당신 삶 속의 세월이 아니고 세월 속 당신의 삶이다."

완벽했다. 그것은 케이시 네이스탯만이 만들 수 있는 작품이었고 나이키만이 전할 수 있는 스토리였다. 그 영상은 삶이 어째서 스포츠인지를, 그리고 삶의 매 순간이 왜 소중한지를 보여준다는 점에서 인상적이었다. 당시 이 영상은 단지 입소문만으로 조회수를 올려 조회수가 가장 높은 유튜브 영상이 되었다. 나이키 역사상 투자 대비 수익률이 가장 좋은 영상일 것이다. 그것은 나이키의 새로운 혁신, 퓨엘밴드를 세상에 소개하는 가장 완벽한 방법이었다.

2012년 나이키는 나이키+ 퓨엘밴드를 출시했다. 손목에 차는 완전히 새로운 활동 추적기로 휴대폰과 연결하면 자신의 신체 활동, 일간 걸음 수, 운동으로 소모한 에너지의 양을 추적할 수 있다. 피트니스가 여러 플랫폼에 걸쳐 공유된다는 점에서 역대 가장 민주적인 스포츠 활동 감지기라 할 수 있다. 구글이 지배적인 소셜 미디어 플랫폼이 되기 전, 트위터가 등장하기 전, 인스타그램이 등장하기도 훨씬 전인 2006년, 애플과 나이키+ 러닝Nike+ Running을 출시하고 나서 달리기를 하는 사람들은 디지털로 기록된 달리기 기록을 공유하는 것이 친구나 동료 러너들로부터 확인받는 느낌을 준다는 것을 알게 되었다. 나이키+로 추적하지 않는 달리기는 상상조차 할 수 없게 되었다. 나이키가 다음 단계로 구상한 것은 '우리의 제품이 피트니스의 순간을 소중하게 만드는 힘을 부여한다'는 통찰이었다. 당시 CMO였던 다비데 그라소는 "혁명을 시작합시다"라는 말로 그것을 간명하게 표현했다. 그의 말은 시장도 자신의 피트니스 데이터를 보는 방법을 뒤바꿀 제품을 포용할 준비가 되었다는 뜻이었다. 우리는 이제 막 달리기를 시작한 사람들조차 즉석에서 자신의 달리기 통계를 알 수 있는 시대를 만나게 되었다. 어쩌면 5년 전의 의사들보다 자신의 신체 활동과 건강에 대해 더 깊이 이해하게 될지도 모를 일이었다.

나이키 내부에 불어온 새로운 프로젝트의 바람은 다비데의 요청에 기인한 것이었다. 다비데는 팀에 정치적 혁명에서 사회 혁명, 문화 혁명에 이르기까지 모든 혁명을 총망라해서 그들의 성공에 도움을 줄 전술을 찾으라고 지시했다. 어떻게 역사적 사건에서 얻은 영감으로 나이키+ 퓨엘밴드의 마케팅을 설계했던 걸까?

우리는 첫 단계로, 영감을 줄 뿐 아니라 공통의 대의명분을 기반으로 소비자에게 동기를 부여하는 슬로건과 행동 개시 명령이 필요하다는 것을 깨달았다. 처음으로 든 생각은 '모든 것에 의미를 둔다Make Everything Count'는 말을 이용하는 것이었다. 퓨엘밴드가 추적하는 폭넓은 지표를 잘 표현해 줄 말이었다. 하지만 너무 길었다. 우리는 두 가지 이유에서 '매 순간을 소중히Make It Count'라는 카피로 결정했다. 먼저는 그 말이 약속처럼, 진짜 행동 개시 명령처럼 들린다는 점이 마음에 들었다. 두 번째로는 '일단 해봐Just Do It'와의 관계 때문이었다. 'Everything'이 아닌 'It'은 이미 나이키 DNA에 새겨진 단어였다. 이렇게 '매 순간을 소중히'라는 슬로건이 탄생하게 되었다.

'혁명'에 대해 조사하면서 우리는 기업가 데릭 시버스_{Derek Sivers}의 TED 강연을 발견했다. 운동을 시작하는 방법에 대한 이 강연은 우리의 계획을 시각화하는 데 큰 도움을 주었다. 데릭은 강연에서 야외 음악 축제에 참가한 많은 사람 앞에서 역동적으로 춤을 추고 있는 한 남성을 보여준다. 데릭은 영상을 보면서 이 사람을 두고 한 명의 외로운 미치광이에 불과하다고 말한다. 그는 아직 어떤 것도 시작하지 못했다. 사람들은 그를 보고는 약간 정신이 나갔다고 생각할 뿐이다. 하지만 이내 누군가가 합류한다. 이 외로운 미치광이가 춤을 춰도 괜찮은 분위기를 만들었기 때문이다. 처음 춤을 시작한 사람은 새로운 사람을 무시하지 않는다. 춤을 추러 나온 사람을 진심으로 환영한다. 한때 외로운 미치광이였던 남자에게 이제는 최초의 추종자가 생겼다. 더구나 그 추종자는 다른 사람의 눈에 외로운 미치광이를 정당하게 보이도록 만들었고 그에게 더 쉽게 합류하도록 만들었다. 그들은 춤을 춘다. 그들은 춤추기를 '원한다'. 더 많은 사람이 합류할수록, 역동성은 점차 강해진다. 이제는 오히려 춤을 추지 않는 것이 이상하다. 결국 모든 사람들이 춤을 춘다. 데릭은 운동을 시작하기 위해서는 외로운 미치광이뿐 아니라 첫번째 추종자가 필요하다고 요약한다. 이 강연은 퓨엘밴드의 마케팅 방향을 정하는 데 결정적으로 작용했다.

삶은 스포츠다, 매 순간을 소중히!

퓨엘밴드 출시의 마케팅 리더였던 데이비드 슈라이버David Schriber는 그 계획을 '모집', '결집', '함성'으로 나누었다. 첫 두 단어는 TED 강연에서 나온 것이다. '모집'은 우리가 뭔가 주목할 만한 일에 처음으로 나설 용감한 영혼을 찾아야 한다는 의미다. 그뿐 아니라 그들은 좋은 리더로서 그들과 합류하는 사람들을 누구나 포용할 수 있어야 한다. 그래서 우리는 퓨엘밴드에 대한 자신의 경험을 스포츠, 영화, 음악, 춤, 게임 등 다양한 분야에 있는 대중에게 공유할 잠재적인 대사들의 목록을 만들었다.

'결집'은 그런 행동 개시 명령을 구체적인 것으로 전환시킨다. 달리 말해, '매 순간을 소중히'가 결집의 외침으로 작용하기 위해서는 그 뒤에 행동이 뒷받침되어야 한다. 소비자들이 퓨엘밴드를 사기만 하면 되는 게 아니었다. 우리는 그들이 매일의 퓨엘 활동 점수를 공유하기를 원했다. 공유는 친근한, 혹은 치열한 경쟁을 이끌 것이고 경쟁은 추진력을 끌어올리는 마력을 가지고 있다. 게임과 경쟁, 대회와 경주가 자연스럽게 생겨나면서 운동이 확산되고, 기술에는 별 관심이 없지만 행동에 참여하기를 원하는 다른 사람들을 끌어들이게 된다. 우리는 소셜 미디어와 해시태그를 통해 공유를 활성화함으로써 매장 화면에 퓨엘 점수를 띄우고 강조할 수 있다는 것도 알고 있었다. NFL 쿼터백 앤드루 럭Andrew Luck이 운동하며 보낸 하루를 추적하고 당신이 따라 할 수 있는지도 확인할 수 있다.

'함성'은 슈라이버가 강연에서 착안한 것은 아니고 다비데가 기념의 의미로 만들어낸 것이다. 충분히 많은 소비자가 퓨엘밴드를 이용하게 되면 우리는 그 사용자들만을 위한 맞춤형 행사를 만들고 지원함으로써 기념할 수 있게 하고 싶었다.

우리가 처음으로 모집한 사람은 케이시다. 그는 〈매 순간을 소중히〉에 대한 일종의 전주곡으로 티저 영상을 만들었다. '스포츠'는 어디에서나 존재한다는 메시지를 전달하고자 평범한 사람들의 일상적인 움직임을 보여주는 이 영상은 우리를 다소 아리송하게 만들었다. 이 첫 영상은 나이키+를 암시하는 그라피티가 그려진 뉴욕 택시의 뒷모습으로 마무리된다. 이로써 우리의 의도대로 나이키가 새로운 기기를 출시할 것이라는 소문이 돌기 시작했다. 이 영상은 행동 개시 명령, '매 순간을 소중히'도 함께 실어 날랐다. 이것은 2012년 1월 1일 #새해복많이받으세요에 이어 두 번째로 많이 트윗된 해시태그가 되었다. 또한 우리는 130명의 나이키 선수들에게(그들은 직업 선수는 아니지만 그들의 일상 속에서 스포츠 정신을 실천하는 선수임에 틀림없다) 운동에서의 새해 결심과 목표를 트윗해 달라고 요청했다. 2012년은 올림픽이 열리는 해였기 때문에 트윗할 거리가 많았다. 많은 사람이 동참했다. 깨닫지 못하는 사이에 운동은 이미 시작되고 있었다. 물론 '매 순간을 소중히'라는 정신과 퓨엘밴드의 힘, 장 래성을 정확히 담아낸 케이시의 걸작이 지속적인 공헌을 했다.

하지만 케이시의 영상은 우리 캠페인의 공식 '광고'는 아니었 다. 그저 입소문을 낼 요량으로 만들어진 것이었고 소셜 미디어로 퍼뜨릴 용도였다. 이에 따라 광고 영상에서는 케이시가 그의 작품 에서 보여준 실험적인 아이디어와 캠페인 활동을 지속하면서 구축 해 온 아이디어를 이어갔다. 스포츠는 규칙이나 경기에 의해 규정 되는 것이 아니라 움직임에 의해 정의된다는 아이디어를 말이다. 영상의 전체적인 콘셉트는 내부적으로 제작된 무드 필름에서 출발 했다. 이 무드 필름에서는 여러 영상을 통해 '움직이기 때문에' 중 요한 활동과 '움직이지 않기에' 중요하지 않은 활동을 나누어 보여 주었다. 유명 영화, TV 프로그램, 유튜브 영상, 스포츠 중계에서 포 착한 장면들이 있었다. 우리는 이런 느낌의 영상을 모으기 시작했 다. 이것은 대단히 어려운 일이었다. 1987년에 비틀스의 '레볼루션' 을 사용할 권리를 확보한 이래 저작권 이슈에서 가장 까다로운 영 상이라 할 만했다. 영화 〈인디애나 존스Indiana Jones〉의 장면이 영화 〈오즈의 마법사The Wizard of Oz〉와 〈아마데우스Amadeus〉, TV 프로그램 〈몬티 파이턴의 촌극Monty Python sketch〉의 장면과 함께 등장했다. 각 장 면은 등장인물의 '움직임' 때문에 선택되었다. 우리는 만화 〈뽀빠 이Popeye〉, 영화 〈위대한 레보스키The Big Lebowski〉(주인공 레보스키는 움직임이 없는 사례로 포함되어 있다)의 장면과 브루스 리Bruce Lee의 움직임을 몇 초씩 넣었다. 1분 길이의 전체 광고 속에는 우리가 만들어낸 장면이 없었다. 모두가 영화, TV, 유튜브, 스포츠 중계 영상에서 가져온 것이었다. 이 모두가 움직임의 역동적인 몽타주를 만든다. 영상은 '삶은 스포츠다, 매 순간을 소중히'라는 말에 이어 분홍색 가발을 쓴 톰 헐스Tom Hulce가 분한 모차르트가 마지막을 장식하는 가운데 퓨엘밴드의 그림이 등장하며 끝난다.

상징적인 영화의 상징적인 장면과 캐릭터를 사용할 권리를 얻기 위해 밤낮으로 일해야 했다. 1979년 영화 〈워리어The Warriors〉에서 사이러스Cyrus 역을 맡았던 배우 로저 힐Roger Hill과는 끝까지 연락이 닿지 않았다. 그의 명대사 "셀 수 있겠어, 멍청아?Can you count, suckas?(소중하다는 뜻의 'count'와 동음이의어)"때문이다. 소중하게 여긴다는 아이디어에서 시작하는 영상이기 때문에 힐의 장면으로 시작되었고 따라서 그 장면을 잘라낸다는 것은 상상할 수 없었다. 시간이 다 되었을 무렵, 누군가가 사서로 일하고 있는 힐을 찾아냈고 결국 그의 허락을 받을 수 있었다.

우리는 지미 팰런Jimmy Fallon이 개최하는 대규모 행사에서 퓨엘밴드를 공식적으로 출시하며 영상을 공개했다. 행사가 진행되는 단 몇 분 만에 온라인으로 수천 개의 제품이 판매됐다. 얼마 지나지 않아 초도 물량이 매진됐다. 추가 물량은 몇 주가 지나서야 풀릴 예정이었다. 행복한 고민이었다. 서서히 움직임이 일어나고 있었다.

하나에서 여럿으로

모집과 결집의 과정을 거쳤으니 이제는 함성의 시간이다. 우리
는 오스틴Austin에서 열릴 사우스 바이 사우스웨스트 콘퍼런스SXSW,
South by Southwest Conference를 가장 영향력 있는 함성의 순간으로 준비했
다. SXSW는 텍사스의 도시 오스틴에서 열리는 기술 산업 쇼케이
스이자 음악 축제다. 그뿐만 아니라 대규모의 달리기 커뮤니티가
있다는 점에서 오스틴은 가장 역동적인 도시였다. 우리는 퓨엘밴드
의 체험적 스토리가 더해진 공간을 조성했다. 음악과 스포츠가 하
나로 어우러진 미래형 야외 코트였다.

스포츠 코트의 중심에는 보도에 세워진 100피트(약 30.5미터) 길
이의 전광판이 있었다. 전광판은 '퓨엘스트림Fuelstream'을 보여주고 있
다. 퓨엘스트림은 퓨엘밴드를 찬 콘퍼런스 참가자들에 의해 구동되
며 우리가 진행해 온 모든 대회에 대한 일종의 순위표 역할을 해주
었다. 이 전광판은 다음 운동화 출시가 언제인지를 비롯해 앞으로의
일정도 보여주었다. 콘퍼런스에서 전광판을 돋보이게 만든 것은 움
직임에 대한 반응이었다. 앞에 움직이는 것이 없으면 전광판은 붉게

변하지만 그 앞에서 누군가가 움직이는 순간 밝은 빛의 실루엣이 그들과 함께 움직인다. 색도는 움직임의 속도에 좌우된다. 보행자의 실루엣이 오렌지색으로 나타난다면 달리는 사람은 녹색으로 반짝인다. 그 역학을 이해한 게스트가 자신의 움직임으로 전광판의 색상을 조정하는 모습을, 그리고 운동을 위한 운동에 작은 영향력을 행사하는 모습을 보는 것은 정말 재밌는 일이었다.

하지만 무엇보다 눈길을 끈 것은 실내 공연장이었다. 그곳 역시 움직임에 민감하게 작동했다. 내부의 모든 벽은 관중이 얼마나 움직이느냐에 따라 붉은색에서 녹색으로 움직였다. 걸 토크Girl Talk, 메이저 레이저Major Lazer, 슬레이 벨스Sleigh Bells가 공연으로 관중을 움직이자 그곳은 크리스마스트리처럼 반짝였다. 이 움직임 쇼는 밖에서도 볼 수 있었다. 이 도시에서 가장 높은 프로스트 타워Frost Tower를 향해 있는 음악 공연장 바깥에 조명 시스템을 설치했다. 실내 군중이 춤을 추며 벽을 빛내면, 밖에서도 똑같이 반짝였다. 마치 타워 자체가 형형색색의 빛을 터뜨리며 춤을 추는 듯 보였다. 수 마일 밖에서도 볼 수 있었다. 엄청나게 특이한 것은 아니었지만 '함성'은 퓨엘밴드로 만들어낼 움직임을 기념하는 데는 부족함이 없었다.

우리는 나이키 의류 팀에 나이키 퓨추라 활자체로 '나는 밴드와 함께한다I'M WITH THE BAND'라는 문장이 새겨진 티셔츠를 요청했다. 이 티셔츠는 행사 전체에 대한 반영이었다. 일종의 말장난으로 시작한 티셔츠 제작은 퓨엘'밴드'를 가지고 있다면 SXSW의 '밴드' 음악적 요소를 이용하는 것은 물론 '밴드' 멤버가 얻을 수 있는 모든 것에 접근이 가능하다는 의미였다. 밴드 멤버에게는 특별히 준비된 음식, 백스테이지 통행증, 각종 증정품, 유명 선수를 비롯한 유명인과 만날 수 있는 기회, 가장 중요하게는 우선 입장권이 주어졌다. 퓨엘밴드를 가지고 있는 사람은 SXSW에서 나이키가 제공하는 모든 행사에 VIP로 입장할 수 있었다. 티셔츠를 입은 참석자들은 영상 상영회, 음악 공연, 전시에 입장할 수 있었다. 각 행사장에는 '밴드와 함께WITH THE BAND'라는 눈에 잘 띄는 안내판이 있었다. 밴드가 있는 사람은 뒷문으로 들어가 거대한 야외 그린 룸에서 시간을 보냈다.

SXSW는 3월 18일 마무리됐다. 우리는 화면에 '골GOAL'이라는 글자를 표시하는 퓨엘밴드를 보여주는 디지털 벽 앞에서 마지막으로 사진을 찍었다. 이것으로 행사는 마무리됐다. 트위터에는 이런 트윗이 올라왔다. '나이키가 SXSW에서 승리했다. 기술 기업도 밴드도 아닌 나이키가.'

좋은 브랜드는 기억에 남는 순간을 만든다. 좋은 브랜드는 움직임을 만든다. 하지만 어떤 움직임이든 명확한 비전에서 시작해야 한다. 우리가 달성하려는 것은 무엇인가? 달리 표현해 보자. 브랜드의 움직임은 곧 그들이 내놓는 제품과도 얽혀 있기에 이런 질문을 던져야 한다. '이 제품이 무엇을 달성하길 원하는가?' '하는' 것이 아닌 '달성'하는 것 말이다. 제품이 촉진할 수 있는 것은 무엇인가? 그것이 고객들의 삶을 어떻게 개선하는가? 이런 질문에 대한 답을 찾는다면 움직임에 대한 비전에 도달하게 될 것이다.

마케터는 제품이 '하는' 일에 집중하기 때문에 제품의 목적을 잊어버리는 경우가 많다. 최신 기술, 최고의 소재, 최고의 엔진, 최고의 인터페이스가 적용되었다! 맞는 말이다. 하지만 그런 것들은 훨씬 더 기본적인 정보를 파악하고 싶어 하는 사람들에게, 즉 이 제품이 내게 어떤 도움을 줄지 알고 싶어 하는 사람들에게 아무런 도움이 되지 못한다. 거기에 멈춰서는 안 된다. 한 사람의 고객을 위해 제품의 상세 사양을 알려주는 것은 좋은 방법이 아니다. 한 사람에게 미치는 영향은 많은 사람에게로 퍼져야 한다. 제품의 상세 사양은 바람을 일으키지 못한다. 제품을 중심으로 어떤 대의를 도모하기 위해서는 목적의식이 뚜렷해야 한다.

하나에서 여럿으로. 한 명의 외로운 미치광이에서 모두가 춤을 추는 축제로. 마지못해 달리는 한 사람에서 시작해 도시 전체가 달려나가 필라델피아 미술관 계단을 오르기까지. 움직임은 커뮤니티가 주도한다. 뭔가 더 큰 것, 그들뿐 아니라 주위의 모든 사람을 돕는 어떤 것의 일부라고 믿을 때 움직임은 융성한다. 그리고 한 걸음 진보한다는 믿음을 공유할 때, 우리가 함께 우리 안의 잠재력을 펼치고 있다고 믿을 때, 그 잠재력이 우리로 하여금 계속해서 나아가게 하는 연료가 된다고 믿을 때 움직임은 점점 더 커진다.

제품 속 잠재력을 발견하라. 그러면 자신의 잠재력을 발견하도록 소비자를 북돋을 수 있을 것이다.

'스파크를 일으키는' 원칙

1. 대담한 미래

움직임은 변화에 대한 것이다. 목표는 달성 가능하되 대담
해야 한다. 그 목표에 몽상가들은 일어나 앉을 것이고 회
의론자들은 비웃을 것이다. 우리에게 필요한 건 몽상가다.
회의론자는 소파에 남겨두어라.

2. 행동의 촉매

움직임에는 영감을 주는 카리스마 있는 리더가 필요하다.
리더는 공감대를 형성하고 행동의 촉매 역할을 해야 한다.
소비자가 리더로부터 영감을 얻는 만큼, 그들이 리더에게
서 자신을 보는 것이 중요하다.

3. 권한 부여를 위한 도구

성공적인 운동은 권한 부여 도구, 사람들이 대담한 목표를 달성할 수 있는 수단과 관련되어 있다. 많은 브랜드에서 기술적 우월성이 소비자와의 친밀감을 높인다고 생각하는 경우가 너무나 많다. 물론 사람들은 제품 안에 있는 것에 주의를 기울인다. 하지만 그들이 더 신경을 쓰는 것은 그 제품으로 무엇을 할 수 있는가다.

4. 움직임을 일으키는 순간

의미있으면서도 성장한다는 느낌을 줄 수 있는 시간과 장소를 이용하라. 그들은 혼자 시작했고 고립되어 있었으며 꿈을 공유하지 못했다. 꿈을 실현할 수단이 없었기 때문이다. 그들이 더 큰 어떤 것, 중요한 어떤 것, 그들을 이전의 자신보다 더 낫게 만들어주는 어떤 것의 일부가 되게 하라.

8장

거리를
좁히다.

EMOTION
BY
DESIGN.

2016년 7월 13일, NBA 스타 카멜로 앤서니Carmelo Anthony, 크리스 폴, 드웨인 웨이드, 르브론 제임스가 무대에 올랐던 순간은, 미국 스포츠 분야 최고 권위의 시상식 ESPY 역사상 가장 강력한 순간이었다.

"제시 오언스Jesse Owens, 재키 로빈슨Jackie Robinson, 무하마드 알리, 존 카를로스John Carlos, 토미 스미스Tommie Smith, 카림 압둘 자바, 짐 브라운Jim Brown, 빌리 진 킹Billie Jean King, 아서 애시Arthur Ashe와 같은 수 세대 전 전설적인 선수들, 그리고 수많은 다른 선수들은 운동선수란 어때야 하는지에 대한 본보기를 만들었습니다. 그리고 우리는 그들의 발자국을 따르기로 했습니다."

이 네 명의 선수가 로스앤젤레스 마이크로소프트 극장 무대에 오른 이유는 아프리카계 미국인에 대한 불평등 때문이었다. 일주일 전 올턴 스털링Alton Sterling과 필랜도 캐스틸Philando Castile이 경찰이 쏜 총에 맞아 사망하는 사건이 발생했다. 이는 전국적 시위를 촉발했다. 그것은 현재의 문제였다. 과거로 수백 년을 거슬러 올라가면 미국 사회와 대립하던 다른 문제들, 더 깊은 비극이 있었다.

"시스템이 제대로 작동하지 않습니다. 이 문제는 새로운 것이 아닙니다. 폭력은 새로운 것이 아니죠. 인종적 분열은 전혀 새로운 것이 아닙니다. 하지만 변화는 그 어느 때보다 시급합니다." 앤서니가 말했다.

선수들은 지속적인 폭력 속에서 한 사람씩 맡아야 할 그들의 역할에 대해 강조했다. 사람들이 들고 일어날 필요성을 느끼도록 계속해서 노력하겠다고도 말했다.

"오늘 우리는 역사상 가장 위대한 선수였던 무하마드 알리를 기리기 위해 모였습니다." 제임스가 말했다. "그가 남긴 유산의 가치를 제대로 알기 위해 이 순간을 기억했으면 좋겠습니다. 모든 프로 선수들이 스스로 공부하고, 이런 문제를 대수롭지 않게 여기지 말고, 탐구하고, 목소리를 높이고, 우리의 영향력을 이용해 모든 폭력을 근절하고, 더 중요하게는 공동체로 돌아가 우리의 시간과 자원을 투자해 재건을 돕고, 우리를 묶어주는 끈이 더 단단해지게 하고, 공동체의 변화를 촉구하는 작전을 개시해야 합니다. 우리 모두는 더 나은 일을 해야 합니다."

'그래야 하고말고.'

평생 나에게 영감의 원천이었던 사람, 알리의 발자취를 따르는 이 세 명의 흑인들을 지켜보며 든 생각이다. 나이키에서 최고마케팅책임자로 있은 지 겨우 두 달이 되는 때였다. 이들의 이야기를 들으면서 나는 이 사안의 무게를 느끼고 동시에 불현듯 용기가 생겼다. 이 선수들이 우리 모두에게 한 걸음 더 나서라는 도전을 촉구했기에 무게감이 전해질 수밖에 없었다. 그들의 목소리를 증폭시켜야 할 때였다. 나이키가 그동안 잘해왔듯이 끈질기게 이어지는 인종차별의 역사에 맞선 흑인들의 투쟁을 보여주며 사람들의 눈길을 돌릴 때였다. 지금이 기회였다.

무게감이 강하게 내 마음을 눌렀다면 용기는 내 의지를 솟아오르게 만들었다. 그 순간 깊은 책임감이 느껴졌다. 어쩌면 지금의 상황을 둘러싼 책임으로부터 자유로울 수 없는 나의 입장과 정체성을 재발견한 것인지도 모르겠다. 나이키는 '정의란 무엇인가'에 대한 물음을 미국과 전 세계에 지속적으로 던져왔다. 그리고 바로 여기, 변화를 일으킬 사람들이 서 있다. 이 네 명의 선수들은 지금이 바로 행동할 때라고 강조했다.

당시의 인종차별 문제와 스포츠 사이에는 명백한 연관성이 존재했다. 스포츠와 인종차별은 어느 지점에서 교차하는가? 전혀 달라 보이는 두 분야는 서로 무슨 연관이 있나? 그 답이 바로 앤서니, 폴, 웨이드, 제임스다. 그들은 스스로 일어서지 못하는 사람들에게 힘을 보태기 위해 거기 있었다. 그들은 자신의 종목에서 역대 선수들 가운데 가장 위대한 네 명이었고 이 문제가 스포츠와 연관이 있음을 말하고 있었다. 바로 그때 나는 그들의 이야기를 우리 사회의 현실을 밝히는 촉매제로 사용하겠노라 마음먹었다.

ESPY 연설이 있던 다음 날, 한껏 고무된 우리 팀은 이후의 많은 날 동안 지금의 과제를 어떻게 받아들여야 할지 깊이 고민했다.

우리는 리더가 되어 달라는, 움직임을 이끌어달라는 요청을 받고 있었다. 나이키는 답해야 했다.

일어나야 할 시간이었다.

일어나라, 소리를 높여라

2004년 10월 스페인 국가대표 축구팀 코치 루이스 아라고네스 Luis Aragonés는 기자와 카메라맨들이 지켜보는 가운데 선수들의 결의를 북돋우려 하고 있었다. 그는 이렇게 말했다. "저 빌어먹을 흑인 새끼Negro de Mierda한테 너희가 훨씬 낫다고 말해줘. 망설이지 말고 말해. 내가 그런다고 전해. 너희는 자신을 믿어야 해. 너희가 저 흑인 새끼보다 낫다는 걸." 아라고네스가 지칭하는 선수는 프랑스의 티에리 앙리Thierry Henry였다.

안타깝게도 축구에서 인종차별은 새로운 이슈가 아니다. 인간이 해서는 안 될 짓을 팬들이 하는 경우도 많았다. 상대 팀의 흑인 선수를 대상으로 일부 악성 팬들이 외치는 구호를 일컫는 용어까지 있을 정도였다. 이를 '원숭이 구호Monkey Chant'라고 한다. 팬들이 원숭이 소리를 흉내 내는 방식 때문에 붙여진 이름이다. 지난 몇 년 동안 상대 팀의 선수나 코치들이 흑인을 비하한 몇 번의 사건으로 선수들 간의 인종차별도 늘고 있었다. 아라고네스가 앙리를 두고 한 말에 대해서는 "참을 만큼 참았다"라고 말하기에 충분했다. 나이키가 개입한 건 그때였다.

2005년 1월, 나이키는 앙리와 손을 잡고 유럽 전역에서 〈일어나라, 소리를 높여라Stand Up, Speak Up〉 캠페인을 시작했다. 스포츠계의 고질적인 인종차별 문화에 대항하는 운동을 촉발하는 것이 목표였다. 리오 퍼디낸드Rio Ferdinand, 웨인 루니, 호나우지뉴Ronaldinho, 크리스티아누 호날두, 아드리아노Adriano 등 다른 선수들도 이 운동에 동참했다. 캠페인의 중심은 앙리와 다른 선수들이 인쇄된 표지판을 하나씩 보여주는 30초짜리 영상이었다. 표지판에는 이렇게 적혀 있었다.

나는 축구를 사랑한다.

나는 도전을 사랑한다.

나는,

공이 네트를 가르는 소리와

기쁨에 겨워 외치는

팬들의 소리를 사랑한다.

하지만

우리는 여전히 피부색 때문에

차별을 당하고 있다.

우리에게는 인종차별주의자들의 목소리가 들리지 않게 할

당신의 목소리가 필요하다.

그들의 목소리를 들을 때마다

싫다고 말하라.

그리고 영화 전체에서 유일하게 육성으로 전해지는 말이 있다.

"일어나라, 소리를 높여라."

영상이 드러내고자 하는 핵심적인 통찰은 '침묵하는 다수'의 인종차별 반대자들이 존재한다는 것이다. 선수의 인종과 상관없이 스포츠를 사랑하는 이들은 인종차별성 조롱으로 게임의 질을 떨어뜨리는 사람에게 혐오감을 느낀다. 이 영상은 그런 그들에게 메시지를 보낸다. 그들에게 선수들, 세계 최고의 선수들이 당신 편에 서 있다고 말하는 영상인 것이다. 영상은 당신이 사랑하는 스포츠를 구하기 위해 싸워야 하고, 그 싸움에서 당신은 결코 혼자가 아니라고 말한다. 이 영상은 다섯 개의 언어로 만들어져 전 대륙에 발표되었다.

하지만 7장에서 본 것처럼, 광고 하나 만든다고 움직임이 저절로 일어나는 것은 아니다. 침묵하는 다수가 목소리를 내게 하려면 더 많은 것이 필요했다. 검은색과 흰색이 서로 맞물려 있고 "일어나라, 소리를 높여라Stand Up, Speak Up"라는 메시지를 새긴 손목밴드를 판매한 이유가 여기에 있다. 손목밴드를 팔아서 생긴 수익금은 기금 조성에 쓰였고, 이 기금은 스포츠계의 인종차별과 싸우는 유럽 전역의 비영리단체와 자선 단체에 기부됐다. 선수들은 손목밴드를 착용한 채 경기를 뛰었고, 몇 년 사이 매출은 500만 달러를 기록했다.

당시 나는 글로벌 브랜드 디자인 부문 부사장이었고 나이키 축구를 비롯해 다른 스포츠에 대해서도 세계적으로 브랜드 정체성과 브랜드 경험을 주도하는 책임을 맡고 있었다. 〈일어나라, 소리를 높여라〉 캠페인은 사회적 변혁을 위한 스포츠의 역할에도 영향을 미쳤다. 광고는 팬들에게 직접 말을 걸고 그들을 끌어들이고, 직접 행동할 것을 요구함으로써 큰 성공을 거두었다. 핵심은 인종차별주의자들이 스포츠를 망치고 있으며, 선수들이 제대로 반격에 나서기 위해서는 팬들의 도움이 필요하다는 점이었다. 스포츠에서 일어나는 인종차별의 대부분은 경기와는 아무런 연관이 없는 곳에서 발생하는데, 선수들은 그저 그것을 '받아들여야 하는' 것이다. 이 광고는 팬들에게 스포츠의 잔혹하고 더러운 현실을 적나라하게 드러냈다. 유색 인종 선수들이 다른 선수나 코치들로부터 좋지 못한 대우를, 심지어는 인격적인 모독을 받는다는 사실을 말이다. '위대한 승부' 뒤에는 대단히 추악한 면이 공존했다. 축구 역시 사업이라 수익 구조에서 가장 중요한 고객을 무시할 수 없다. 고객이 변화를 요구하면 변화하는 것 말고는 별수가 없는 것이다. 그러니 다시 빛날 스포츠를 위해 유럽 전역을 뒤덮고 있는 인종차별 반대자들의 운동에 동참하라. ESPY에서 네 선수가 문제를 제기한 순간, 나이키가 이 메시지에 어떻게 반응했는지 더 자세히 살펴보자.

세상의 일 보 전진을 위해

〈일어나라, 소리를 높여라〉 캠페인과 또 다른 사회참여 캠페인들(특히 스포츠를 통해 여성의 참여가 늘어나고 자율성이 강화된다는 이야기를 담은 1995년 작 〈내가 마음껏 뛰게 해준다면If You Let Me Play〉)은 스포츠가 정의를 다룰 때 문제를 해결하는 방식의 토대가 되어주었다. 다시 말해, 우리의 행동은 전혀 새로울 것이 없었다.

ESPY에서의 선언이 있기 전, 나는 CMO로서 프랑스 파리에서 개최한 글로벌 마케팅 행사에 참여했었다. 나이키의 모든 지역과 부서의 브랜드 리더들을 한자리에 모으는 행사였다. 이 행사는 르브론이 이끄는 클리블랜드 캐벌리어스와 골든 스테이트 워리어스Golden State Warriors의 NBA 챔피언십 시리즈와 같은 시기에 열렸다. 시리즈 7차전 경기는 파리 시간으로 새벽 1시에 치러졌고 나와 팀원들은 경기를 보기 위해 늦게까지 깨어 있었다. 캐벌리어스가 이긴 그 게임은 최고의 경기로 남았다. 르브론은 '더 블록the Block'이라는 이름의 플레이를 선보이며 우승을 확정지었다. 남은 시간이 2분도 채 되지 않는 상황에서 점수는 동점이었다. 워리어스 소속 포워드 안드레 이궈달라Andre Iguodala가 리바운드를 잡아 코트를 내달린 후 슛을 날렸다. 누가 봐도 들어갈 것처럼 보였지만 르브론은 엄청난 속도로 이궈달라를 따라잡은 뒤 레이업을 차단했다. 캐벌리어스는 1964년 이후 처음으로 클리블랜드에 메이저 대회 우승컵을 안겨주었다.

캐벌리어스의 승리에서 영감을 얻은 나는 믿을 수 없었던 경기 장면을 떠올리며 몇 날 며칠의 아침마다 프레젠테이션을 고쳤다. 이쯤이면 독자들도 눈치챘겠지만 나는 스포츠를 통해 리더십에 대한 통찰을 얻는다. 그리고 그날 경기는 배움을 얻기에 더할 나위 없이 좋았다. 내 발표 자료에는 '언제나 믿음을 잃지 않는Always Believe'이라는 말과 함께 10대 시절 르브론의 흑백사진이 담겨 있었다.

우리가 평등이라는 주제로 스토리텔링을 이끌어온 이유는 역사적인 순간을 함께 목격한다는 감각 때문일 것이다. 우리는 스포츠를 통해 각 사람과 공동체에 힘을 부여하고 그로써 미국이 진일보하는 과정을 지켜보고 싶었다. 따라서 그날 아침의 프레젠테이션을 시작으로 '세상을 전진시켜라Push the World Forward'라는 슬로건이 회사 내부에서 일종의 작전명처럼 쓰이며 다음 해와 그 이후의 마케팅 계획에 키워드로 쓰였다. 우리는 이를 소명으로 여겼고 계속해서 그 소명으로 되돌아가 목표에 부응하고 있는지를 확인했다. 그런데 결국 스털링과 캐스틸 사건이 일어났다. 터질 게 터지고야 만 것이다.

#Blacklivesmatter

2016년 7월 7일 와이든앤드케네디 수상작이 궁금해 웹사이트에 방문한 사람들은 검은 화면에 흰색 텍스트가 적힌 것을 발견했다. 텍스트는 다음과 같았다.

당신의 흑인 동료는 왜 오늘 유난히 비통해 보일까…
당신의 흑인 동료는 왜 오늘 유난히 슬퍼 보일까…
당신의 흑인 동료는 왜 오늘 유난히 조용할까…

우리는 생각하고 있다.
우리는 스스로에게 무엇을 해야 할지 묻고 있다.

마치 자신이 총에 맞아 죽는 것을 본 듯한 느낌 때문에
우리는 상처를 받았다.

우리는 스스로에게 말한다.

"이 일이 너를 두려움 속에서 살게 만들지 마라.
이 일이 너에게 미움을 갖게 하지 마라."

하지만 우리는
우리의 삶, 가족의 삶, 친구의 삶에 대해 두려움을 느낀다.

시위가 효과가 없다는 데 화가 난다.

왜 녹화가 되지 않는지 화가 난다.

우리는 그와 그의 가족에 대한 주체할 수 없는 공감,

그리고 전혀 신경을 쓰지 않는 듯 보이는

세상에 대한 경멸 사이에서 갈등하고 있다.

우리는 경찰에 혐오감을 느끼지만

스스로에게 이렇게 말한다.

"모든 경찰을 미워하지는 마라."

우리는 침묵이 어떤 의미인지 궁금하다.

우리는 오늘 우리가 집에 돌아갈 수 있을지 궁금하다.

우리는 무엇을 해야 할까,

무엇을,

무엇을.

참고로 말하자면, 동정심 때문이 아니다.

그냥 인정해야 하니까 인정할 뿐이다. #올턴 스털링

이 글은 와이든앤드케네디의 카피라이터 커빈스 쇼베Kervins Chauvet 가 쓴 것이다. 그는 흑인이다. 이후 이런 설명을 덧붙였다. **10**

그날 아침 마음이 무겁다는 것이 어떤 느낌인지 비로소 알게 되었다. 어떤 대답도 정당화될 수 없는 질문들과, 나와 멜라닌을 공유하지 않는 사람은 온전히 이해할 수 없는 분노에 짓눌렸다. 그 복잡한 감정이 내게 분노와 동시에 절망감을 남겼다. 그날 아침의 많은 사람처럼 나는 그 감정을 안은 채 샤워하고 옷을 입었다. 그 감정을 안은 채 버스를 타고 출근을 했다. 그 감정을 안은 채 책상에 앉아 노트북을 열고 화면을 응시했다. 무엇을 해야 할까? 이것은 아마 내가 쓴 가장 중요한 글로 남을 것이다.

쇼베는 회사에서만 공유될 것으로 생각하고 글을 썼지만 댄 와이든은 그것을 회사 전체를 대표하는 글로 만들기로 마음먹고 사이트에 게재했다. 유일한 변화는 마지막의 해시태그를 **#흑인의 목숨도소중하다**#blacklivesmatter로 바꾼 것이었다. 이 글은 '이유'라는 제목으로 알려지면서 소셜 미디어를 비롯한 미디어 전반에 많은 논의를 낳았다. 다음 날 《워싱턴 포스트Washington Post》에도 관련 기사가 실렸다.**11**

와이든앤드케네디와는 전혀 교류가 없던 사람들은 이 창작 에

이전시가 스텔링과 캐스틸의 총격 사건 이후 고통스러운 혼란의 몇 주 동안 가장 먼저, 그리고 가장 강력한 메시지를 낸 것에 반가움을 표하면서도 한편으로는 놀라움을 느꼈을지 모르겠다. 하지만 그들과 긴밀하게 협업하는 우리에게 와이든앤드케네디의 메시지는 놀라운 것이 아니었다. 지난 해, 댄의 팀은 '용기 있는 대화 Courageous Conversation' 워크숍을 통해 직장 내 불평등에 대한 인식을 개선하고 문제를 해결하는 절차에 공을 들였다. 더구나 이들은 나이키에서 주최한 사회적 캠페인의 중심 아이디어를 지속적으로 제시해 왔다. 이런 콘셉트는 2016년 리우데자네이루올림픽 기간에 나이키가 전하려는 메시지에 영감을 주었고 결국 1년 후 시작될 '평등 Equality' 캠페인으로 이어졌다.

한계는 없다

"사람들이여, 사람들이여
우리는 당신이 어디를 가든, 우리가 당신 바로 곁에 있다는 것을
알아주었으면 합니다."

나이키의 〈한계는 없다Unlimited Together〉 영상에는 미국 국가 '스

타 스팽글드 배너Star-Spangled Banner'에서 영감을 받은 찬스 더 래퍼 Chance the Rapper의 노래 '위 더 피플We the People'이 나온다. 도심 속 건물에 투사되는 미국 남녀 농구팀의 영상을 배경으로 찬스는 혼이 담긴 송가를 부른다. 이 노래는 미국의 문화에서 비롯된 익숙한 악구를 사용해 도전과 통합의 정신을 고취한다. 가슴이 웅장해지는 노래이지만 한편으로는 미국의 업적 중 너무나 많은 부분이 '위 더 피플' 대부분에겐 환상에 불과하다는 것을 상기시킨다. 농구팀은 어떤 피부색을 가졌든 여전히 한 팀이라는 것, 함께해야 한다는 것을 보여준다. 아마 스포츠가 사회적으로 끼치는 긍정적 영향을 가장 잘 보여주는 예시가 아닐까 싶다.

〈한계는 없다〉 작업은 ESPY에서의 선언 이전에 시작되었으나 운동선수들이 변화를 요구한 뒤 오래 지나지 않아 공개되면서 시점이 딱 맞아떨어졌다. 영상을 제작할 초기에 나는 우리의 목소리로 불평등에 대항하는 싸움을 시작하되, '구태에서 벗어나 문제를 딛고 일어선 미국의 위대함'이라는 뻔한 콘셉트에는 기대지 않겠다고 다짐했다. 미국이 옹호하는 가치를 지키면서도 보다 다양한 미국인들의 투쟁을 지지할 수 있지 않을까?

작업 초반, 어떤 시각 자료나 대본도 없는 상태에서 찬스 더 래퍼의 원곡을 처음 들었다. 모든 것이 명확해지는 느낌이었다. 더할 것도 뺄 것도 없었다. 크리에이티브 팀에서 짜온 모든 콘셉트 중 가장 감정이 풍부했고 희망적인 분위기가 독보적이었다. 와이든앤드 케네디 뉴욕 지사는 '한계는 없다' 캠페인을 더욱 개발해가기 시작했다. 미국 농구 남녀 대표팀 모두가 한 영상에 같이 등장한 것은 그때가 처음이었다. 이 영상은 이전의 나이키 광고에서 영감을 얻어 제작되었다. 전반적인 분위기는 마빈 게이가 출연한 2008년의 광고 〈우리는 하나가 되어 일어선다United We Rise〉를 따랐고, 시각적으로는 1991년 〈나이키 에어 180Nike Air 180〉를 참고했다. 영상에 혼을 불어넣은 것은 찬스였다. 그의 가사는 우리가 원했던 분위기를 아주 자연스럽게 형성했다. 그것이 찬스의 첫 시도였다는 점에서 더 놀라웠다.

변화의 물결

59회 그래미 시상식은 2017년 2월 12일 방송됐다. 시상식 며칠 전부터 나는 베를린에 있었다. 회의 중간중간 아이폰을 들여다보며 8개월 전 네 명의 선수가 ESPY에서 제시한 도전 과제에 응답할 새로운 영상의 편집본을 검토했다. 그래미 시상식을 기점으로 대중에게 공개될 터였다. 그곳에서라면 스포츠 너머에 있는 청중에게까지 닿을 것이라 생각했다. 지난 여름의 격동으로 미국은 그때까지 휘청거리고 있었다. 대통령 선거로 분열은 더 심화됐다. 국가의 근본 원칙이 유지되고 있는지조차 의심스러운 순간에, 새로운 영상은 나이키의 목소리를 확고하게 전하는 명징한 선언이 되어야 했다.

7개월에 걸친 제작 과정은 내 커리어에서 가장 흥미진진하고 잊지 못할 경험이었다. 지난 여름의 기억과 감정을 가지고 모인 우리는 국가가 인종 간 다툼으로 분열되는 것을 보았다. ESPY는 세계 최고의 농구선수 네 명이 뭉쳐 인종 불평등에 대항하는 것을 보여주었다. 하지만 나이키와 와이든앤드케네디는 이야기를 농구에만 제한할 수 없었다. 우리의 이야기는 모든 형태의 스포츠와 문화적 영향력에 대한 것이어야 했다.

1994년 남아프리카공화국은 길고 길었던 인종차별 정책의 끝을 맺었다. 26년간 투옥되었던 넬슨 만델라Nelson Mandela가 통합된 국가의 대통령으로 선출됐다. 하지만 남아프리카공화국은 이름만 통합됐지 여전히 많은 흑인은 이 나라 럭비 팀 스프링복스에 증오심을 품고 있었다. 럭비는 전통적으로 백인들의 전유물이었다. 1995년 럭비 월드컵을 개최한 남아프리카공화국의 만델라는 스프링복스에 전폭적인 지지를 보내며 흑인은 물론 백인까지 놀라게 했다.

이후 다른 사람도 알게 된 사실이지만, 만델라는 럭비라는 스포츠로 나라 전체를 하나로 모을 계획을 세우고 있었다. 그는 수십 년의 적대감은 접어둔 채 하나가 될 팀과 하나가 될 나라를 꿈꾸고 있었다. 만델라는 자신이 반쪽 나라의 대통령이 아니고 남아프리카 공화국 전체(스프링복스에 뿌리를 둔 사람들과 그것을 즐기는 사람들을 포함)의 대통령임을 기억해 달라고 요청했다. 이것이 바로 스포츠의 힘이다. 이것이 바로 스포츠가 공동체와 구성원에게 부리는 마법인 것이다. 경기장 밖에서는 균열되어 있을지 몰라도, 스타디움 안에서라면 남아프리카공화국은 하나의 팀이고, 하나의 팀으로서 이기거나 질 뿐이었다.

마침내 남아프리카공화국은 럭비 월드컵에서 우승했다. 나라 전체가 국민적 자부심으로 넘쳐흘렀다. 흑인과 백인이 함께 기쁨을 만끽했다. 이날의 화합은 만델라의 행보에 힘뿐만 아니라 지혜까지 담겨 있음을 보여주었다. 이후 그는 이렇게 말했다.

"스포츠에는 세상을 바꾸는 힘이 있다. 스포츠에는 영감을 깨우는 힘이 있다. 스포츠에는 다른 것들이 하기 힘든 방식으로 사람들을 통합시키는 힘이 있다. 스포츠는 젊은이들에게 그들의 언어로 이야기한다. 스포츠는 한때 절망만 있던 곳에서 희망을 만들수 있다. 스포츠는 인종의 벽을 무너뜨리는 데 있어 정부보다 강력하다. 스포츠는 모든 유형의 차별 앞에서 미소 짓는다."

그런데 왜? 스포츠에는 왜 그런 힘이 있을까? 만델라는 어떻게 스포츠가 국가를 하나로 만들 것을 알아챘을까? 우리는 이 질문에 대한 답을 생각하며 경기장이나 코트에서 일어나는 일이 몇 가지 중요한 지점에서 우리의 삶과 닮았다는 것을 깨달았다. 자제력과 노력, 헌신, 다듬어지지 않은 재능이 흩어져 있다는 점, 게임이 공정하게 이루어지기 위해서는 우리 모두 일련의 규칙을 따라야만 한다는 점을 말이다. 그런데 규칙은 현실에서도 정말 모두에게 똑같이 적용될까? 그런 경우도 있겠지만 그렇지 않은 경우가 더 많다. 농구할 때 우리는 공이 모두에게 똑같이 튀어 오르기를 기대한다. 현실 사회에서도 그런 바람이 가능해져야 하지 않을까?

'평등' 캠페인은 이런 핵심적인 통찰에서 비롯되었다. 지난 여름의 총격 사건과 같은 하나의 사건에 대한 반응이 아니었다. 이것은 수십 년을 거슬러 올라가는 이야기이며, 스포츠, 특히 평등과 융합을 위해 싸우는 흑인 선수들과 긴밀하게 얽혀 있는 이야기였다.

크리에이티브 팀은 노래를 중심으로 메시지를 구성한 〈한계는 없다〉의 성공을 참고해 샘 쿡Sam Cooke의 '변화가 오고 있다A Change Is Gonna Come'를 선택했다. 찬스 더 래퍼의 '위 더 피플'이 건국 이념에 부응하자는 희망적인 외침이었다면, '변화가 오고 있다'는 조금 더 강력하고 단호한 메시지를 담고 있다. 이 곡은 여전히 고통 속에 살고 있는 사람들에게는 희망의 노래이며 상처를 입히는 사람들에게는 경고의 노래다.

"오기까지 정말 오래 걸렸어.
하지만 나는 변화가 오리란 걸 알아."

쿡의 노래는 과거를 애통해하지 않는다. 앞으로 올 것을 기대한다. 얼리샤 키스Alicia Keys가 상징적인 노랫말에 생기를 불어넣자 방향은 더욱 분명해졌다. 이후 우리는 평등에 대한 이야기를 전해 줄 구체적인 메시지를 구상했다. 스포츠에 기반을 두면서도 같은 세상에서 전혀 다른 규칙을 적용받으며 살아온 사람들에 대한 공감을 이끌어야 했다. 우리가 왜 스포츠에 열광하는지, 스포츠가 우리에게 무엇을 주는지, 즉 탁월성에 대한 감각과 경쟁의식, 무엇보다 공정의 힘을 언명해야 했다. 이런 특성들이 코트와 경기장을 넘어 세계로 이어져야 한다는 메시지도 담아야 했다. 배우 마이클 B 조던Michael B. Jordan이 준비된 대본을 천천히 읽어나가기 시작했다.

"여기 이 콘크리트 코트 위 선 안에서. 이 잔디밭에서. 여기에서 라면 당신은 당신의 모습이나 신념이 아닌 당신의 움직임으로 정의된다. 평등에 한계가 있어서는 안 된다. 우리의 유대는 이 선을 넘어야 한다. 기회에 차별이 있어서는 안 된다. 공은 모두

에게 똑같이 튀어 올라야 한다. 스포츠의 가치는 피부색보다 빛

나야 한다."

영화감독 멜리나 맷소카스Melina Matsoukas와 촬영 기사 말릭 사이

드Malik Sayeed의 손에서 만들어진 흑백 영상은 어느 도심에 위치한 농

구 코트를 보여준다. 사람들은 페인트 스프레이로 코트 라인을 연

장한다. 지난 여름, 더 이상 침묵하지 않겠다고 결단한 이들의 거리

행동을 빗댄 표현이다. 한 남자가 아이들이 공을 갖고 노는 모습을

지켜본다. 그 사람은 르브론이다. 장면은 테니스 코트로 전환된다.

세리나 윌리엄스가 보인다. 또 다른 장면으로 전환된 후 축구장을

배경으로 메건 러피노Megan Rapinoe가 보인다. 비슷한 장면이 반복된

다. 케빈 듀랜트Kevin Durant, 댈릴라 무하마드Dalilah Muhammad, 가브리엘

더글러스Gabrielle Douglas, 빅토르 크루스Victor Cruz가 화면에 등장한다. 교

회와 법원 등 상징적인 미국 건축물이 영상에 등장한다.

스프레이로 그리는 선은 계속 이어진다. 선은 법원을 나와 거

리로, 인도로, 지역사회로, 전국으로 연장된다. 경기를 지배하는 규

칙이 우리가 사는 세계까지 지배하도록. 이후 조던의 목소리가 들

린다. "우리가 여기에서 평등할 수 있다면" 그 말을 르브론이 받아

마무리한다. "다른 모든 곳에서도 평등할 수 있을 것이다." 이후 앨

리샤의 목소리가 폭발적인 성량으로 터져 나온다.

"변화는 올 것이다. 그럴 것이다."

영상은 그래미 시상식에 맞춰 완성됐다. 전 세계에 생중계되며 글로벌 캠페인의 시작을 알렸다. 캠페인은 하나의 영상으로 시작되었을지 몰라도, 거기서 끝나지 않았다. 방송 당일 밤, 나이키는 소셜 미디어의 프로필 사진을 '평등'이라는 타이포 이미지로 바꿨다. 또한 퓨추라 엑스트라 볼드체Futura Extra Bold로 '평등'이라는 단어를 새겨 넣은 티셔츠를 비롯해 나이키의 여러 상품이 이 메시지를 퍼뜨렸다.

그 다음 해 르브론은 캠페인을 홍보하는 데 많은 공을 들였다. 2018년 어느 경기에서 그는 뒤꿈치에 '평등'이라는 글자가 수놓인, 한쪽은 흰색이고 한쪽은 검은색인 한정판 운동화를 신기도 했다. 르브론은 이 캠페인을 짧고도 강력한 한마디로 요약했다. "농구는 우리의 수단이다. 하지만 평등은 우리의 사명이다."

지금까지는 주로 영상매체를 통한 공감의 형성 과정을 살펴봤다. 하지만 영상은 사람들이 행동하도록 감정을 이끌어내는 유일한 방법이 아니다. 나이키는 환경과 제품을 통해서도 기울어진 운동장을 평등하게 만드는 데 크게 성공했다.

공감은 행동에서 나온다

2010년 요하네스버그에서 월드컵이 열렸다. 이 세계적인 행사에서 사람들은 남아프리카공화국의 아름다움과 빈곤에 주목하게 되었다. 이 나라에서는 매일 35만 명의 아이들이 축구를 하지만 열악한 시설로 인해 안전하게 운동할 수 있는 장소는 거의 없었다. 기본적인 생필품도 없는 사람이 많았고 의료 환경 역시 열악해 HIV/AIDS 감염률이 세계 최고인 나라이기도 했다. 월드컵 동안 진행할 캠페인을 구상 중이던 우리는 이러한 결핍에 관심을 가지기 시작했다. 우리는 캠페인이 단순히 축구를 찬양하는 데서 끝나지 않길 원했다. 우리는 남아공 사람들을 참여시키고 그들의 세상이 어떤 곳이며, 그들에게 중요한 것은 무엇인지 이해하고 싶었다.

이 나라와 도시를 괴롭히는 많은 문제들에 대해 알게 되면서 우리는 스스로 이런 질문을 던지기 시작했다. 축구를 이용해서 교육과 의료 서비스를 향상시킬 수 있을까? 이런 질문을 이어가다가 프로젝트 레드Project Red와의 협력을 시작했다. 프로젝트 레드는 HIV/AIDS에 대한 인식을 높이고 질병을 종식시키기 위해 노력하는 단체다. 우리의 협업에는 '운동화 끈으로 생명을 구하자Lace Up Save Lives'라는 이름이 붙었다. 전 세계 어딘가에서 나이키와 레드가 함께 만든 운동화 끈을 구입하면 나이키는 교육과 의약품을 제공하는 남아프리카공화국 지원 프로그램에 돈을 기부했다. 코트디부아르 출신의 전설적인 축구 선수 디디에 드로그바Didier Drogba와 같은 훌륭한 대사들이 이 프로그램을 지원했다.

우리는 여기서 그치지 않고 프로그램을 한 단계 더 발전시켰다. 이 역시 남아공 사람들, 특히 젊은이들의 니즈를 이해하는 일에서 출발했다. 그들의 경기장은 안전하지 못한 지역에 단단한 흙으로 만든 경우가 대부분이었다. 남아공 어린이들에게 안전한 운동장을 제공하기 위해 남아프리카공화국 소웨토Soweto에 나이키 풋볼 트레이닝 센터Nike Football Training Centre를 건립했다. 처음부터 지역사회를 참여시켜 트레이닝 센터가 진짜 남아프리카의 것이 되기를 원했다.

기능적 구조를 설계하는 것만으로는 충분치 않았다. 지역 공동체는 이를 넘어설 야심을 갖고 있었고 새로운 소웨토 센터가 지역사회의 비전이 되고 젊은이들의 꿈이 더욱 커지는 공간이 되기를 바랐다. 그렇게 이야기는 건축과 환경의 일부가 되어 공간에 감정과 역사적 감수성을 불어넣었다. 나이키는 소웨토 현지의 아티스트들과 협력해 세계 곳곳의 전설적인 풋볼 클럽 스토리를 바탕으로 이 센터에 목적의식을 부여하고 주민들이 자부심을 느끼도록 만들었다.

완성된 소웨토 센터는 매년 2만 명의 어린 축구선수들에게 교육 서비스를 제공했다. 현재 이 센터는 남아프리카공화국 여성들의 스포츠 참여를 촉진하기 위한 다목적 훈련 시설로 사용되고 있다. 이곳에는 육상 트랙, 스케이트 공원, 댄스 스튜디오 등의 시설이 갖춰져 있고, 소웨토의 창작 공동체를 활성화하기 위한 워크숍이 진행되고 있다. 이 프로젝트는 디자인과 스포츠, 교육, 의학 등 여러 분야의 창조적 협업으로 소외된 공동체에 활기를 불어넣은 상징적 사례가 되었다.

디자인을 통해 사회적 영향력을 창출하는 것은 건축뿐 아니라 제품 혁신에도 적용된다. 최근 나이키가 개발한 프로 히잡Pro Hijab은 보고, 듣고, 배움으로써 돌파구를 찾은 사례다. 얼마 전까지만 해도 경기에 나서는 선수들이 사용할 수 있는 스포츠용 히잡은 존재하지 않았다. 올림픽 경기에서도 따로 착용할 수 있는 히잡이 없기는 마찬가지였다. 엘리트 펜싱 선수나 복싱 선수들은 전통적인 직물로 만들어진 히잡을 썼다. 젖으면 무거워지고 빳빳해지는 소재라 착용자가 주변 소리를 듣기 힘들다. 이 때문에 히잡을 쓴 펜싱 선수들은 파울을 범할 가능성이 높아지는 위험을 고스란히 안고 경기를 치러야 했다. 이는 점수를 올리는 데 방해 요소가 되어 경기에 불리하게 작용했다. 나이키 디자이너들은 어려움을 겪는 선수들의 목소리에 귀를 기울여 더 가볍고, 부드럽고, 통기성이 좋은 히잡을 만들었다. 독일의 복싱 선수 자이나 나사르Zeina Nassar는 프로 히잡을 쓰고 경기를 한 후 "소리를 들을 수 있게 되었다. 덥지도 않았다. 내 몸이 더 빠르고 쉽게 체온을 내릴 수 있게 된 것 같았다"라고 말했다.

우리의 프로젝트는 눈에 띄지 않아 쉽게 방치되고 마는, 세상에 존재하는 수많은 니즈에 어떻게 반응할 수 있는지를 보여주는 대표적인 사례로 남을 것이다.

'비즈니스 리더'를 넘어 '진정한 리더'로

2011년 2월, 나이키 흑인 직원 네트워크Nike Black Employee Network, BEN가 첫 스니커 볼Sneaker Ball을 개최했다. '흑인 역사의 달'인 2월을 맞아 BEN은 사회의 점진적인 변화와 더불어 흑인 문화와 스포츠를 기념하는 행사를 열고자 했다. 그렇게 스니커 볼이 탄생했다. 조던 브랜드에서 마케팅의 전설로 불리던 하워드 H. 화이트Howard H. White가 나를 무대 위로 불렀다. 하워드는 나에게 'H' 상을 수여하기 위해 그곳에 있었다. 그의 이름을 딴 이 상은 나이키 내 흑인 직원 공동체에 헌신한 나이키 리더의 공로를 치하하고자 수여한다. 그 영광 앞에서 나는 19년 전 브랜드 최초의 소수자 인턴십 프로그램으로 나이키에 합류해 1992년 여름, 이미지 디자인 팀의 유일한 흑인 구성원으로 지냈던 시간을 떠올렸다. 돌고 돌아온 나의 자리와 나의 존재를 되돌아보게 하는 순간이었다. 나의 여정은 아직 끝나지 않았지만 다른 누구도 아닌 동료들의 인정을 받았다는 것이 너무나 감격스러웠다.

나이키에 입사한 지 얼마 되지 않았을 무렵, 나는 디자인 임무 외에도 나이키 흑인 역사의 달Black History Month 포스터를 만드는 팀의 일원으로 활동했다. 대부분의 주요 브랜드에서 그 달을 본격적으로 기념하기 시작한 수년 전의 일이었다. 그것은 스타 선수를 중심에 놓는 전형적인 포스터가 아니었다. 더 예술적으로 디자인되었을 뿐 아니라 한층 사색적이었다. 예를 들어 1996년의 포스터는 상단에 노란색 배경에 갈색으로 채색된 사람의 드로잉을 보여주었다. 하단에는 그것이 반전된 모습, 갈색 배경에 노란색의 실루엣이 그려져 있다. '평등', '평화', '정의', '통합'과 같은 단어들이 한쪽은 똑바로 한쪽은 뒤집힌 채 포스터의 양쪽 절반을 덮으며 모든 문제에 양면이 있음을 상기시켰다. 이 포스터는 브랜드 안에서 공유될 뿐 아니라, 학교와 여러 단체로 퍼져나갔으며, 출판물로도 배포되었다. 이들의 목표는 흑인 공동체에 대해 중요한 주제를 논의하고 학습하게 하려는 것이었다.

포스터 작업은 내게 주어진, 혹은 내가 찾아낸 여러 기회의 시작이었을 뿐이다. 이런 기회는 코트나 경기장, 사무실 문 앞에 머물러 있는 것이 아니다. 내가 처음으로 나이키에 합류했을 때는 다양성, 평등, 융합Diversity, Equity, Inclusion, DEI의 가치가 미국 기업에서 내부 문화로 형성되기 시작할 무렵이었다. 당시 나이키 브랜드 내 다양성 수준은 높지 않았고 나는 내 역할 속에서 흐름을 바꿀 기회를 포착해 냈다. 리더로서의 위치와 역할이 커지면서 나는 채용에 결정적인 영향을 줄 수 있는 자리까지 오르게 되었다. 나는 브랜드 내 유색 인종 마케터와 디자이너의 구성 비율을 높이기 위해 노력했다. 물론 그 일을 나 혼자 한 것은 아니었다. 다양성을 위해 노력하는 리더가 되고자 많은 도움을 받았다. 우리가 서비스하는 고객을 대표하려면 그들의 다양성만큼이나 우리의 다양성을 확보해야 했다. 그리고 그런 팀을 만들 수 있게 한 모든 진보는 나에게 영감을 주고 힘을 보태준 사람들의 업적이었다. 특히 세 명의 리더들이 짧은 시간 동안 차이를 만드는 데 큰 도움을 줬다.

패멀라 네페르카라Pamela Neferkará는 내 리더십의 문을 열었다. 조던 브랜드 마케팅 조직의 고위 임원이었던 패멀라는 나이키가 소비자와 맺는 관계를 오프라인 매장에서 온라인 플랫폼으로 옮기는 데 결정적인 공헌을 했다. 또한 그녀는 흔치 않은 흑인 여성 리더로서의 관점을 일에도 관철했다. 패멀라는 나를 알게 된 후 BEN의 자문단에 들어와 달라고 요청했다. 처음에는 업무가 많다는 이유로 제안을 거절했다. 혼혈인으로서 나의 관점이 가치가 있을지도 의문이었다. 그녀는 계속 제안했고 나는 기회이자 책임인 그 제안을 받아들였다. 나이키의 흑인 마케터이자 디자이너 공동체의 리더로 지낸 15년간의 활동은 그렇게 시작됐다.

패멀라가 나의 리더십을 일깨웠다면 제이슨 메이든Jason Mayden은 무대에 오르도록 나를 계속해서 밀어붙였다. 그와는 복싱에 대한 관심사를 공유하면서 가까워졌다. 디자이너로서의 재능은 물론이고 연설에도 뛰어난 재능을 지닌 제이슨은 BEN을 움직이는 동력의 중심이다. 그는 네트워크의 리브랜딩을 새로운 수준으로 끌어올렸다. 제이슨은 네트워크의 자문이었던 내게 스니커 볼 같은 연례 행사를 기획하거나 청중 앞에 나서라는 요청을 하곤 했다. 그는 거절할 수 없는 방식으로 요청해 매번 나를 난처하게 만들었다. 그는 때때로 개회사로 활용하라며 마틴 루서 킹Martin Luther King Jr.의 구절을 적어 건네는 식으로 나를 격려했다. 제이슨은 그 순간에 나서는 것이 내 의무이자 운명이라는 느낌이 들게 만드는 재주가 있었다. 그것은 정말이지 그의 재능이었다.

또 다른 한 사람, 조너선 존슨 그리핀Jonathan Johnson Griffin은 나의 기술을 크게 발전시킨 사람이다. 1990년대 중반 우리는 흑인 역사의 달 포스터를 내놓는 것에서 한정판 에어 포스 1 운동화를 만드는 것까지로 영역을 확장했다. 이후에 조너선 존슨 그리핀을 만났다. 그는 운동화 제작을 넘어, 훨씬 더 많은 일을 할 수 있다고 생각했다. 그때의 나는 나이키의 스토리텔링을 이끄는 내 역할에 몰두해 있었고 조너선과 나는 더 큰 비전에 대해 함께 이야기했다. 흑인 선수들의 업적과 탁월성을 기념하는 스토리를 만드는 것에 대해서 말이다. 그렇게 줄리어스 어빙Julius Erving, 마이클 조던, 코비 브라이언트, 이 세 명의 기념비적인 흑인 선수들을 통해 나이키 전체의 브랜드(컨버스, 조던, 나이키 바스켓볼)를 대표하는 컬렉션이 탄생했다. 선수들은 NBA 올스타전 코트에 이 운동화를 신고 등장할 것이고 팬들도 곧 구매하게 될 것이었다. 조너선은 시야를 넓혀 포스터보다 훨씬 더 가치 있는, 그 너머의 의미를 보라고 나를 밀어붙인 사람이었다.

이 특별한 동료들은 내게 영감뿐만 아니라 그들이 본 것을 나도 볼 수 있도록 격려했고, 리더의 자질을 끌어내도록 나를 채찍질했다. 그들의 본보기와 믿음을 통해 나는 단순한 브랜드 리더가 아니라 다양성과 평등, 통합이라는 목표를 향해 구성원을 이끄는 사람이 되었다. 그들을 기억하며 다른 사람들의 눈과 귀가 필요한 사람들, 보통의 사람들과 다른 소수의 사람들과 함께하고 그들의 권리를 향상하는 위치에 있다는 것을 잊지 않으려 노력한다. 다양성의 가치를 알고, 다른 이들도 이 가치를 알게 하도록 재능을 이끌어준 리더들을 보며 나 역시 다른 사람의 재능을 끌어내는 방법을 배웠다. 산을 오를 때면 보이지 않는 수많은 이들이 낙오되지 않도록 끌고 가야 한다는 가르침이었다. 이들 덕분에 나는 비즈니스의 영역을 넘어 진정한 리더의 역할을 갈망하게 되었다.

미친 듯 꿈꿔라

나는 나이키 비버튼 캠퍼스 조앤 베노잇 새뮤얼슨Joan Benoit Samuelson 빌딩에 마련된 별도의 식사 공간에 앉아 있었다. 마케팅 팀과 비즈니스 팀의 구성원들도 함께했다. 우리는 콜린 캐퍼닉과의 점심 식사를 기다리고 있었다. NFL 시즌의 시작이 얼마 남지 않은 시점인데도 그는 팀이 정해지지 않은 상태였다. 우리는 콜린과 함께 그가 어떤 상황이며 그가 달성하려는 것이 무엇인지 논의하고자 했다. 늘 그렇듯 나이키는 경기장 안팎에서 선수들의 목소리를 증폭시키고자 노력한다. 그리고 콜린의 목소리는 지난 해부터 상당히 커진 상태였다. 1년 전 2016년 시즌이 시작될 때 콜린은 국가가 연주되는 동안 무릎을 꿇고 흑인에게 특히 가혹한 경찰의 폭력성에 저항했다. 한때 슈퍼볼 쿼터백이었던 콜린은 그 일이 있고 나서 샌프란시스코 포티나이너스San Francisco 49ers에서 방출되었다. 이로써 그의 활동은 더욱 활발해졌지만 말이다. 하나 문제가 있다면, 그가 현재 무직이라는, 운동선수로서 '활동'하고 있지 않다는 점이었다.

문을 열고 들어오는 콜린을 보면서 그가 캠퍼스 내 보 잭슨 피트니스 센터에서 아침 운동을 막 마치고 왔으리라 생각한 사람은 아무도 없었다. 나는 그 자리에서 그를 처음 만났다. 프로 선수들을 많이 만나본 나조차도 그의 압도적인 존재감에 깊은 인상을 받았다. 그는 내가 만난 사람 중 최고의 몸을 가진 듯 보였다. 루틴을 깬 적이 없는 사람임이 분명했다. 또 한 가지 흥미로운 점은, 콜린이 에이전트도, 홍보 담당자도, 스태프도 없이 혼자 왔다는 점이었다. 사실 혼자는 아니었다. 그와 그의 친구, 이렇게 둘뿐이었다. 콜린은 내 옆에 앉았고 우리는 식사를 시작했다.

지난 한 해 동안 미디어의 집중 포화를 맞은 사람치고는 놀라울 정도로 침착하고 조용했지만 열정만큼은 흘러넘치고 있었다. 코트로 돌아가는 일에도 진심이었지만 차별에 맞서 제대로 된 권리를 누리지 못한 흑인 청소년들에게 힘을 실어주기 위한 캠페인 〈당신의 권리를 주장하라Know Your Rights〉의 지속적인 발전에도 온 신경을 집중하고 있었다. 지난해 커리어가 가로막힌 상황에서도 그는 말하기를 멈추지 않았다. 모두가 그의 말에 귀를 기울이는 가운데 그는 우리의 작업이 그를 대상으로 하지 않았으면 한다고 얘기했다. '그'가 아닌 '그의 뜻'을 대상으로 삼아야 한다는 말이었다. 무릎을 꿇은 '그'가 아닌 그가 무릎을 꿇은 '이유'를 말이다.

그날 식사에 참석한 다른 사람들은 몰라도 내 생각은 분명했다. 콜린을 처음으로 직접 만났을 때 나는 어떤 유대감을 느꼈다. 나 역시 백인 부모에게 입양되어 성장한 혼혈인이었고 어린 시절 내내 나의 정체성을 찾아헤맸다. 이웃의 다른 아이들처럼 나 역시 우상으로 여기는 스포츠 스타가 있었다. 그리고 그들의 성공을 통해 내 인종적 정체성에도 자부심을 느끼게 되었다.

1970년대와 1980년대, 흑인 선수들은 영웅적인 성과로 자신의 팀이 대표하는 도시뿐 아니라 그들이 뿌리를 두고 있는 공동체에 자부심을 불어넣었다. 그들은 목소리를 내지 못하는 사람들, 가난과 불평등, 편견에 시달리는 사람들을 위해 뛰었다.

스포츠와 문화의 융합은 재키 로빈슨부터 콜린 캐퍼닉까지 수십 년간, 사회에 엄청난 진전을 가져다주었다. 그런 연관성을 무시한 채, 오직 '풋볼'에만 초점을 맞추는 것은 스포츠가 미국 문화의 중심에 있는 가장 중요한 이유를 무시하는 일이다. 선수들은 그들의 채널로 많은 사람에게 영향을 주었다. 어린 시절에는 이런 일의 중요성을 온전히 이해하지 못했다. 그런데도 이들에게 끌린 데는 이유가 있었다. 그들은 누구보다 뛰어난 플레이를 하는 선수들이었기 때문이다. 그들의 말은 겉으로만 요란한 허풍이 아니었다. 그들은 유니폼을 입고 있을 때나 아닐 때나 열정과 목적의식으로 가득했고, 나의 자부심과 상상력이 자라게 만들었으며, 스포츠를 더 사랑하게 만들었다. 40년 후 한 흑인 선수는 경찰의 잔혹성에 대한 항의로 무릎을 꿇었다가 선수 인생에 큰 대가를 치렀다. 미국에서 흑인들이 겪는 경험에 공감하지 못하는 사람이라면 그날 콜린이 했던 이야기를 알아듣지 못했을지도 모른다. 하지만 나는 스타 쿼터백이 무릎을 꿇은 모습에서 어린 시절 우상을 보며 정체성을 찾았던 나의 과거를 기억해냈고, 그가 나와 같은 사람들을 위해 행동했다는 것을 알게 되었다.

그날 콜린의 얘기를 들으며 그의 목적을 공유했던 자리는 그의 뜻을 지지하는 메시지 디자인의 첫 단계였다. 이날 이후 나는 와이든앤드케네디의 크리에이티브 파트너들과 콜린의 메시지를 돋보일 만한 콘셉트에 대해 브레인스토밍하며 풋볼 시즌의 주말을 보냈다. 우리는 스포츠를 매개로 소통하되 사회적 메시지 역시 날카롭게 전해야 했다.

우리는 여러 가지 콘셉트와 슬로건, 시각적 테마를 놓고 고민하기 시작했다. 영감을 얻기 위해 콜린이 초등학교 4학년 때 자신에게 쓴 편지까지 읽었다. 열한 살의 콜린이 언젠가 뛰게 될 미래의 리그에서 어떻게 경기를 운영할지를 적어놓은 편지였다.

콜린의 메시지를 부각하기 위해 논란을 이용하는 것은 전혀 고려하지 않았다. 우리의 유일한 관심은 스포츠라는 렌즈를 통해 불평등에 저항하는 것이었다. 콜린이 먼저 시작한 메시지로 사람들을 움직이는 것이었다. 따라서 우리는 100퍼센트 완벽하게 진실하지 않은 것은 어떤 것도 다루지 않을 생각이었다. 결국 주어진 시간이 다 되고 말았다. 우리는 논의를 잠시 미뤄두고 이후에 다시 얘기하기로 했다. 그러다 문득 우리의 콘셉트가 거시적 측면을 보지 못하고 일부분에만 집착한다는 사실을 깨달았다.

8개월 후 나는 글로벌 브랜드 이노베이션 부문 부사장으로서의 새로운 역할을 시작했다. 좋으면서도 씁쓸했다. 내 후임으로 임명된 DJ 반 하메렌DJ Van Hameren은 물론 나이키 커뮤니케이션Nike Communications 부사장 지노 피사노티, 케주안 윌킨스KeJuan Wilkins, 그리고 오랫동안 나이키 광고Nike Advertising 부문의 리더였던 앨릭스 로페즈Alex Lopez가 내 뒤를 이어 다음 3개월 동안 콜린의 뜻을 담은 캠페인을 구상했다. 나는 한발 물러난 뒤에서 그들을 지원하며 나의 할 일을 했다.

2018년은 '저스트 두 잇'의 30주년이었다. 이를 기념할 캠페인에 대해서는 내부적인 논의를 거쳐 '신념을 가져라Make Belief'라는 주제를 정했다. 어린 시절에 자주 듣는 식상한 얘기를 조금 다듬은 것으로 생각할 수 있지만 이 메시지의 중점은 '자신에 대한 믿음'에 있다. 단순한 상상을 말하는 것이 아니다. 꿈의 실현에 대해 이야기하는 것이다. 목표는 새롭게 부상하는 신세대 선수들에게 '저스트 두 잇'을 포지셔닝하는 것이었다. 우리는 와이든앤드케네디의 크리에이티브 디렉터 알베르토, 라이언과 작업했다. 와이든앤드케네디 팀에는 이상적인 과제였다. 상상과 꿈의 세계에 가닿는 과제였기 때문이다.

이곳 에이전시 크리에이티브 팀 직원들은 '신념을 가져라'를 멋지게 변형해 '미친 듯 꿈꿔라'라는 말을 듣고 돌아왔다. 젊은이들의 꿈 중에 어른들의 기준에서 '미치지' 않은 것이 있을까? 그 메시지는 '저스트 두 잇'이라는 30년 된 선언의 단순성과 명확성을 전혀 훼손하지 않으면서 그 메시지에 완벽하게 녹아들었다. 와이든앤드케네디 팀은 우리에게 콘셉트를 설명하기 위한 무드 필름도 보여주었다. 영상은 메시지만큼이나 강력했다. 하지만 아직 뭔가가 부족했다.

콜린의 목소리를 입히자는 아이디어가 제기된 건 바로 그때였다. 콜린의 어린 시절에 초점을 맞추는 것이다. 지난 가을 시즌에 우리가 대수롭지 않게 넘겼던, 어린 시절의 콜린이 쓴 편지가 이렇게 돌아왔다. 물론 직접적으로 콜린을 다루는 것도 아니다. 당신이 마음속으로 옳다고 생각하는 것을 실천에 옮기는 일, 당신의 영혼을 뒤흔드는 미친 듯한 아이디어를 수용하는 일, 다른 사람들의 생각에 흔들리지 않는 일에 대한 것이다. 그것은 희생에 대한 것이자 옳은 일로 세상에 맞서는 일에 대한 것이었다. 이런 통찰은 어린 시절에서 끝나지 않는다. 한 사람이 어른의 세계로 진입하는 동안에도 계속되고 그런 '미친 듯한 꿈들'은 실제적인 선택, 심지어는 희생이라는 차가운 현실과 맞부딪친다. 그 이후에는? 미친 듯한 꿈을 꾸기에는 너무 나이가 들지 않았을까? 콜린은 그렇게 생각하지 않았다. 그의 생각을 반영해 마지막 대사가 추가됐다. 우리의 '영혼'

에 불을 지피는 꿈, 물질적인 욕망 너머에 도달하게 하는 꿈이야말로 희생할 가치가 있다는 것을 강조하는 대사였다.

콜린의 대의와 희생에 경의를 표할 가장 좋은 방법을 찾아헤맨 끝에 마침내 2018년 9월 NFL 개막일에 〈미친 듯한 꿈〉 캠페인이 공개됐다.

이 영상은 난간을 미끄러져 내려오는 스케이트보더의 모습으로 시작된다. 그는 크게 넘어진다. 다시 시도하고 다시 넘어진다. 이런 장면이 총 세 번 반복된다. 장면은 레슬링 매트로 전환된다. 다리가 없는 레슬러가 보인다. 여기에 콜린의 목소리가 덧입혀진다. 콜린은 다음과 같은 메시지를 전한다.

사람들이 당신의 꿈이 미친 것 같다고 말한다면
그들이 당신이 할 수 있다고 생각하는 것을 비웃는다면

상관없다.
그 길로 계속 가라.

믿지 않는 사람들이 이해하지 못하는 것이 있기 때문이다.
꿈을 미친 것 같다고 말하는 것은 욕이 아니다.

그건 칭찬이다.

우리는 히잡을 쓴 여성 복싱 선수들을 본다. 휠체어를 탄 장애인 농구 선수들을 본다. 우리는 고등학교 시절 르브론이 덩크하는 모습을 본다. 이후 성인이 된 르브론이 그가 건립한 아이 프라미스 Promise 학교 개교식에서 연설하는 모습을 본다.

자, 드디어 결론이다. 거리 모퉁이에 선 콜린이 카메라를 돌아보는 장면과 함께 그의 목소리가 들려온다.

"믿음을 가지십시오.
그것이 모든 것을 희생하는 일을 의미하더라도 말입니다."

미디어는 그것을 콜린 캐퍼닉 캠페인이라고 불렀지만, 사실 그 영상은 '미친 듯 꿈을 꾸는' 모든 선수들에 대한 찬양이다. 영상이 발표되며 논란이 일었다. 하지만 4년 후 지금에 와서 돌아보면, 미친 것처럼 보였던 시도가 사실은 시작에 불과했다는 걸 알 수 있다.

이상과의 거리를 좁히다

이 장에서 이야기한 창작의 여정들은 모두가 같은 전제에서 시작한다. 시야를 넓혀 이전에 보지 못했던 곳으로 고개를 돌릴 때 강력한 통찰을 발견하곤 한다는 것이다. 그중에서도 정수는 공감, 우리와 다른 경험을 가진 사람들에게 귀를 기울이고 그들을 이해하려는 우리의 자발성이다. 이 장에서 이야기했듯이 공감을 통해 얻은 통찰 대부분은 혁명적인 변화로 이어졌다. 우리는 사람이나 사안을 이전보다 깊이 있게 보고 그 안에 묻혀 있는 냉엄한 진실을 찾을 수 있었다. 단순한 관찰과 가설에서 벗어날 때 창의적인 에너지를 가장 잘 활용할 수 있었다. 그렇지 않았다면 그런 통찰은 드러나지 못하고 묻혀버렸을 것이다.

창작 과정을 이끄는 리더로서 우리의 역할은 우리가 파는 것과 세상이 필요로 하는 것 사이의 연결 고리를 찾는 일이다. 우리의 재능을 이용하는 것, 공감을 촉구하는 것, 우리가 사는 세상이 다른 사람이 경험하는 세상과 다름을 이해하는 것, 그런 아이디어들이 우리의 세상에 대해 보다 깊이 있는 통찰을 드러내게 만드는 것, 영향력 있는 스토리로 이어지게 만드는 것이다. 무관심은 사회를 앞으로 나아가게 만들 수 없다. 사진과 영상, 건물, 제품으로 전달되는 스토리를 통해 우리는 세상에 존재하는 격차와 공정한 미래까지의 거리를 줄힐 수 있다. 즉, 공이 모두에게 똑같이 튀어 오르게 할 수 있는 셈이다. 이런 통찰을 브랜드 목표와 연결할 때 우리는 소비자들과의 대화를 촉발할 수 있다. 결국 그것은 집단적인 행동으로 이어져 긍정적인 변화를 이끌 것이다.

'거리를 좁히는' 원칙

1. 시야를 넓혀라

단순한 관찰을 넘어서라. 더 깊이 파고들어 이전에는 보지 못한 소외된 공동체에 존재하는 니즈를 찾아라. 보고, 듣고, 느끼는 능력을 향상함으로써 모두를 위해 더 나은 미래상을 그려볼 수 있다.

2. 잔혹한 진실을 감추지 마라

불편한 대화를 받아들여 사회 안의 감춰진 진실을 밝혀라. 그들의 이야기를 결코 가볍게 다루지 마라. 당신의 플랫폼을 이용해 당신의 목소리뿐 아니라 다른 사람들의 목소리까지 증폭시켜라.

3. 힘을 합쳐 더 높은 곳으로 비상하라

답을 정해놓고 창작 과정에 들어가지 마라. 당신이 세우려는 공동체를 존중하는 해법을 만들려면 공동체가 직접 참여해야 한다. 함께 아이디어를 만들어라. 자부심과 주인의식은 더욱 커질 것이다.

4. 더 먼 곳을 바라보라

시장의 한계를 벗어나라. 제품을 보다 공정한 미래를 위한 촉매로 사용하라. 그 순간뿐 아니라 공동체를 위한 진보와 변혁의 여정에 기여하도록 노력하라.

5. 개인의 삶을 끌어들여라

단순히 카피를 여러 개 만드는 것으로는 충분하지 않다. 다양한 사람들이 자신의 인생 경험을 끌어들이도록 권한을 부여하라. 한 사람의 삶의 관점을 활용해 수많은 사람의 삶에 영향을 줄 수 있다.

6. 꿈을 디자인하라

기능적인 니즈에 부합하는 것만으로는 충분치 않다. 소외
된 공동체의 포부를 좌시하지 마라. 공동체의 이야기와 꿈
을 통해 당신이 만든 해법에 감정을 불어넣어라.

9장

역사에 유산을 남겨라.

EMOTION
BY
DESIGN.

포틀랜드 출신의 아티스트 에마 버거Emma Berger는 누구의 허락도 구하지 않았다. 그는 그저 그림을 그리기 시작했다. 작업이 완성되자 오리건주 포틀랜드 시내의 애플 매장을 둘러싼 판자에는 조지 플로이드George Floyd의 얼굴과 '숨을 쉴 수 없다'는 그의 마지막 말이 나타났다. 그 비극적인 날 이후 전국적으로 일어난 시위는 포틀랜드에서 절정에 달했고 그 혼란 속에서 애플 매장의 전면 유리는 박살났다. 매장 직원들은 더 이상의 피해를 막기 위해 판자를 둘러 매장을 보호했다. 하지만 그들 역시 합판을 검게 칠해 자신들 역시 시위자들의 편이며 정의를 향한 그들의 투쟁을 지지한다는 뜻을 보여주었다. 이 검은 판자는 완벽한 캔버스였다. 버거는 플로이드뿐 아니라 인종 차별의 다른 두 피해자, 브레오나 테일러Breonna Taylor와 아모드 아버리Ahmaud Arbery도 그렸다.[12]

버거의 창작물은 내 딸 아일라에게 아티스트와 디자이너가 시각적 스토리텔러로서 어떤 힘을 발휘할 수 있는지 보여주었다. 2020년 8월 당시 고등학교 졸업반이었던(지금은 대학에서 디자인을 공부하며 크리에이티브 디렉터를 꿈꾸는) 아일라를 데리고 플로이드 벽화를 보러 갔다. 우리가 거기 도착했을 때는 다른 아티스트들이 버거의 캔버스에 자신의 작품을 덧입혀 놓은 상태였다. 영향력만큼이나 점점 커지는 전시물에 자신의 작품을 보태려는 이들이 몰려들고 있었다. 특히 벽화를 가로질러 여러 곳에 스프레이로 적힌 '846'이라는 숫자가 눈에 띄었다. 846은 플로이드가 사망하기 전 경찰이 무릎으로 그의 목을 누른 시간, 8분 46초를 의미했다.

벽화를 본 첫인상은 상상했던 것보다 훨씬 크다는 것이었다. 포틀랜드 시내의 블록 하나를 통째로 채우고 있었다. 나를 놀라게 한 것은 버거의 작품뿐만이 아니었다. 주변 지역 다른 건물의 판자 위에도 다른 아티스트들이 작품을 만들어놓았다. 웅장했다. 공간에 의미를 불어넣을 뿐 아니라 우리의 감정까지도 이끌어냈다. 내 안에서 무언가가 끓어오르는 것이 느껴졌다. 이것이 바로 예술의 힘이다.

아일라도 나와 같은 마음인 것이 분명했다. 우리는 우리 사회의 추악한 진실을 고결한 방식으로 드러낸 예술가들의 창조적 능력에 대해 이야기했다. 그것은 미술관 벽에 걸린 작품이 아니었다.

일상 속의 예술이었다. 슬픔과 분노, 희망의 유기적인 표출이었다. '있어야 할 곳'에 있는 예술, 순간과 연결되어 있지만 영원히 남을 예술이었다. 플로이드의 초상이 유리벽이나 벨벳 로프 뒤(안내원을 세워두고 촬영하지 말라고 경고하는 곳)에 있었다면 그와 같은 영향력을 갖지 못했을 것이다. 그 벽화는 있어야 할 곳에 있었기에 더욱 감동적이었다.

우리는 빛이 프리즘을 통과해 투사되는 것처럼 우리가 보는 세상을 반영해 작품을 만든다. 현실이 우리의 창조적 프리즘을 통과해 캔버스에 투사되는 것이다. 나는 아일라에게 아티스트들이 자신의 언어를 사용해서 어떻게 우리 안의 감정을 자극하고, 행동하게 하는지를 설명했다. 투영된 이미지 속에서, 현실의 반향 속에서 우리가 살고자 하는 세상을 볼 수 있다고 말이다.

우리는 최근 들어 미술과 건축에서부터, 글과 영화에 이르기까지 다양한 분야에서 창조의 힘을 보았다. 내 딸도 함께 목격했다. 이러한 창작의 산물은 우리 마음과 정신에 와닿으며 차별과 맞서 싸우고, 의료 불평등에 대해 주의를 환기하고, 아시아인에 대한 증오 범죄를 멈추고, 유권자 탄압을 막는 것과 같은 공동의 명분으로 우리를 통합시킨다.

포틀랜드 여행에서 플로이드의 살인에 대해 내가 느끼는 솔직한 심정을 아일라에게 털어놓았다. 미네소타에서 태어나고 자라 그 비극의 현장에서 멀지 않은 미니애폴리스 예술대학을 다녔던 나는 당시 법 집행기관과 흑인 공동체 사이의 분열을 직접 목격했었다. 이를 다시금 마주하는 것은 내게 고통스러운 일이었다. 예술로 승화된 그 고통의 표현을 보고 지금 내가 왜 이 일을 하고 있는지 스스로에게 물었다. 어린 시절 나는 스포츠와 예술이 가진 힘, 인간의 감정을 이끌어내는 힘에 끌렸고 아마도 그런 이유로 내가 느꼈던 바로 그 감정을 다른 사람들에게 불러일으키고 싶었던 것 같다. 나는 그런 열정을 좇아 여기까지 왔다. 내 딸 아일라가 지금 그 자신의 열정을 좇고 있듯이.

　딸과 그 앞에 서 있으면서 부모님이 어린 나의 예술적 재능을 격려하기 위해 만들어주신 그림 벽이 생각났다. '만들어주셨다'는 것은 너무 과한 표현 같기도 하다. 부모님은 내가 두 명의 형제와 같이 쓰는 침실 한쪽 벽을 완전히 비워두고 나무 테두리를 덧대어주셨다. 나만의 캔버스에서 나는 어린 날의 예술적 상상을 마음껏 쏟아부었다. 내 어린 시절 벽화는 그 시절의 나를 고스란히 담고 있다. 지금 아일라의 예술 세계에 투영된 것과 같은, 어느 10대 아이의 재능과 재기발랄한 상상력 말이다. 아일라는 예술적인 영감과 열정을 내게서 물려받았을 것이다. 그런데 나는 그것을 어디에서 물려받았을까?

내 영감의 원천

이 책이 완성되어 갈 무렵 나는 직업적, 개인적 삶을 통틀어 내 내 고민해 왔던 문제에 대한 답과 마주하게 되었다.

2021년 4월 토요일 오후 나는 23앤미23andMe(생명공학 기업 - 옮긴이)를 통해 알지 못하는 한 여성으로부터 메시지를 받았다.

'안녕하세요! 여기서 삼촌을 만나게 될 줄은 몰랐네요. 사진을 보니 제 어머니와 무척 닮으셨어요. 가족과는 연락이 닿으시나요?'

소셜 미디어를 한 시간 동안 탐색한 끝에 내가 이 여성의 삼촌이 아니라는 것이 명확해졌다. 나는 그녀의 오빠였다. 그녀의 어머니는 내 생모였다. 이번 생애에 알게 되거나 만나게 되리라고는 상상조차 해보지 못한 사람이었다.

이 사건으로 외가뿐 아니라 친가에 대해서도 알아낼 단서를 찾았다. 며칠 만에 나는 평생에 걸친 여러 의문에 대한 답, 대부분의 사람은 당연하게 받아들이는 답을 얻게 되었다. 마음이 어지러웠다. 여러 가지 일이 꼬리에 꼬리를 물고 일어났다. 친부모에 대해 그야말로 아무것도 모르던 상태에서 갑자기 누구나 알 수 있는 만큼은 아는 상태가 됐다. 대부분의 사람은 평생에 걸쳐 이런 과정을 밟는다. 사람들은 부모를 '엄마'와 '아빠'로 아는 것에서부터 두 사람이 어떤 사람인지를 서서히 알게 되는 것으로 확장해 나간다. 나는 그 모든 과정을 단 몇 주 만에 거쳤다.

최근 나는 데이터 주도 마케팅을 통해 성장한 브랜드들이 소비자와의 관계에서 온갖 감정을 쥐어 짜내는 시대가 올 것이라고 경고해 왔다. 지금 나는 과학적 데이터에 기반한 웹사이트 덕분에 처음 느껴보는 감정을 경험하고 있었다. 알고리즘과 데이터에 의해서 구동되는 서비스가 이런 극적인 연결의 순간을 이끌어냈다. 나는 이 상황의 모순 속에서 아연함을 느꼈다. 나는 평생을 찾아 헤매던 답을 찾았다. 스포츠, 특히 농구에 대한 열정을 어디에서 물려받았는지에 대한 답을 말이다.

1990년대 중반부터 후반까지 나는 미니애폴리스 몰 오브 아메리카Mall of America에 입점할 나이키 매장 디자인에 공을 들이고 있었다. 그 매장이 내 고향에 있었기 때문인지 아니면 세계 최대의 쇼핑몰에 여는 매장에 배치할 만큼 내 역량이 충분하다고 생각했는지는 모르겠지만 어쨌든 나는 이 매장에 특별한 애착을 가지고 있었다. 그리고 거의 30년이 지나 나의 생부가 그곳을 즐겨 찾았으며 나머지 가족들이 쇼핑몰의 다른 곳에서 쇼핑을 할 때 몇 시간씩 그곳에서 시간을 보내곤 했다는 것을 알게 되었다. 그는 나이키를, 특히 조던 브랜드를 좋아했다. 그는 아들이 디자인한 진열장을 보았다. 나를 찾기 위해 노력하던 시간에도 말이다. 그분은 생전에 나를 찾지는 못했지만 내 작품을 보았다. 나는 그분과 함께 있었다.

내 생모는 20년 동안 노스웨스트 항공의 승무원이었다. 세계 각지를 다니면서 파리, 런던, 로마의 미술관에서 시간을 보냈다. 그분은 예술을 사랑했다. 예술에 대한 열정은 그분의 어머니, 그림 그리기를 즐기셨던 내 외할머니로부터 물려받은 것이었다. 처음 나에게 연락을 보내온 여동생은 외할머니의 그림 한 점을 보내줬다. 그렇게 내 재능과 예술적 열정의 원천을 찾았다. 내 여동생은 그래픽 디자이너였다. 우리가 공유하는 열정은 곧, 우리가 연결되어 있다는 표지였다. 만난 적조차 없었지만 이미 서로의 일부였다.

생모와 첫 포옹을 했던 순간은 말로 다 설명할 수가 없다. 그 순간 우리가 연결되어 있다는 감각이 너무도 선명하게 느껴졌다. 나는 가족들과 함께 존재하는지도 몰랐던 친척들을 만나러 갔다. 생부 쪽 친척으로 만난 고모가 선물을 건넸다. 그중 하나는 1955년 미네소타대학교University of Minnesota 졸업반 사진의 원본이었다. 그는 백인들 사이에 혼자 끼어 있는 흑인 학생을 가리켰다. 그분은 내 할아버지였다. 그 해 졸업생 중 유일한 흑인이었다. 이미 몇십 년 전, 거대한 벽에 조그만 균열을 만들고 계셨다. 대학 졸업 후 할아버지는 계속해서 관습적인 차별에 저항했고 미니애폴리스의 백인 도시에서 장례식장 사업을 시작하셨다. 직업인으로서나 개인으로서 안전한 곳에서 몸을 사리는 분이 아니셨다.

우리에게는 모두 타고난 재능이 있다. 일부는 우리 안에 숨겨져 있다. 살아가면서 재능은 자연스럽게 드러나기도 하지만, 끌어내고 자극을 주어야만 드러나는 경우도 있다.

나의 예술적 열정은 어렸을 때 시작됐다. 이제는 그런 열정을 얼마간 갖고 태어났다는 것을, 내 외할머니가 어머니께 물려준 재능이 나에게로 흘러 들어왔다는 것을 알고 있다. 하지만 그것이 전부는 아니다. 내가 그것을 가치 없는 것으로 치부했다면 재능은 무르익지 못했을 것이다. 그보다 '유용한' 활동에 시간과 돈을 쏟아야 한다는 판단에서 얼마나 많은 어린 날의 열정이 그저 어린 날에만 남겨지고 마는지를 생각해 보라. 내 이야기의 나머지 절반은 내 양부모님이 제한된 자원 가운데서도 어린 나이에 보인 예술에 대한 나의 열정을 키워주신 데 있다. 그분들은 내가 예술의 길을 걸어가도록 모든 방법을 동원해 지지해 주셨다.

내 딸 아일라는 자신의 열정이 어디에서 비롯되었는지 알고 있다. 그는 자신의 부모가 어린 시절 내내 그런 열정을 '유용한' 활동이라 여기고 재능을 키울 수 있도록 필요한 도구와 지원을 제공하면서 노력해 왔다는 것을 알고 있다. 우리 두 사람이 플로이드의 벽화를 보러 가서 진정한 예술이 만들어내는 믿기 힘든 감정을 함께 경험할 때도 교육은 계속됐다.

　우리는 조상들로부터 엄청난 재능을 물려받을 수 있다. 이런 재능은 기쁨과 성취감으로 이어져 우리를 그 길로 들어서도록 인도할 수도 있다. 그런 재능을 그냥 내버려 두어서는 안 된다. 능력을 개발하려는 노력을 멈춰서는 안 된다. 답을 구해야 할 질문이 더 이상 없다고 생각해서는 안 된다. 세상에는 수많은 비극과 불의가 존재하지만 희망도 함께 존재한다. 우리가 항상 더 나아질 수 있다고 믿게 만드는 것이 바로 희망이다.

브랜드는 인간적이어야 한다

　이런 이유로 나는 모던 아레나Modern Arena를 설립했다. 브랜드 강점으로 기업의 성장을 도모하는 동시에 사회적으로 목소리를 낼 방법을 함께 강구하는 브랜드 자문 그룹이다. 나는 모던 아레나를 통해 더 나은 세상으로 향하는 일에 기여하기를 희망하는 다양한 창업자와 기업가에게 조언을 해주기 시작했다. 뉴질랜드 출신의 AO-에어AO-Air라는 스타트업은 귀에 거는 부분이 불편하고 코와 입 주위로 공기가 통하지 않는 전형적인 마스크를 재발명하기 위해 노력하고 있다. AO-에어 마스크는 초소형 팬을 사용해서 답답한 느낌 없이 깨끗한 공기가 지속적으로 통하게 해준다. 팬데믹 이전에 설립된 AO-에어의 사명은 현재, 훨씬 더 중요해졌다.

"오늘 뭐 하지?" 이것은 모던 아레나의 또 다른 클라이언트, 슈레드Shred의 슬로건이다. 모바일 앱 슈레드는 주변의 야외 액티비티와 여행지, 사람들을 사용자와 연결해 주어 온라인 검색 없이도 재미있는 취미 생활을 누릴 수 있게 해준다. 사용자는 슈레드만을 이용해 간편하게 예약하며 각 사이트에 따로 들어가 예약해야 하는 번거로움을 줄일 수 있다. 우리는 따뜻하고 안락한 안전지대에서 벗어나 불가능에 도전할 때 세상과 나에 대해 배울 수 있다. 완전히 새로운 것에 도전함으로써 자신에게서 벗어날 수 있다.

서로 다른 이 두 브랜드 사이에는 아무런 연결점이 없어 보일 수 있다. 하지만 더 깊숙이 들여다보면 모두 같은 목표, 사람들의 행복 증진을 추구한다는 것을 알 수 있다. 이들의 제품은 정신과 육체의 건강을 증진하는 동시에 인적 유대를 구축해 자신의 삶을 향상하도록 동기를 부여한다. 슈레드가 말하듯, "사람들이 삶에서 최고의 순간을 경험하는 데 더 많은 시간을 보낼 수 있도록 힘을 실어주고" 짐은 함께 들어준다.

나이키에서 은퇴한 이후 이전의 삶과 동떨어진 인생을 살고 있는 것처럼 보일지 모르겠지만 나는 전혀 그렇게 느끼지 않는다. 사실 당신의 생각보다 나이키에 더 가까이 있다. 2021년 가을, 브랜드 자문으로 지내며 오리건대학교 룬드퀴스트 경영대학원University of Oregon's Lundquist College of Business에서 브랜딩을 가르치게 되었다. 평생토록 '돌고 돌아온' 수많은 순간들 중에서도 나이키의 공동 창립자 두 사람이 코치와 선수로 몸담았던 학교에서 교편을 잡게 된 것은 특히나 감동적인 일이었다. 나는 매주 스포츠웨어 기업을 경영하겠다는 꿈을 가진 오십 명의 대학원생들 앞에 선다. 강의와 토론, 워크숍을 통해 우리는 브랜드의 힘, 특히 소비자와 강력한 감정적 유대를 형성하는 일이 얼마나 중요한지 이야기한다. 어떻게 하면 브랜드가 가진 의도(어떻게 알려지기를 원하는가)를 소비자의 니즈와 일치하게 만들 수 있을까? 브랜드로서 존재하는 이유는 무엇이며 브랜드가 제공하는 혜택은 어떤 것인가? 이 책의 궁극적인 목표는 다양한 젊은이들에게 강력한 브랜딩과 세상에 끼치는 선한 영향력이 배타적인 관계에 있지 않음을 알리는 것이다. 내 학생들이 그 나이대의 나보다 그 관계를 훨씬 더 정확하게 인식하고 있는 것 같아 기쁘다.

브랜드 리더인 우리는 각자의 지식과 열정을 비롯해, 세상을 바꾸는 데 사용할 아주 강력한 무기를 갖고 있다. 나의 커리어는 서밋 시리즈Summit Series를 통해 기업가에서 학자와 작가, 예술가에 이르는 다양한 청중 앞에 설 기회를 마련해 주었다. 서밋 시리즈는 서밋 임팩트Summit Impact 사업을 통해 환경, 지속 가능성, 무주택 문제, 사회적 참여에 초점을 맞추고 세계적인 커뮤니티를 통해 세상에 긍정적

인 영향을 미치고 있다. 서밋의 공동 창립자이자 나의 친구 제프 로
젠탈Jeff Rosenthal과 대화하며 나는 서밋 임팩트 이사회에 합류하게 되
었다. 이후 브랜드 리더십을 통한 문화적 영향이라는 주제로 회원
들에게 강연을 하는 영광을 누리게 되었다.

　나는 광고 분야에서 일하기를 원하는 학생을 대상으로 운영하
는 무료 온라인 포트폴리오 학교인 창의력 원 클럽One Club for Creativity
을 통해 흑인 창작자들과 만났다. 우리는 사회적 영향력의 영역, 특
히 인종과 관련한 문제에서의 스토리텔링에 대해 의견을 나누었다.
다양성이 결여된 이 업계에서 그들은 자기 고유의 시각을 보여주
면서도 스토리텔링에 필요한 통찰을 제공할 수 있다. 나는 그들의
과제가 단지 업무 지침서를 충실히 따르는 것이 아닌 그 업무 지침
을 활용해 세상을 앞으로 나아가게 만드는 것이라고 조언한다.

　오리건대학교와 여러 단체에서 사람들과 소통하며 쌓아온 지
식과 경험을 전하면서 나는 인턴에서 디자이너까지, 이후에는 마
케터로서 내 경력을 통해 배운 것들을 되돌아볼 수 있었다. 창업가
와 기업인, 대학원생들 앞에 서게 된 나는 내 아이디어를 시의성 있
고 다양한 청중들이 이해하기 쉽도록 다듬어야 했다. 처음에는 조
금 어려웠지만 점차 구조가 보이기 시작했다. 그 중심에 있는 본질
을 끈질기게 물고 늘어졌다. 브랜드는 꾸준히 소비자와 강력한 감
정적 유대를 형성해 창조적 우위를 확보할 수 있다는 본질 말이다.

이것이 세계 최고의 브랜드가 소비자와의 관계에서 감정적인 애착을 맺을 수 있었던 비결이다. 이것을 브랜드 충성도라고 부르는 사람도 있지만 '충성도'는 브랜드와 소비자 사이의 상호 연결을 나타내지 못한다. 나는 브랜드 충성도를 이야기하는 대신 인적 연결의 힘, 브랜드가 누군가의 삶을 중요하게 여기고 긍정적인 변화를 이끌 수 있는가에 대해서 이야기한다. 간단한 사례가 요점을 설명하는 데 도움을 줄 것이다.

2021년 겨울, 나는 앤드리슨 호로비츠Andreessen Horowitz의 재능 X 기회 기금Talent X Opportunity Fund 사업의 일환으로 유색 인종 기업가들 앞에서 강연한 적이 있다. 이 단체는 기업가들이 오래 지속되는 성공적인 기업을 만들도록 펀딩과 교육, 멘토링을 제공한다. 이 자리에서 나는 브랜드 개성Brand Personality을 구축하는 데 필요한 것을 이야기했다. 이 책에서 다룬 아이디어를 더 행동 지향적이고 정제된 방식으로 정리한 것이었다.

나는 이렇게 말했다. "지금과 같은 자동화 시대에는 브랜드가 인간적으로 바뀌어야 합니다." 그리고 브랜드 특성을 유일무이한 것으로 구축하는 일의 중요성, 소비자들이 브랜드를 고유한 속성으로 인식하게 되는 경로에 대해 이야기했다. "브랜드의 목소리에 여러 색깔을 입혀 필요한 순간에 다른 음색으로 연주하는 것이 우리의 일입니다. 같은 것을 반복해서 들려주는 브랜드 경험은 소비자들을 지루하게, 더 심각하게는 짜증스럽게 만듭니다. 결국 소비자들은 더 이상 그들의 말을 듣지 않게 되죠." 사실 이 책을 마무리하면서 가장 강조해야 할 말은 첫 번째 줄이다. 나는 그것을 더 간략하게 압축하고 싶다. "브랜드는 인간적이어야 한다." 인간은 감정을 느낀다. 인간은 창조하는 동물이다. 인간은 영감을 주고받는다. 인간은 위험을 감수한다. 인간은 공감한다. 인간은 이야기를 만든다. 인간은 움직임을 만든다. 인간은 팀을 만들어 일한다. 인간은 기억을 만든다. 인간은 거리를 좁힌다.

단순히 제품과 서비스를 파는 게 브랜드가 아니다. 브랜드는 비즈니스, 그 이상이다. 브랜드는 마케팅보다 더 중요한 가치다. 브랜드는 인간적이다. 브랜드가 사람과 감정적 유대를 구축할 수 있으려면 인간적이어야 한다. 단순한 기억이 아닌 유산을 남기기 위해서는 인간적인 브랜드가 되어야 한다.

시작한 곳으로 돌아가다

나는 이제 시작한 곳으로 돌아가 미니애폴리스 예술대학에서 이 책을 마치려 한다. 이번에는 혁신 위원회Innovation Committee의 의장으로 다시 한번 청중 앞에 섰다. 내가 그 자리에 선 것(물론 비대면으로)은 2020년도 시무식에서 연설을 맡았기 때문이다. 공감의 힘과 영감을 찾는 호기심의 역할, 다른 사람의 경험을 이해하기 위해서는 자신으로부터 한 걸음 멀어져야 한다. 나는 예술가와 디자이너에게 감정을 끌어내는 힘이 얼마나 중요한지를 제대로 인식하려면 자신의 작품을 변화의 촉매로 바라보는 연습을 멈추지 말아야 한다고 조언했다. 이런 내용은 내가 30년 전부터 생각했던 아이디어지만 예술과 디자인의 힘, 사람들의 마음을 움직이고 변화를 만드는 그 힘은 수십 년에 걸쳐 진화해 왔다. 자신감만 넘치고 경험은 절대적으로 부족했던 대학 시절의 나에게 누군가가 이런 얘기를 해주었다면 어땠을까 하는 생각도 든다.

그들은 기업가도, 스타트업의 소유주도 아니다. 마케터도 브랜드 리더도 아니다. 그들은 학생이다. 내가 그랬듯이 자신감과 야망이 넘치는, 나의 대학 시절보다는 변화의 메시지에 한층 열려 있는 대학생들 말이다. 내가 그들에게 전하고 싶은 메시지는 여기에서 내가 전하는 메시지와 마찬가지로, 청중이 변화를 수용하려면 말과 이미지, 영상과 건축, 제품과 서비스를 통한 스토리의 힘이 필요하다는 것이다. 창조적 재능을 이용해 현실을 반영하되 더 나은 세상을 위한 '작품'을 만들어야 한다. 오늘이나 내일 볼 수 있는 것들을 넘어 시야를 넓히고 몇 주, 몇 달, 몇 년 이후를 보면서 차이를 만드는 오래 지속될 작품을 만들어야 한다. 탁월함의 유산이 될 작품을 세상에 남겨야 하는 것이다.

탁월함과 우리 안의 감정을 끌어내는 능력으로 지금까지도 기억되는 작품을 돌아보는 데 이 책의 상당 부분이 할애되었다. 그런 작품(영상, 이미지, 건물, 캠페인, 제품, 그리고 순간들)이 우리와 함께 살아 숨쉬는 것은 시간의 영향을 견딜 수 있을 정도로 강력하게 우리와 연결되었기 때문이다. 반면 우리의 기억 속에서 사라진 수많은 작품이 있다. 우리를 웃거나 눈물짓게 했지만 시간이 지나면서 메시지가 점점 약화되다가 영영 사라져버렸다. 사람들을 감동시키고 그들의 마음을 사로잡고 내면에 끓어오르는 무언가를 치솟게 만드는 힘은 획득하기 어렵다. 쉽게 얻으려고 해서도 안 된다.

우리 인간은 순간적으로 진부한 것이나 피상적인 것에 즐거움을 느낄 수 있지만 다시 거기로 돌아가지는 않는다. 그런 것들은 쉽게 날아가 버린다. 하지만 우리와 끊임없이 연결을 시도하는 것은 항상 우리 곁에 남아 있을 것이다. 무시하거나 잊을 수 없을 만큼 우리를 감동시키기 때문이다. 이 책에 담긴 교훈과 아이디어는 그런 유형의 작품을 만들며 얻은 통찰이다. 냉소주의를 극복하고, 우리의 감각을 깨우고, 우리를 행동하게 하고, 눈물 흘리게 하고, 이전보다 나은 사람이 되도록 밀어주는 작품을 만들도록 말이다.

브랜드 리더는 우리의 일, 우리의 목표가 사업의 성장과 더불어 사람들과 연결되는 것임을 반드시 기억해야 한다. 이를 위해 팀에서는 우뇌형 사고를 하는 사람과 좌뇌형 사고를 하는 사람들이 균형을 이루어야 한다. 마케팅은 브랜드와 소비자 사이의 대화라는 점 역시 유념해야 한다. 인간 정신의 창조적 자질을 활용하고, 사람 사이 상호작용의 힘을 길러야 한다. 그들이 당신을 보게 만들라. 그들이 당신에게 귀를 기울이게 만들라. 그들이 당신과 연결되어 있다고 느끼게 만들라.

나는 나와 내 친구들이 앉았던 바로 그 자리에 앉아 있는 학생들을 바라본다. 그들이 세상에 보이는 관심은 나를 겸허하게 만든다. 나는 스크린 너머 기업가들의 야망과 목적의식을 보며 활기를 되찾는다. 나는 자신 앞의 삶과 자신이 막 발을 들인 세상에 대해 기대하는 듯한 딸의 눈을 바라보며 그 아이의 열정과 애정, 이제는 몇 세대 전부터 내려온 것임을 알게 된 그 열정과 재능에 자부심을 느낀다.

인간적이어야 한다. 감정을 디자인하라. 세상에 위대한 유산을 남겨라.

감사의 말

이 책은 강력한 감정적 유대를 형성하는 법에 대한 책입니다. 제게 아내 커스틴Kirsten과의 유대보다 더 중요한 것은 없습니다. 글을 쓰는 동안 당신의 지지와 응원은 제 생각을 담담하게 전할 수 있도록 도와주었습니다. 수년 전 마이크 슈미트Mike Schmidt 빌딩에서 저와 함께 일했던 나이키의 동료들에게 특별한 감사를 전합니다. 동료들과 성룡 영화를 보러 가는 줄로만 알았는데 그 자리에 나온 것은 저와 제 아내뿐이었습니다. 우리를 속인 거죠. 우리는 영화를 봤고 그날부터 계속 함께해 오고 있습니다. 우리 관계의 잠재력을 봐주셔서 감사합니다. 그것이야말로 팀워크의 정의입니다.

　　다음으로 저와 끊임없이 꿈을 꾸고 "만약 …라면?"이라는 질문을 던져준 딸 아일라와 아들 로언Rowan에게 깊은 감사의 마음을 전합니다. 너희의 상상을 매일 보는 것은 내게는 가장 큰 영감이었단다. 최고의 여행 파트너가 되어주어서, 완벽해야 직성이 풀리는 나를, 만족을 모르는 나를 참아주어 고맙다. 몇 년 전 집을 설계할 때 당시 열두 살이던 로언은 제게 집은 언덕과 하나가 될 수 있도록 언덕 위가 아닌 언덕 안에 지어져야 한다는 프랭크 로이드 라이트Frank Lloyd Wright의 말을 전해주었습니다. 그 보석 같은 지혜는 물론, 그가 준 모든 조언과 의견에 고맙다는 말을 전하고 싶습니다. 그리고 아일라, 너는 미술과 디자인 분야에서 커리어를 이어가기로 선택했지. 내가 경험했던 창조적 탐구, 협업, 성취의 삶을 너 역시 발견할 수 있기를 바란다.

글을 쓰는 것은 종종 혼자만의 외로운 사투로 여겨집니다. 하지만 모든 창조적 작업이 그렇듯이 한 권의 책을 만드는 데는 하나의 팀으로 움직이는 재능 있는 협력자들이 필요합니다. 제 주변에서 다소 전문 영역에서 벗어난 프로젝트를 시작하는 저를 이끌어준 우리 팀을 보면 제가 얼마나 행운아인지 알 수 있습니다.

우선 공동 집필자인 블레이크 드보락Blake Dvorak에게 깊은 감사를 전합니다. 블레이크는 제 이야기로 더 큰 진실을 드러내게 해주었습니다. 당신은 시카고 불스의 위대한 스티브 커Steve Kerr 옆집에서 성장하며 스포츠와 인생의 숨겨진 의미를 보는 능력을 계발했죠. 그 능력을 저와 공유해 주셔서 감사합니다.

처음으로 책을 쓰는 사람에게는 기꺼이 귀를 기울이고 배우고

자 하는 마음이 있어야 합니다. 벽에 부딪혔을 때 동기를 부여해 줄 코치도 있어야 합니다. 커비 킴Kirby Kim은 제게 단순한 저작권 대리인이 아니었습니다. 그는 책을 만드는 과정에서 최고의 코치가 되어주었습니다. 커비와 그의 동료 월 프랜시스Will Francis, 그리고 잰클로 앤드 어소시에이트Janklow and Associates 팀은 항상 골대에 공을 넣을 수 있도록 저를 올려주었습니다. 여러분은 제가 보낸 저의 연대표 안에서 이야기할 가치가 있는 스토리를 보았고 그렇게 기회를 잡았습니다. 결과물이 여러분의 기준에 부합하기만을 바랄 뿐입니다.

다음으로 트웰브 북스Twelve Books의 편집자 션 데즈먼드Sean Desmond에게 감사의 말씀을 드리고 싶습니다. 그는 제안서 속의 잠재력을 발견해 주었습니다. 당신은 마케팅과 비즈니스 용어의 홍수 속에서 보다 폭넓은 청중에게 영감을 주는 스토리를 만들어주었습니다. 밥 카스틸로Bob Castillo, 메건 페리트-제이콥슨Megan Peritt Jacobson을 비롯한 트웰브 북스의 팀원들께도 감사드립니다. 여러분의 인내, 절제력, 전문지식은 이 과정 내내, 특히 어려운 상황에 처했을 때 제게 더없이 귀중한 것이었습니다.

로언 보처스Rowan Borchers와 펭귄 랜덤 하우스 UKPenguin Random House UK에도 감사를 전합니다. 저는 처음부터 책에 대한 여러분의 에너지와 열정을 느낄 수 있었습니다.

이 책의 씨앗은 회의실, 디자인 스튜디오, 경기장, 카페, 자동차 등 30년 동안 제 일터였던 곳들에 아주 오래전부터 뿌려졌습니다. 너그럽게 옛 기억을 나눠주시고, 이 책에 대한 충고와 지원을 아끼지 않은 모든 몽상가들, 특히 나이키의 전 동료들에게 감사드립니다. 론 뒤마, 레이 버츠, 지노 피사노티, 팸 매코널, 제이슨 콘, 데이비드 크리치, 이언 렌쉬, 헤더 아뮤니-데이, 마크 스미스, 데이비드 슈라이버, 리키 잉글버그, 패멀라 네페르카라, 게리 호턴Gary Horton, 무사 투리그Musa Turig, 앨릭스 로페즈, 마이클 셰이, 스콧 덴턴 카듀, 밸러리 테일러-스미스Valerie Taylor-Smith, 레오 산디노-테일러Leo Sandino-Taylor, 빈스 링Vince Ling, 데니 웬트Dennie Wendt께 특히 감사드립니다. 여러분들은 각자 나름의 방식으로 제가 이 책의 여정을 잘 마무리할 수 있도록 도움을 주셨습니다.

와이든앤드케네디 가족들께도 깊은 감사를 전합니다. 특히 카렐 딕슨Karrelle Dixon, 알베르토 폰테, 라이언 오로크께 큰 신세를 졌습니다. 여러분은 항상 제게 창조적 과제를 제시해 안주하지 않도록 독려해 주었습니다. 누가 "모든 것을 걸어라"라는 세계적인 캠페인을 벌이겠습니까? 우리는 종종 모든 것을 걸었고 저는 단 한 순간도 후회하지 않습니다.

브랜드가 창조적인 위험을 감수하기 위해서는 안전한 구역을 벗어날 수 있어야 합니다. 그 부분에서 긴 시간 동안 협력 관계를 지속하면서 창조 협업의 진정한 본질을 보여주신 다비데 그라소와 엔리코 발레리에게 감사드립니다.

나이키 마케팅의 '디지털 혁명'에서 긴밀한 파트너십을 보여준 밥 그린버그Bob Greenberg와 RGA 팀, 아자즈 아메드Ajaz Ahmed께도 칭찬과 감사를 전하고 싶습니다. 지금은 아주 흔한 일이 되었지만 그 운동에 불을 붙이기 위해서는 비전과 혁신과 협력이 필요했습니다.

제 커리어 초기에 영향을 미침으로써 간접적으로 이 책에 기여한 분들이 계십니다. 대학 시절 타이포그래피 교수이셨던 얀 얀쿠르Jan Jancourt는 좋은 것과 훌륭한 것의 차이를 이해하고 발전을 위해 노력하도록 도전 의식을 북돋아 주셨습니다. 로리 헤이콕 마켈라 관장님은 젊은 제가 디자인이라는 안전망에서 벗어나 대담한 위험을 받아들이도록 격려해 주셨습니다.

우리 부모님 게리 호프먼과 재키 호프먼은 어린 시절 침실의 흰 벽에 나무로 테두리를 만들어 상상과 꿈을 채울 캔버스를 만들어주셨고 그 어떤 대담한 창조적 도전도 항상 지원해 주셨습니다. 물론, 1992년의 마법 같은 여름 동안 밴을 쓰게 해주신 것도 감사드립니다.

마지막으로 새롭게 찾은 제 친부모님과 가족들에게도 감사드립니다. 입양된 아이로 자라면서 저는 제 특성과 열정이 어디에서 비롯되었는지 항상 궁금했습니다. 우리는 최근에야 만났지만 저와 이 책에 대한 그분들의 기여는 오래전부터 시작되었습니다. 세상을 더 나은 곳으로 바꾸는 창의력의 힘은 천성과 교육 모두에 의해 만들어집니다. 우리 모두 감정 디자인을 통해 그 힘을 계속 키워나갈 수 있기를 바라며, 이 책을 마칩니다.

참고문헌

1   https://www.nytimes.com/1997/04/30/sports/using-soccer-to-sell-the-swoosh.html

2   https://www.elartedf.com/ginga-essence-brazilian-football-years/

3   https://www.marketingweek.com/career-salary-survey-2020-marketing-diversity-crisis/

4   https://www.nasa.gov/missions/science/f_apollo_11_spinoff.html

5   https://rocketswire.usatoday.com/2020/01/29/hakeem-olajuwon-said-kobe-bryant-was-his-best-low-post-student/

6   https://www.esquire.com/sports/a30668080/kobe-bryant-tribute-20-years-after-draft/

7   https://www.si.com/nba/2018/05/30/origin-lebron-james-chosen-1-tattoo

8   https://www.adweek.com/performance-marketing/this-agency-used-a-weather-balloon-to-fly-nikes-new-vapormax-shoe-into-space/

9   https://nypost.com/2015/10/27/why-thousands-of-people-are-running-with-kevin-hart/

10   https://cargocollective.com/kervs/following/all/kervs/The-Reason

11   https://www.washingtonpost.com/news/on-leadership/wp/2016/07/08/

this-advertising-agency-turned-its-entire-home-page-into-a-

powerful-blacklivesmatter-message-2/

12   https://katu.com/news/local/mural-honors-george-floyd-in-downtown-

portland

옮긴이 이영래

이화여자대학교 법학과를 졸업했다. 현재 가족과 함께 캐나다에 살면서 번역에이전시 엔터스코리아
에서 번역가로 활동하고 있다. 옮긴 책으로는 『파타고니아, 파도가 칠 때는 서핑을』, 『사업을 한다는
것』, 『모두 거짓말을 한다』, 『당신의 뇌는 변화가 필요합니다』, 『제프 베조스, 발명과 방황』, 『빌 게이츠
넥스트 팬데믹을 대비하는 법』, 『세계미래보고서 2050』, 『어떤 선택의 재검토』, 『진화된 마케팅 그로
스 해킹』 등이 있다.

영혼의 설계자

초판 1쇄 발행 2023년 4월 13일
초판 2쇄 발행 2023년 5월 22일

지은이 그레그 호프먼
옮긴이 이영래
펴낸이 김선식

경영총괄이사 김은영
콘텐츠사업본부장 임보윤
책임편집 김세라 **디자인** 윤유정 **책임마케터** 이고은
콘텐츠사업1팀장 한다혜 **콘텐츠사업1팀** 윤유정, 성기병, 문주연, 김세라
편집관리팀 조세현, 백설희 **저작권팀** 한승빈, 이슬
마케팅본부장 권장규 **마케팅2팀** 이고은, 김지우
미디어홍보본부장 정명찬 **디자인파트** 김은지, 이소영 **유튜브파트** 송현석, 박장미
브랜드관리팀 안지혜, 오수미 **크리에이티브팀** 임유나, 박지수, 김화정, 변승주
뉴미디어팀 김민정, 홍수경, 서가을, 이지은
재무관리팀 하미선, 윤이경, 김재경, 안혜선, 이보람
인사총무팀 강미숙, 김혜진, 지석배, 박예찬, 황종원
제작관리팀 이소현, 최완규, 이지우, 김소영, 김진경, 양지환
물류관리팀 김형기, 김선진, 한유현, 전태환, 전태연, 양문현, 최창우

펴낸곳 다산북스 **출판등록** 2005년 12월 23일 제313-2005-00277호
주소 경기도 파주시 회동길 490
전화 02-702-1724 **팩스** 02-703-2219 **이메일** dasanbooks@dasanbooks.com
홈페이지 www.dasan.group **블로그** blog.naver.com/dasan_books
종이 IPP **인쇄 및 제본** 한영문화사 **코팅 및 후가공** 평창피엔지

ISBN 979-11-306-9822-9 (03320)